民国时期经济建设公债研究

（1927—1937）

孙 迪 著

上海社会科学院出版社
Shanghai Academy of Social Sciences Press

目　录

前　言

“南京国民政府时期内债用途以军政费为最大宗”已成为学界共识。1927—1932年，军政内债占内债总额的80%以上，1933—1937年占比增加到近50%。相比之下，1932年以前，经济建设公债规模不到内债收入的1/5，1933—1937年这个比重增长到近50%，增幅较快。经济建设外债不论是举借次数还是借款规模均占绝对优势，远超过其他用途外债。那么，1927—1937年经济建设公债的结构如何？效益如何？对国民经济的影响又如何？诸如此类的问题是研究经济建设公债的关键。

本书的研究对象是1927—1937年南京国民政府经济建设公债，试图从经济建设公债的规模入手，落脚在经济建设公债的效益和对国民经济的影响。研究具有新意：一方面，海内外学者关于1927—1937年南京国民政府债务的研究多集中在讨论债务总规模，通过研究各阶层与政府的关系探讨承购债务的形式，而本书的研究重点在于经济建设债务的效益；另一方面，书中使用的档案史料，很多是首次在大陆地区公开使用，包括中国台北“国史馆”馆藏“财政部档案”“交通部档案”“资源委员会档案”，以及“中研院近史所档案馆”新开放的个人档案，如《朱家骅档案》等。

改革开放后，中国于1981年放弃了自1959年起实行的“既无内债，又无外债”财政收支平衡政策，开始将公债作为加快社会主义现代化建设的重要手段。2008年，为应对美国金融危机，中国开始了自1998年实施积极财政政策以来，新一轮扩大内需、促进经济增长的积极财政政策。中国未来发展之路或为“强政府、强市场”并存的双强之路，目前也正在如此发展。按照制度经济学理论来讲，制度设计的交易成本是很大的，是建立、维持或改变一个体系的基本制度框架的成本的总和，既包括“固定”交易成本，即建立制度安排所进行的特定投资，又包括“可变”交易成本，即用于维持和改变制度安排所需要的成本，同时也包括“表外”交易成本，即用于与基本的正规制度运行相联系的非正式活动的成本，但是制度创新的乘数效益同样很大。1927—1937年的民国时期，利用财政政策和货币政策宏观调控经济，可以说是国家系统进行宏观调控的起步和尝试，因此研究民国时期政府利用经济手段进行宏观调控的初始状态、发展历程是有意义的。

第一章
南京国民政府公债的概况

传统中国的财税遵循“量入为出”的原则，1861 年第一笔外债的发生将其打破，而后的北洋政府更是一发不可收拾地举债。南京国民政府财政的规范性比北洋政府进步许多，但是面对巨额军费和遗留债务，也如履薄冰。宋子文感慨：“税额既不能增，则惟有举借之一途。”①

第一节　南京国民政府财政的历史起点

一、晚清政府债务的产生

公债的出现是为了弥补财政赤字②。近代中国公债出现的比较晚，其中内债比外债出现的更晚，主要原因有以下三点：

第一，财政基础较为稳固。鸦片战争以前，中国是大一统的封建君主专制的帝国，以土地私有制为基础的小农经济与家庭手工业相结合的自给自足的自然经济占据社会经济统治地位。与之相匹配的财政制度也比较简单，历朝历代君主奉行“量入为出”的原则与“税源稳定不变”的理念，以基本不变的财政收入维持相对固定的财政支出。即便遭遇灾害危难，政府也可以通过临时捐输、增税弥补财政不足。

第二，政局尚算稳定。鸦片战争以前，中国没有对外战争，无需面临巨额军费和战争赔款的压力。几乎 2/3 的财政收入来自地丁，剩余 1/3 的财政

---

① 千家驹：《中国的内债》，第 49 页。

② 弥补财政赤字的方式除了发行公债以外还有其他方式。例如当存在历年财政结余时，可以动用历年财政结余弥补当年财政赤字。当然，动用历年财政结余是最佳选择，可是当赤字财政已经成为常态时，动用历年财政结余便成为奢望，只得通过增加税收弥补财政赤字或是发行货币来弥补。然而税收的刚性使得增加税收容易引起纳税人的反感，同时税收的时滞性使得税收不能够及时快速地弥补财政亏空。再者便是增发货币，尽管增发货币可以迅速地弥补财政赤字，但极易引发通货膨胀。总的看来，发债与具有强制性和无偿性的税收和增发货币比较，更为合理。

收入来自钱漕、盐课等。绝大多数的财政支出用于军饷、官奉等,收支相抵后略有节余。

第三,思想相对固守。国人不知何为举债。古代中国,财政制度是一种取之于民用之于统治阶级的封建财政制度,不存在"借"的问题,统治者只需伸手"取"便可①。保障国家财政支出、弥补国家财政不足是通过赋税、徭役、铸币、山海盐铁官营等方式实现的。

鸦片战争使中国第一次身处"数千年来未有之变局",面对"数千年来未有之强敌"②,被西方资本主义国家强行拉入世界经济轨道,成为其开拓市场、掠夺资源的牺牲品,沦为半殖民地半封建社会。经济随之半殖民地化,封建性质的财政也逐渐让位给半殖民地半封建性质的财政。可以说,中国现代意义上的公债是伴随西方资本主义国家的入侵而逐渐产生的,天生伴有半封建半殖民地性质。晚清是中国财政发展史上承前启后的转型期,在内忧外患的双重冲击下,具有殖民色彩的近代财政取代了具有高度集权的传统封建财政。

财政指导思想开始发生转变,自西周以来的"量入为出"的财政原则开始被"量出为入"的财政原则替代,然而,这种替代存在客观必然性。清政府财政支出规模的膨胀,尤其是预算外支出的膨胀(主要指战时军需、对外赔款、外债本息等)迫使清政府不得不转变思想。御史熙麟曾指出:"近今之大费有三,曰军饷、曰洋务、曰息债。"③

实际上,自鸦片战争以来,军费、偿还外债和赔款三宗岁出往往占国家财政总支出的2/3以上,并且具有连带关系。"一旦对外战争爆发或对内镇压农民起义,政府军费随之膨胀,军费膨胀,外债即随之。对外战争结束,赔款又随之。或因赔款难尝外债又随之。这种连带关系构成中国近代财政史主要基础之一。"④军费、外债偿还、赔款的连锁反应使晚清政府财政陷入恶性循环怪圈。对内对外战争引发军费的变态性膨胀以及不合理的支出结构

---

① 中国古代尽管曾出现过国家举债的事例,例如,战国时期,周赧王财政困难向高利贷商人举债。又如汉顺帝因与外族战争,财政困难,向人民举债。据记载:"汉顺帝永和六年'春正月,诏贷王、侯国租一岁',同年'秋千月,诏假民有赀者户钱一千'。"参见《后汉书·孝顺孝冲孝质帝纪第六·顺帝》。唐宋也有类似的事情发生,但是这种偶然、临时、强制的借债并不属于现代意义上的公债。

② 李鸿章:《筹议海防折》,见《李文忠公全集·奏稿》卷二四,第11页。

③ 《光绪政要》(卷25),第7—9页。

④ 汤象龙:《中国近代财政经济史论文选》,西南财经大学出版社1987年版,第73页。

是导致晚清政府财政困难甚至崩溃的主要原因。

中国第一笔外债正是在这种内外交困的情形下发生的。自咸丰十一年(1861年)以后①,中国的财政逐渐败坏,败坏程度愈深,对外债的需要愈切,受外债之害亦愈甚。据统计,能够确认的晚晴外债共208笔,债务总额为库平银13.06亿两②。自1861年至1911年的51年里,以关税担保的外债③共32笔。具体情况见表1-1。

表1-1　民国以前关税担保的外债

时间	名　称	银　行	总　额	利息(%)	摊还期限(年)	用　途
1861	江苏洋商借款	洋　商	300 000两		1862	充淞沪各防军军饷
1862	福建洋商借款	洋　商	504 880两+		1863	从福建省军饷
1862	江苏洋商借款	洋　商	254 055两+		1863	充江苏军饷
1864	福建洋商借款	洋　商	150 000两	8	1864—1865	福建奉拨船炮价银
1864	江苏洋商借款	洋　商	80 990两		1864—1865	
1866	广东美国旗昌洋行借款	旗昌洋行	320 000两		1866—1869	广东省用
1867	西征借款	洋　商	1 200 000两		半年	陕甘两省军需
1868	西征借款	洋　商	1 000 000两		十个月	陕甘两省军需
1874	福建台防借款	汇丰银行	2 000 000两	8	1875—1884	台防饷需
1875	西征借款	怡和、丽如银行	3 000 000两	10.5	三年	西征饷需
1877	西征借款	汇丰银行	5 000 000两	8	1878—1884	西征饷需
1878	西征借款	汇丰银行	1 750 000两	8	1879—1884	西征饷需
1883	广东省第一次海防借款	汇丰银行	1 000 000两	8	1883—1885	广东省海防军饷
1884	广东省第二次海防借款	汇丰银行	1 000 000两	8	1884—1886	广东省海防军饷

① 关于中国第一笔外债的发生时间,学者的看法不一。汤象龙在《中国近代财政经济史论文选》一书中指出:"中国外债之历史始自19世纪50年代。"另有学者如黄天华认为中国的外债始于1865年(同治四年),因签订《伊犁条约》向俄国支付巨额战争赔款,而向英国举债143万英镑,期限20年。

② 许毅:《清代外债史论》,中国财政经济出版社1996年版,第672页。

③ 民国以前,中国的外债不以关税为担保者甚少,因为关税是中国近代财政收入中的最大项目也是最为可靠的项目,但是必须清楚,以关税担保的外债不仅限于以关税摊还的外债。原因在于,一些债务尽管以关税担保,但实则以其他税种摊还,即以关税摊还的外债只是以关税担保的外债的一部分。

（续表）

时间	名称	银行	总额	利息(%)	摊还期限(年)	用途
1884	广东省第三次海防借款	汇丰银行	1 000 000 两			广东省海防军饷
1884	广东省第四次海防借款	汇丰银行	505 000 两	9	1885—1894	广东省海防军饷
1884	广东省代借滇桂两省宝源款	宝源洋行	1 000 000 两	8.5	1885—1887	滇桂饷需及刘永福军饷
1885	神机营借款	汇丰银行	1 500 000 镑	7.5	1885—1894	神机营筹防京师用款
1885	福建海防借款	汇丰银行	1 000 000 两	9	1886—1895	福建海防军需
1886	广东省代借援台规越借款	汇丰银行	750 000 镑	8.5	1887—1895	援台规越军饷
1886	广东借款	汇丰银行	300 000 两 700 000 两	8.5 7	1888—1897	南海工程费用，粤海关经手
1887	三海工程借款	德国华泰银行	5 000 000 马克	5.5	1893—1902	修筑三海工程用款
1888	第一次郑工借款	汇丰银行	968 804 两(库平)	7	1889	黄河口决防堵工程用款
1888	第二次郑工借款	汇丰银行	1 000 000 两	7	1889—1893	黄河口决防堵工程用款
1893	广东怡和借款	英商怡和洋行	1 000 000 两			
1894	汇丰银款	汇丰银行	10 000 000 两	7	1894—1913	中日战争时沿海防营需款并制备军械
1894	汇丰镑款	汇丰银行	3 000 000 镑	6	1895—1914	中日战争时筹备饷需
1895	克萨镑款	麦加利银行	1 000 000 镑	6	1895—1914	中日战争所用，后改裁勇练兵
1895	瑞记借款	德国家银行	1 000 000 镑	6	1895—1914	中日战争所用，后改裁勇练兵
1895	俄法借款	俄法两国银行	400 000 000 法郎	4	1896—1931	偿付日本赔款及辽东偿款
1896	英德借款	英德两国银行	16 000 000 镑	5	1896—1932	偿付日本赔款
1898	续英德借款	英德两国银行	16 000 000 镑	4.5	1898—1942	偿付日本赔款

注：其中“＋”指包括利息。

资料来源：参见汤象龙：《中国近代财政经济史论文选》，西南财经大学出版社 1987 年版，第 144—147 页。

晚清的51年中，中国有外债事实却没有系统的外债政策。1894年前，外债均由地方政府经办，中央政府干预极少。甲午战争以后，曾出现过由于借款数额庞大，由中央政府出面举借的情况，但是并未出台中央举借外债的相关政策。因此，举借外债随意性较大，受外国势力左右的程度也较大。

借内债与借外债的性质不同。对于一个封建大一统的帝国来说，拥有至高无上权力的君主是无需举借内债的，内廷与外廷所需的费用来自臣民的完税纳粮。若出现财政不足，只需通过杂苛、附加等方式弥补，不存在"借"的问题。"我国古时，以负债为病，周赦之台，良史垂戒。"[①]尽管鸦片战争以后，清政府迫于战争、赔款的压力开始向西方国家举借外债，但是对于借内债一事，始终是避而不谈。

中国第一笔内债"息借商款"是在1894年"西学东渐"日益盛行之时出现[②]。除"息借商款"外，晚清政府又相继两次举借内债，即"昭信股票"与"爱国公债"[③]，但是由于缺乏政治改良，缺少发行公债的经济基础、金融机构及

---

① 贾士毅：《民国财政史》，商务印书馆1929年版，第30页。

② 其实早在1894年以前，也陆续出现过地方政府因财政窘迫向民间金融机构借款的现象。据《东粤藩储考》记载，在第一次鸦片战争期间，广东政府曾向山西票号借款。根据《山西票号史料》的不完全统计，自1864—1893年，由票号垫汇的款额达近1.3千万两，但是基本都有借款凭据，能够按照借帖的规定还本付息。晚清地方政府向票号借款的行为已经将只是独立存在于民间的商业借贷引入了政府与商界。"息借商款"的出现，除了上述地方政府借款为其铺路以及19世纪90年代一批接受西方思想理念的有识之士对国债有了新认识以外，1894年的甲午中日战争是促使清政府开始发行内债的直接原因。参见：《山西票号史料》，山西经济出版社1990年版，第134页。

③ "息借商款"是清廷为筹措甲午战争经费，根据户部建议向富商巨贾借款以应时局。户部拟定：月息7厘，印票以100两为一张，分两年半还本付息；以6个月为一期，第一期还利不还本，自第二期起本利并还，每期还本1/4，本还利减，一年按12个月计息，遇到闰月照样增加；以库平足色纹银购买，以地丁、关税为担保，用库平足色纹银偿还。此次借款是清政府第一次借内债，无前车之鉴，借款章程略显粗糙，既无规定举债总额，也无统一制度。执行时，各地差异偏大，发行方式各不相同。实际招募与预想的多多益善相差甚远，共计发行1 110万余两，历时不到一年。

"昭信股票"于1898年初发行，为偿付《马关条约》规定的战争赔款白银2亿两，清政府再次决定举债。面对列强争相要求贷款以求政治特权，清廷决定发行内债。由户部发行"昭信股票"。名为股票，实为债券。章程规定：发行面值为100两、500两、1 000两三种，总额1亿两库平纹银；年息5厘，遇闰不加；分20年还清，前10年还息不还本，后10年本息并还，每年还本1/10，本还则息减；以政府的田赋、盐税担保，并允许"昭信股票"抵押出售。尽管昭信股票不论从发行方式还是章程内容来讲比息借商款更具备近代公债的性质，然而实际发行状况却不比息借商款乐观，实际募得资金总额不足2 000万两。戊戌事变发生后，该公债也就停止了。学界对"昭信股票"的实际发行额无定论。黄天化与孙毓棠估计实际发行额"不足500万两"。朱英与周伯棣都认为"不足2 000万两"，本人比较认同此说法。

1911年10月，武昌起义爆发，清政府为应对辛亥革命，于宣统元年(1911年)发行"爱国公债"。定额3 000万元，年息6厘，以部库收入为担保，偿还期为9年。发行范围仅限京城及直隶、(转下页)

金融市场,举债并不成功。这三次内债均未完成额定发行量。梁启超在分析清末内债发行失败的原因时曾指出:“欲公债之成立,其必不可缺乏条件有五。一、政府财政上之信用孚于其民;二、公债行政纤悉周备;三、广开公债利用之途;四、有流通公债之机关;五、多数人民有应募之资力。五者缺一,则公债不可举也。”① 在封建制度下举借公债仍然具有浓厚的捐输和报效色彩,清政府的统治者或是债权人更倾向于将公债视为一种强制的带有压迫性质的政治行为,而不是一种正常的债权债务关系。因此,仍处在封建社会的清政府无论如何都不可能成功发行公债。

二、北洋政府债务的发展

辛亥革命后,北洋政府成立。和清政府相比,尽管北洋政府在财政机构的设置和命名、对财政科目的分类和规范等方面的确有明显进步,但是北洋政府控制中国税源的能力远不及清政府。1913 年,北洋政府曾试图划分国税、地税,但是由于除关、盐两税外,其他大部分税收均被各地方政府把持,而关税、盐税收入所得基本全部用于偿还外债和赔款。自 1912 年至 1927 年,北洋政府的海关收入中用于行政经费和其他支出的仅占海关总收入 71.77 百万海关两的 20%②。可以说,北洋政府承满清政府疲敝之余,复无统一之政府与安定之政局为后盾,故收支不能平衡,预算有名无实,内外债日积月累③。

(一) 北洋政府的外债情况

关于北洋政府举借外债的次数和总额,学者的统计相差甚远。吴景平

(接上页)山西、河南数省,总额不到 1 200 万元,“爱国公债”的发行尚未完成,清朝就灭亡了,后由北洋政府继续发行。据黄天化考证,息借商款年息 7 厘非月息 7 厘。参见:黄天化:《中国财政史纲》,上海财经大学出版社 1999 年版,第 362 页。遗憾的是,黄天化并未提供数据来源,因此本人以《户部酌拟息借商款章程折》月息 7 厘为准。此处需清楚,月息 7 厘与年息 7 厘的区别在于月息 7 厘折合年息 84 厘,月息是年息的 12 倍。参见:《户部酌拟息借商款章程折》1894 年 9 月 8 日。千家驹:《旧中国公债史资料》,中华书局 1984 年版,第 1—3 页。《户部奏息借商款已有定数请停续借折》(1895 年 5 月 4 日),千家驹:《旧中国公债史资料》,第 5 页。《拟定给发昭信股票详细章程疏》(1898 年 3 月 2 日),千家驹:《旧中国公债史资料》,第 13—17 页。黄天化:《中国财政史纲》,上海财经大学 1999 年版,第 362 页。孙毓棠:《抗戈集》,中华书局 1981 年版,第 169 页。崔鹏飞认为“约 1 000 万两左右”,参见:崔鹏飞:《清政府发行“昭信股票”始末》,载《金融教学与研究》,1999 年 5 月。朱英:《晚清的“昭信股票”》,载《近代史研究》,1993 年 6 月。周伯棣:《中国财政史》,上海人民出版社 1981 年版,第 521 页。王宗培:《中国之内国公债》,长城书局 1933 年版,第 2 页。

① 梁启超:《论直隶湖北安徽之地方公债》,见《饮冰室文集》,中华书局 1932 年版,第 101 页。

② 斯坦利·F.赖特:《辛亥革命后中国的海关收入》,1935 年,第 440—441 页。

③ 马寅初:《财政学与中国财政——理论与现实》,商务印书馆 2001 年版,第 574 页。

先生的统计:“截至1927年,北洋政府共举借387笔外债,合国币744.45亿元。”①杨荫溥的统计则是:“北洋政府时期外债总额9.91亿元,少于清末的赔款和铁路借款。其中袁世凯统治时期外债总额4.79亿元(详见表1-2)。1916年6月袁世凯死后的11年军阀混战时期,皖、直、奉系军阀外债总额是5.12亿元。”(详见表1-3)

从表1-2可以看出:第一,袁世凯统治时期的债权国比较分散,没有单独依赖某个国家的倾向。第二,同时向多个国家承借的4笔外债,借款总额占外债借款总额的60%以上。其中最大的一笔借款数额是于1913年向五国银行举借的善后大借款。第三,八成以上的款项用于军政费,没有一笔用于经济建设。

表1-2　袁世凯统治时期(1912—1916)的主要外债　　单位:百万元

年份	名　称	借款国	折合银元数	用　途
1912	瑞记第一、二次借款	德	7.4	军火、军政费用
1912	华比第一、二次借款	英、比、俄	12.3	政费
1912	善后大借款四次垫款	美、德、法、英	13.5	军政费
1912	克利斯浦借款	英	49.1	军政费、偿还外债
1913	瑞记第三次借款	德	3.0	军政费、订购军火
1913	奥国第一、二次借款	奥	31.8	订购军舰
1913	善后大借款	英、法、德、俄、日	248.3	军政费、偿还外债
1913	同咸铁路借款垫款	法、比	9.9	行政费用
1913	中法实业借款	法	39.4	行政费用
1913	比证券银行借款	比	6.2	行政费用
1914	钦渝铁路借款垫款	法	14.0	复辟帝制费用
1914	奥国第三次借款	奥	5.5	海军经费及军火
1914	比证券银行借款	比	4.4	行政费用
1916	李·希金逊借款	美	2.0	军政费
合计	—	—	446.8	—

资料来源:杨荫溥《民国财政史》,中国财政经济出版社1987年版,第16页。

由表1-3可见皖、直、奉系军阀统治时期的主要外债及用途。同袁世凯政府时期相似,皖、直、奉系军阀统治时期的主要外债也被各派军阀用于因

① 吴景平:《关于近代中国外债史研究对象的若干思考》,载《历史研究》,1997年4月,第53—73页。

国内战争产生的军费。不同的是,债权国由多元转向集中,即由从多个国家借款变为从日本借款为主。37笔外债中有26笔借款的债权国是日本,借款数额占外债总额的80%以上。另有一笔借款是向日本和另外三国共同举借。这种债权国结构的变化反映了国际政局的变动。1914年"一战"爆发使得西方国家无暇东顾。只有日本在华投资持续,1916年的西原借款就是日本趁机加大对华资本输出、控制中国的明显例证,次数多达13次,总额1.31亿元。日本获得"独立开发"中国东北、山东等地森林、矿产的权力,垄断东北的铁路①。

表1-3　皖、直、奉系军阀统治时期的主要外债　　单位:百万元

年份	名　　称	借款国	折合银元数	用　　途
1916	华宁公司库券	日	1.0	归还中国银行垫借政费
1916	兴亚实业借款	日	4.9	行政费
1916	西原借款十三次	日	130.6	军政费用、军械价款
1916	芝加哥大陆银行借款	美	9.5	拨作中、交两行准备金
1917	直隶财厅三菱借款	日	0.8	段祺瑞讨伐张勋复辟军费
1917	中法实业息款垫款	法	2.0	还中法实业借款息
1918	北洋保商库券	英、日、法、荷	4.7	归还银行借款
1918	电话扩充借款	日	6.3	行政费
1918	海军部三著借款	日	0.9	军火价款
1918	参战处天津慎昌借款	美	2.0	军火价款
1919	参战购械借款等四次	日	7.3	军火价款、边防军费
1919	费克斯飞机借款	英	8.5	订购飞机、军火
1919	烟酒借款	美	5.9	军饷
1920	川琦等借款二次	日	8.9	订购军火、军政费
1920	中美实业公司借款	美	2.4	军费
1923	华比借款等四次	比	6.3	行政费用
1925	购械参战借款	日	19.7	归还外债息
1926	九大公债日金息款	日	1.1	归还外债息
合计	—	—	222.8	—

资料来源:杨荫溥《民国财政史》,中国财政经济出版社1987年版,第17—18页。

从借款用途可见,北洋政府时期举借的大多数的外债被用于非生产性

① 黄天化:《中国财政史纲》,上海财经大学出版社1999年版,第399页。

的军政开支，据C.F.雷默估计，1902年至1913年，平均每年债务支出8 920万元，1913—1930年，平均每年债务支出7 090万元，而1902—1913年，平均每年借款收入6 100万元，1913—1930年平均每年借款支出2 380万元，这种巨大的资本净流出在很大程度上阻碍了中国经济增长①。据费正清统计，民国初年(1921年)中国人均外债负担为3元②，他认为这个数字是很低的。可是我认为3元的人均外债负担并不低。1930—1938年，上海16个行业工人平均每月收入前四的行业是造船、印刷、机器和纺织，最高的是造船业，工人平均每月收入47.6元(1933年)，最低是纺织业，工人平均每月收入17.9元(1938年)。火柴、棉纱、缫丝业工人每月收入是较小，火柴仅7.9元(1935年)，棉纱仅9.3元(1937年)，缫丝仅6.3元(1934年)③。农村居民的人均收入更少。那么，如果按照螺丝业平均每月6.3元的收入计算，人均3元的外债负担占到近一半，外债负担是非常大的。

(二) 北洋政府的内债情况

学界对内债发行总次数的统计尚未形成定论。就对已掌握的资料进行统计，北洋政府时期财政部共发行27种国内债券，票面总价值6.14亿元，实际内债发行总金额达6.12亿元(详见表1-4、图1-1)。

表1-4　北洋政府内债、库券以及债务的总体情况　　单位：百万元

年份	内债发行额①	库券发行额②	合计 ①+②	外债④	内外债总额 ①+④	内债/总额 (%)
1912	6.2③	—	6.2	111.7	117.9	5
1913	6.8③	2.2	9	331.9	338.7	2
1914	25	10.1	35.1	33.5	58.5	43
1915	25.8	0.4	26.2	1.6	27.4	94
1916	8.8	1.8	10.6	35.1	43.9	20
1917	10.5	0.2	10.7	68.8	79.3	13
1918	139.4	7	146.4	126.2	265.6	52
1919	28.4	5.3	33.7	34	62.4	46
1920	122	24.7	146.7	36.2	158.2	77
1921	115.4⑤	29	144.4	27.4	142.8	81

① C.F.雷默：《中国的外国投资》，第160页。
② [美]费正清：《剑桥中国史》，中国社会科学出版社1994年版，第198页。
③ 陈达：《我国抗日战争时期市镇工人生活》，中国劳动出版社1993年版，第284页。

(续表)

年份	内债发行额①	库券发行额②	合计 ①+②	外债④	内外债总额 ①+④	内债/总额 (%)
1922	83.2	2.2	85.4	9.7	92.9	90
1923	5	3.5	8.5	31	36	14
1924	5.2	0.1	5.3	16.2	21.4	24
1925	15	—	15	125.9	140.9	11
1926	15.4	—	15.4	1.9	17.3	89
合计	612.1	86.5	698.6	991.1	1 603.2	38

注:此表以财政部正式发行的内债库券为限,不包括交通部借换券 800 万元。

资料来源:

① 千家驹:《中国的内债》,北平社会调查所,1933 年,第 28 页。千家驹的《旧中国公债史资料,1894—1949》中对国内债券票面总额的统计是 6.14 亿元。参见,千家驹:《旧中国公债史资料,1894—1949》,第 366—369 页。

② 王宗培:《中国之内国公债》,上海长城书局 1933 年版,第 24—26 页。

③ 1912 年与 1913 年的内债发行额 620 万元、680 万元为继承清政府发行的爱国公债以及南京临时政府发行的军需公债,并不是北洋政府发行的内债。

④ 杨荫溥:《民国财政史》,中国财政经济出版社 1985 年版,第 15 页。

⑤ 其中包括 8 000 多万元为收回民国元年和民国八年两种公债所用金额,而非全部用于发行新债。实际发行新债金额为 35.4 万元。

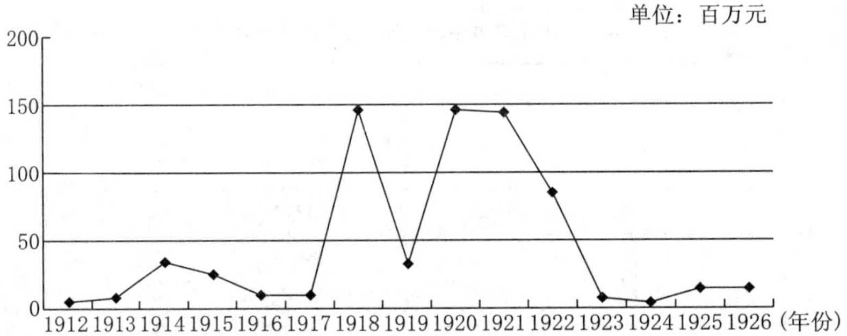

图 1-1　北洋政府内债库券总金额趋势变化图

从图 1-1 可以清楚地看到,北洋政府内债发行总金额的变化大体呈现由低到高、后回落的态势,即先后经历发债初期的试探性发债阶段、发债中期的井喷式发债阶段以及相对停滞的发债末期。

1. 发债初期,试探性发债阶段(1912—1917 年)

北洋政府建立后的前两年,内债市场尚不发达,财政赤字基本依靠外债弥补,仅于 1913 年发行 220 万元的短期国库证券。1913 年,北洋政府拟发行"民国元年六厘公债",定额 2 亿元,以契税印花税为担保,用来扩充中国银行资本、整理各种零星短期借款及各省已发行的纸币①，但是“由于国内银行业尚不发达，国民资金不易集中，内债的发行殊感困难”②，一年后，公债的发行才逐步进入“正轨”。这一年在世界史上是一个转折点，在中国财政史上，也是一重要关键③。北洋政府在这一年开始发行内债也并不是偶然的，1914年8月第一次世界大战爆发，1914年外债借款总金额由1913年的3.3亿元骤减至0.33亿元，1915年的外债总量更是少之又少，仅160万元。外债的减少客观上促成了北洋政府转向内债。同期，内债占借款总额的百分比由1913年微弱的2%增长至1914年的43%，而后又飙升至1915年的94%。在国内，有利于发行内债的因素也不断增加，如国内金融业有一定程度的发展、公债局的设立、国内工业因一战的爆发有所发展等。1914年6月，北洋政府发行“民国三年内国公债”④，原定发行1 600万元，实际发行近2 500万元。1915年6月发行“民国四年内国公债”⑤，预计发行2 400万元，实际发行2 583万元。两次内债的实际发行量均超过预期。如果说1914年“民国三年内国公债”的成功发行是由于偿还基金归西方国家保管，提高了政府债信，那么1915年“民国四年内国公债”的实际发行量依然超过预期，足见北洋政府已经具备一定的财政偿还能力⑥。两次内债的成功发行与偿还提高了北洋政府的债信，极大调动了北洋政府发行内债的积极性，同时也为日后北洋政府滥发内债埋下了伏笔。

2. 发债中期，井喷式发债阶段（1918—1921年）

在1914年、1915年两次发行内债后，北洋政府的内债发行经历了一段时期的低谷后，于1918年出现了井喷式的增长。不论是内债借款金额（1.39亿元）还是外债借款金额（1.46亿元），在1918年均达到第一个峰值，并且内债借款金额占借款总金额的比重保持在较高水平。1919年借款稍有放松后于1920年达到第二个峰值，债务借款总额猛增至1.58亿元，内债借款金额占借款总金额的77%，约占到当年财政收入的1/4⑦。

---

① 姜良芹：《南京国民政府内债问题研究（1927—1937）——以内债政策及运作绩效为中心》，南京大学出版社2003年版，第28页。

② 周玉津：《财政学原理（下）》，台湾大学中国图书公司1979年版，第77页。

③ 马寅初：《财政学与中国财政——理论与现实》，商务印书馆2001年版，第575页。

④ “民国三年内国公债”是用于镇压国民党发动的“二次革命”。

⑤ “民国四年内国公债”是为袁世凯复辟帝制筹借经费。

⑥ 胡学愚：《中国现时之经济》，载《东方杂志》第13卷第6号，1916年6月。

⑦ 1920年财政收入数据为推算数据，暂未查找到具体数据。依据周伯棣《民元来我国之中央财政》、朱斯煌《民国经济史》（银行周刊社30周年纪念刊，第167页）可知，1916年财政收入4.32亿元，1919年财政收入4.40亿元，1925年财政收入4.62亿元，由此推算1920年财政收入可能4亿多元。

除了上述正式发行的内债外,仍然存在一批非正式的短期借款。这部分以向银行借款居多,大致分为三类:

一是利用"盐余"[①]借款。自1918年起,关税收入有所增加,原本由盐税担保的一些外债改由关税担保,政府随即利用"结余"出来的"盐余"做担保向银行借款。令笔者不解的是,政府为什么不直接利用增加的关税收入作为担保向银行借款,如此大费周折地"掉包",不知是否因为相比"盐余",关税更可靠,便使用"好的东西""讨好"洋人,或是满足洋人的要求。截至1925年底,"盐余"借款共积欠本息4 411多万元[②]。至少可以肯定的是,"盐余"借款的还款力度并不强,更像是一种"诱饵"。

二是有抵押或无抵押的银行短期借款。北洋政府"狗急跳墙"似的不论利息繁重,还款期近,条件苛刻,只一味"急功近利"地举债。至1925年底,积欠本息3 890多万元[③]。

三是银行垫款。这类债务至1925年底,共计3 033多万元。北洋政府积欠债务过大,偿还基金不敷,滥发内债政策走投无路,只得于1921年"整理公债"。

3. 相对停滞的发债末期(1922—1926年)

尽管北洋政府于1921年"整理内债",可是债信危机已成必然,整理内债也已于事无补。由表1-2可见北洋政府的最后5年内债发行基本处于停滞。库券的发行也于1924年起停发。

综上所述,北洋政府时期的借债情况呈现以下几个特点:

第一,北洋政府通过举借外债取得的收入是非常大的。在北洋政府执政的16年中,至少有一半的年份,取得的外债借款金额明显超过内债借款金额。究其原因,既有客观必然性也有主观因素。客观上,一是国内工商业发展滞后使北洋政府不得不依靠外债;二是西方国家企图通过借款控制中国使北洋政府能够成功举借。主观上,不论中央政府还是各派军阀或是地方政府,都不遗余力地寻找着各自在国际上可以依靠的政治靠山。因此,依靠外债不成时才会转向内债是理性选择。

第二,北洋政府举债初期,内债的发行只是作为外债借款所得不足时的

---

① 旧中国每年盐税收入中扣除付外债本息和支付盐务行政经费后的余款。

② 姜良芹:《南京国民政府内债问题研究(1927—1937)——以内债政策及运作绩效为中心》,南京大学出版社2003年版,第30页。

③ 财政整理会:《财政部经管无确实担保内债说明书》1925年10月。

替代。1914 年受第一次世界大战的影响，外债借款金额骤降。在 1915 年触底。尔后，随着世界局势的缓和，北洋政府获得的外债借款收入逐渐回增，小幅上扬，在“一战”结束后的第一年（1918 年）达到阶段性峰值。同时内债举借金额却进入低谷。然而却意外地在 1918 年外债达到峰值的同时内债也达到第一个峰值。

第三，在度过了举债初期后，北洋政府对内对外借款凸显互补性。自 1918 年至 1922 年，内债借款金额均超过了外债借款金额，基本呈现“内债高点外债低点”的态势。自 1923 年起，基本呈现“内债低点外债高点”的态势。

图 1-2 所示为北洋政府内、外债规模变化趋势。

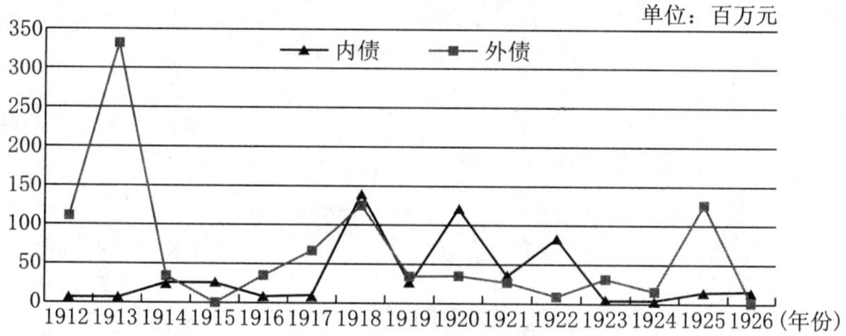

图 1-2　北洋政府内债、外债规模变化趋势图

第四，北洋政府时期，不论是内债政策还是外债政策，“多操纵于外人之手”。1914 年设立“内国公债局”，由大资产阶级和洋人组成的董事会推举安格联为经理出纳款项专员，专办有关公债事物。规定公债款项出纳事物需有总经理和安格联共同签署方能发生效力①。为维持债信与确保担保可靠，偿付公债本息的基金“拨交公债局指定之外国银行存储”②。英国就这样轻而易举地掌控了北洋政府财政，英国汇丰银行则取得了中国内债基金保管权。当时有媒体评论：“安格联向有太上财政总长之称，既握海关全权，又负保管内外债之责，操纵金融，左右财政，历来当局，无不仰其鼻息。而安格联之允诺，可以生死内阁，安格联之言动，又可以高低公债。虽安之滥用职权，

① 《财政部关于选定梁士诒安格联等为公债局总协理呈暨大总统批令》（1914 年 8 月），中国第二历史档案馆：《中华民国史档案资料汇编（第 3 辑）·财政（2）》，江苏古籍出版社 1991 年版，第 878 页。

② 《财政部关于请核准公布三年公债条例呈暨大总统批令》（1914 年 8 月 3 日），中国第二历史档案馆：《中华民国史档案资料汇编（第 3 辑）·财政（2）》，江苏古籍出版社 1991 年版，第 870 页。

有以致此,而官僚财阀迷信外人,实为主因。”①

第五,债务用途增加。北洋政府举借债务的用途出现了除用于弥补军政费以外的新用途。就内债用途而言,相比清末以弥补军政费不足为目的的“息借商款”、“昭信股票”,以及“爱国公债”有所进步,开始涉及赈灾、调剂金融等。

表 1-5 所示为北洋政府内债发行汇总。

表 1-5　北洋政府内债发行汇总表(1912—1926 年)　　单位:百万元

时间	名　称	定额	利　率	担　保	用　途
1912	军需公债	100	年息 8 厘	钱粮作抵,民国十年整理内债基金	临时军需及保卫治安
1912	爱国公债	30	年息 6 厘	部库担保,民国十年整理内债基金	专备经常军需之用
1913	民国元年六厘公债	200	年息 6 厘	全国印花税契约	赔偿宁汉商民损失,收买烟土,收回爱国公债军需公债及拨抵欠饷政费
1914	民国三年公债	24	年息 6 厘	全国常关税款暨停付德俄庚子赔款	整理金融补助国库
1915	民国四年公债	24	年息 6 厘	全国常关税款暨停付德俄庚子赔款	整理短期借款补助国库
1916	民国五年六厘公债	20	年息 6 厘	整理内债基金付息三四年公债还清后之抵款还本	补预算不足收回新华储蓄票
1918	民国七年短期公债	48	年息 6 厘	延期赔款	收回中交京钞偿还两行欠款并补助两行之准备金
1918	民国七年六厘公债	45	年息 6 厘	还本继续五年公债基金付息整理内债基金	收回中交京钞偿还两行欠款并补助两行之准备金
1920	民国八年七厘公债	56	年息 7 厘	全国未经抵押之货物税	补助预算不足
1920	整理金融短期公债	60	年息 6 厘	整理内债基金	收回中国交通两银行北京钞票及清理各项借款
1921	民国九年赈灾公债	4	年息 7 厘	各省货物税及常关加一成赈捐	赈济北五省旱灾
1921	整理公债六厘债票	54.39	年息 6 厘	整理内债基金	以元年公债四折收换
1921	整理公债七厘债票	13.6	年息 7 厘	整理内债基金	以八年公债四折收换

① 《晨报》1927 年 2 月 8 日。

（续表）

时间	名　称	定额	利　率	担　保	用　途
1921	元年公债整理债票	25.6	年息 6 厘	付息烟酒收入项下余款每年另提 155 万元还本继续整理内债基金	以元年公债抵押债票四折收换
1921	八年公债整理债票	8.8	年息 7 厘	付息烟酒收入项下余款每年另提 65 万元还本继续整理内债基金	以八年公债抵押债票四折收换
1922	一四库券	14	月息 15 厘	盐税余款	拨充旧历年关军政各费
1922	九六公债	56.39	年息 8 厘	盐税余款付息还本于关税实行值百抽五日起由所增关余项下拨充	偿还以盐余作抵之内外短期债款
1922	民国十一年八厘短期公债	10	年息 8 厘	俄国部分庚子赔款	中央军政各费
1922	民国四年内国公债特种债票	2.8	年息 8 厘	三四年公债基金项下之利息	收回一部分抵押在外之三四年公债及金融公债额外债票
1923	使领库券	5	年息 8 厘	俄国部分庚子赔款	拨充使领经费
			年息 8 厘	俄国部分庚子赔款	拨充教育经费
			年息 8 厘	俄国部分庚子赔款	备充中央政府急需行政经费及维持京畿地方治安
1925	民国十四年八厘公债	15	年息 8 厘	德国部分庚子赔款	筹付中央紧急政费暨使领经费
1926	民国十五年春节特种库券	8	年息 8 厘	津海关关税增加收入付息	筹付旧历年关各项政费
1926	临时治安借款库券	2	年息 8 厘	德国部分庚子赔款	筹付临时治安紧急政费
1926	民国十五年秋节特种库券	3	年息 8 厘	继续关税余款业经指拨外所余之款	筹付旧历年关各项政费筹筹付秋节军政各费
1926	二四库券	2.4	年息 8 厘	奥国赔款	筹付新旧年关政费

资料来源：大陆银行总管理处调查室《内国公债调查录》，1922 年；上海银行研究科《内国公债要览》，1919 年；上海交通银行总管理处券务部《内国公债库券汇编》，1929 年；财政部公债司《财政部债券章则汇编》，1920 年。

具体来讲，表 1-6 中发行次数的数据来源不同，但是单看次数占比一项却十分类似。其中王宗培的统计，以“军政费用”为目的的内债发行次数 20 次，占内债发行总数的一半，以“整理及偿还旧债”为目的的内债巧妙地隐去了“军政费用”的用途，实际上，“整理及偿还旧债”就是用于偿还积欠的“军政费用”。四次用于“整理及调剂金融”的内债性质与“整理及偿还旧债”雷同,用于清偿政府对银行业的欠款。若将这三项合并,北洋政府用于“军政费用”的内债不论是借款次数还是借款总额均处于压倒性优势。尽管这样,我们仍然不能忽视一次用于赈灾的债务,以及两次的其他用途。相比清政府清一色的“军政内债”,北洋政府内债的用途已经突破了局限,多样化了。

表 1-6　北洋政府内债用途分析表(1912—1926 年)　　单位:百万元

用　途	发行次数		款项①	次数占比①(%)	款项占比①(%)
	千家驹的考证①	王宗培的考证			
军政费用	10	20	188.6	37.0	22.5
整理及偿还旧债	8	13	363.98	29.6	43.5
整理及调剂金融	6	4	253	22.2	30.2
赈　灾	1	1	4	3.7	0.4
其　他	2	2	6	7.4	0.9
合　计	27	40	815.58		

资料来源:王宗培:《中国之内国公债》,上海长城书局 1933 年版,第 28 页。
注:据王宗培考证北洋政府内债发行次数共 40 次,而千家驹的考证为 27 种。千家驹认为内债发行数为 27 只包括财政部正式发行的内债。

1923 年,北洋政府大量发债,却无力偿还,财政濒临破产,“借贷无门,非整理无确实担保之内外债,不足以图存”,于是开始财政整理,规范整理债务的原则、范围、办法、基金等。遗憾的是,还没来得急执行,北洋政府就倒台了。南京国民政府接收了北洋政府遗留下来的债务,背负了沉重的财政负担。

三、南京国民政府债务的继承

南京国民政府成立后,为树立国际信誉和地位,承认清政府和北洋政府巨额的遗留债务,为举借新债提供了契机。庞大的遗留债务既是新政权必须慎重处理的历史问题,也是新政权财政的起点。因此,在研究分析 1927—1937 年南京国民政府财政之前,追寻和分析历史遗留和负担极为重要。

1928 年 6 月,在上海召开的全国经济会议和 7 月在南京召开的全国财政会议修改了 1924 年 1 月第一次国民党全国代表大会关于外债的政策,即“中国境内不负责之政府如北洋政府,其所借外债乃为维持军阀之地位,此等债务中国不负偿还之责”①。对北洋政府遗留债务全数继承。这一做法对

① [美]江昭:《追随帝国主义之后,在东亚寻求新秩序 1921—1931》,剑桥 1965 年版,第 41 页。

于维护中外关系及债信未尝不失为良举，但同时带给南京国民政府的财政压力也是巨大的。学界对北洋政府遗留债务的统计并没有统一定论。造成这种“丛林状态”①的原因至少包括四方面：其一，北洋政府财政本身的混乱；其二，档案资料的遗失；其三，档案分布在两岸，给研究带来不便；第四，受档案公开程度的限制。

表 1-7 所示为北洋政府遗留的部分债务。

表 1-7　北洋政府的部分遗留债务　　单位：百万元

借款日期（年份）	名　称	担保	至 1927 年 4 月 18 日积欠数额	至 1928 年 7 月 1 日已还部分	至 1928 年 7 月 1 日尚待还清的本金
1895	俄法借款	关税		本息偿付完	2 316
1896	英德借款	关税		本息偿付完	3 429
1898	英德借款	关税		本息偿付完	8 970
1908	英法借款	盐税		尚有积欠	2 750
1908—1910	英津浦铁路借款				1936 年 5 月前还完
1911	英湖广铁路借款	盐税		尚有积欠	5 656 1936 年 5 月前还完
1911	芝加哥银行借款				
1912	克利斯浦借款	盐税		尚有积欠	4 384
1913	善后借款	关税		本息偿付完	23 641
1918	马可尼债券	盐税		尚有积欠	600
1919	费克斯债券	盐税		尚有积欠	1 803
1919	芝加哥银行借款	盐税		尚有积欠	5 500
1919	太平洋拓业公司借款	盐税		尚有积欠	5 500
1925	金借款	关税		本息偿付完	42 016

资料来源：阿瑟·恩·杨格《1927—1937 年中国财政经济情况》，中国社会科学出版社 1981 年版。

关于遗留债务的统计各不相同。据杨格的统计：清政府和北洋政府留下的外债高达 13.47 亿元，拖欠未还的为 9.936 亿元，相当于 1928 年全国财政收入 3.34 亿元的 2.97 倍②。费正清在《剑桥中国史中》中的统计是约 2.41

① “丛林状态”指关于某一问题学界尚未形成统一定论，尚处在各抒己见的状态。

② 阿瑟·恩·杨格：《中国财政经济情况　一九二七至一九三七年》，中国社会科学出版社 1981 年版，第 120—121 页。

亿元的遗留债务,远低于杨格的统计。财政科学研究所与中国第二历史档案馆联合编写的《民国外债档案史料第2卷》统计:截至1928年7月1日,遗留的外债共约8300万美元,合约2.98亿元①。刘克祥、吴太昌的统计是:无确实担保的外债就高达7亿元②。不论何种统计,至少可以看到,遗留外债数量庞大。自1929年起,南京国民政府对外债进行过多次整理,除几笔外债偿还状况较为理想外③,其余经过整理的49笔外债中金额较大的有26笔,以1935年后整理的外债居多,见表1-8。经过数次整理外债,截至1937年7月,南京国民政府积欠西方国家的债务所剩无几。按照杨格的说法,若不是日本对华侵略,旧债在不久之后便可以全部清偿。

表1-8所示为清政府、北洋政府遗留26笔主要外债整理情况。

表1-8 清政府、北洋政府遗留26笔主要外债整理情况

旧债名称	借款时间	借款额		利率	整理时间
		发行额	实收额		
福公司道清路款	1905.7	英金80万镑	英金72万镑	5	1936.5.5
广九路英金借款	1907.1	英金150万镑	英金141万镑	5	1937.6.1
津浦路英德借款	1908.4	英金500万镑	英金500万镑	5	1936.2.25
平汉铁路英金借款	1908.10	英金500万镑	英金470万镑	5	1929.9.18
津浦路英德续借款	1910	英金480万镑	英金480万镑	5	1936.2.25
湖广铁路四国银行团借款	1911.6	英金600万镑	英金570万镑	5	1937.4
克利斯浦五厘英金借款	1912.9	英金500万镑	英金475万镑	5	1934
金浦铁路德化银行垫款	1912	英金67.8万镑	英金67.8万镑	7	1936.11
同成路比、法公司垫款	1913.7	英金77万镑 法金580万法郎	英金77万镑 法金580万法郎	6	1935.5
陇海铁路比公司借款	1913.9	英金429万镑	英金404万镑	5	1936.8.25
沪枫铁路抵押借款	1914.2	英金37.5万镑	英金34.1万镑	6	1935.8
中日实业公司扩充电话借款	1916	—	—	—	1935.1
马可尼无线电借款	1918.8	英金60万镑	英金60万镑	8	1936.6.15
马可尼无线电报垫款	1918.10	英金17万镑	英金17万镑	8	1934.1.25

① "中央银行档案(三九六)②705",见财政科学研究所、中国第二历史档案馆:《民国外债档案史料第2卷》,档案出版社1991年版,第109页。

② 刘克祥、吴太昌:《中国近代经济史1927—1937》,人民出版社2010年5月版,第1504页。

③ 其中包括1898年英德续借款、1899年北宁路英金借款、1913年善后借款、1922年胶济路日金库券等几笔借款偿还情况良好,本息利息均按期偿付,无需特别整理。参见刘克祥、吴太昌:《中国近代经济史1927—1937》,人民出版社2010年5月版,第1477页。

（续表）

旧债名称	借款时间	借款额		利率	整理时间
		发行额	实收额		
整理平绥路东亚兴业会社借款（2次）	1918	日金300万元	日金300万元	9	1934.4
	1921	日金300万元	日金300万元	10	1934.4
道清路购车英金借款	1919.3	英金12.7万镑	英金12.7万镑	7.5	1936.5
费克斯飞机借款	1919.10	英金180万镑	英金180万镑	8	1936.10.15
芝加哥大陆商业银行借款	1919.10	美金550万元	美金511.5万元	6	1937.4.11
太平洋开发公司借款	1919.12	550万元	500.5万元	6	1937.6
陇海铁路比金库券	1920.5	1.38亿法郎	1.23亿法郎	8	1936.8.25
陇海路荷金库券	1920.5	荷金3 148万弗洛林	荷金2 787万弗洛林	8	1936
道清路清孟支线英金借款	1920.10	英金12万镑	英金12万镑	5	1936.5
东亚兴业会社有线电报工程费垫款	1920.2	日金1 022万元	日金1 022万元	9	1934.11.1
陇海路比金借款	1925.1	法金2 125法郎	法金1 998法郎	8	1936.8.25
陇海路比公司借款	1925.1	银元500万元	银元500万元	8	1936.8.25

资料来源：刘克祥、吴太昌：《中国近代经济史1927—1937》，人民出版社2010年版，第1477页。根据《国民政府整理内外债委员会整理外债报告书》，国民党政府财政部档案三②/1897；财政部财政科学研究所、中国第二历史档案馆：《国民政府财政金融税收档案史料（1927—1937年）》，中国财经出版社1997年版，第205—2115页；中国联合准备银行调查室：《中国内外债详编》，中国联合准备银行，1940年刊行；张嘉璈：《中国铁道建设》，上海商务印书馆1946年版，第101—115页。

此外，《民国史档案资料丛书——民国外债档案史（九）》中罗列了北洋政府驻外使领馆的积欠借款，主要是驻外使馆的经费薪俸及负债。南京国民政府外交部于1929年8月造驻外各使馆经费积欠清册，送财政部转送整理外债委员会清理，共积欠外国政府及银行借款国币86万余元。至1931年，外交部已偿还28万余元。南京国民政府在外债问题上的妥协，表现为承担北洋政府未还清的晚清政府遗留外债、北洋政府新举借的未偿还的外债，一定程度上，减少了与西方国家的冲突，稳固了政权。但是沉重的债务负担也成为南京国民政府财政的逻辑起点。

第二节　南京国民政府内外债政策的演变

一、南京国民政府内债政策的演变

1927—1937年，南京国民政府的内债政策堪称“强硬”和“怀柔”并施，即强制摊派和厚利诱导并用。10年间,“强硬”、“怀柔”的“比例”和“力度”不同,这种不同与社会经济、国内局势、世界格局等紧密相关,并且很大程度上取决于财政部长的个人偏好。

(一) 1927—1932年南京国民政府的内债政策

1. 内债政策的强硬阶段(1927年5月—1928年6月)

南京国民政府成立之初,国内局势动荡,债信尚未树立,内债政策表现为“强硬”。这种从紧的内债政策为后续南京国民政府的债信危机埋下了隐患。

(1) 内债的强硬摊派色彩严重。南京国民政府成立后,于1927年5月1日发行第一笔内债“江海关二五附税国库券”①,用于“充国民政府临时军需”②。发行后,由于无人认购,南京国民政府开始强制摊派,仅上海中行一家就被强制规定承购1 000万元债券。银行经理宋汉章委婉表示不愿承担:“上海中行在银钱两业公会两次垫款600万元中已承担120万元,若再承担200万元,就大大超过之前粤、湘、闽、汉、宁、浙各地中行对国民革命军的垫借总额。”③陈光甫也以请辞江苏兼上海财政委员会主任委员一职相要挟,蒋介石见强逼上海中行无望,最终不了了之。强令认购债券的压力转向其他银行,如上海银行公会会员被指派认购160万元④。张嘉璈曾说:“自1927年4月至1928年6月的14个月内,南京国民政府共发行国库券与公债1.36亿,均由金融界承受,先行垫付,陆续发售。其中以中国银行所占成分最大。”⑤

除强行摊派认购债券外,南京国民政府还采取政治胁迫、绑架等极端恐怖手段募集资金。“各种迫害的方式都在搜捕共产党的借口下使用了出来。许多人被绑架并被迫献出大量的军事贷款……这种反共的恐怖手段使上海和江苏的人民感受到为近代绝无仅有的恐惧。”⑥通过这种极端强制手段,3 000万元的江海关二五库券基本被江浙财团认购完毕,其中上海银钱业认

---

① 预计举借3 000万元,月息7厘,本息自1927年6月开始在30个月内还清。

② 姜良芹:《南京国民政府内债问题研究(1927—1937)——以内债政策及运作绩效为中心》,南京大学出版社2003年9月版,第46页。

③ 上海市档案馆:《一九二七年的上海商业联合会》,汕头大学出版社1983年版,第95—96页。

④ 中国人民银行上海分行编:《上海钱庄史料》,上海人民出版社1960年版,第206—207页。

⑤ 姚崧龄:《张公权先生年谱初稿》,台北传记文学出版社1982年版,第82页。

⑥ 《字林西报》1927年8月9日,第11页。

购 500 万元，上海商业联合会认购 300 万元，江浙两省认购 1 200 万元，绅商认购 700 万元，两淮盐商认购 300 万元[①]。

(2) 蒋介石政府与江浙财阀的较量。上海是近代中国的经济中心，江浙沪地区的经济被以江浙籍金融资本家为主体的大资本集团掌握，江浙财阀[②]依靠经济上的优势与南京国民政府在政治经济上抗衡与博弈。到 1927 年，江浙财阀已经发展到第三代[③]，经济势力扩展到整个长三角地区。江浙财阀在与蒋介石政府博弈以及与西方国家抗衡中艰难生存。

1926 年 7 月蒋介石北伐时，曾先后多次得到江浙财阀的资助[④]。北伐胜利后，江浙财阀与蒋介石集团开始了为时不长的"蜜月期"[⑤]。1927 年 4 月，蒋介石为得到上海商业联合会[⑥]的短期借款[⑦]，承诺与共产党决裂，发动"四

---

① 国民政府财政部档案三(8)，14926，《二五库券运用情形》，中国第二历史档案馆馆藏。

② 学术界对"江浙财阀"是否确实存在，有不同意见。有学者认为：从科学的含义看，江浙商人实际上还够不上财阀或财阀的地位。也有学者认为"江浙财阀"是一个控制着上海商界，来自宁波帮及宁波周边地区在上海的江浙籍商人和银行家的组织。学界共识是：认为江浙一带的商人、银行家是蒋介石集团得以依赖建立政权的财政支柱。本书更倾向于肯定"江浙财阀"的存在，即便江浙商人、银行家对中国政坛的影响力远小于日本财阀在日本政界的影响力，但是江浙商人、银行家与国民党的密切关系，是其他商业团体所不能比的。或许"江浙财阀"的提法并不十分恰当，但是网络江浙籍商人、银行家的组织已经形成。参见：黄逸平：《江浙财团析》，载《学术月刊》，1983 年第 3 期。史全生：《江浙财阀与蒋介石政权的建立》，载《江海学刊》，1984 年第 4 期。帕克斯.M.小科布尔：《江浙财阀与国民政府 1927—1937 年》，南开大学出版社 1987 年 7 月版。王爽君、黄存林、李静克：《江浙财阀和蒋介石的上台》，载《河北师院学报》，1984 年第 2 期。钟晓光：《"江浙财阀"刍议》，载《民国档案》，1992 年第 1 期。

③ 江浙财团的历史可以追溯到鸦片战争后，第一代江浙财团便是上海租界的洋行买办，他们最先接触欧美国家与中国双边贸易，了解外商的游戏规则。如常州人盛宣怀、无锡人周舜卿、宁波人叶澄衷等。第二代江浙财团面临由洋行买办向民族资本家的转化同时面临与外国资本主义在华经济势力的抗衡。代表人物有浙江宁绍帮的虞洽卿、张静江等，江苏常锡帮的陈光甫、张嘉璈、荣德生等。他们面对北洋时期中央政府的孱弱，利用军阀割据的混乱局面，抓住了西方国家忙于第一次世界大战无暇东顾的时机，大力发展金融业、工商业、制造业等，为民族工业的发展奠定了基础。参见姜良芹：《南京国民政府内债问题研究(1927—1937)——以内债政策及运作绩效为中心》，南京大学出版社 2003 年 9 月版，第 42 页。

④ 1926 年 9 月，张嘉璈秘密汇款 30 万元给赣州前线，极大地支援了江西战场。1927 年 1 月钱新之代表北四行秘密借给蒋介石 40 万元。2 月钱新之联合陈光甫借给蒋介石 50 万元。参见徐矛：《中国十银行家》，上海人民出版社 1997 年版，第 101—102 页。

⑤ 中共及其领导的工农革命威胁到江浙财团的利益，江浙财团"谋求同国民党中较温和的一派进行联合"，蒋介石政府出于控制全国的野心急需经济援助，蒋介石和江浙财团的合作算是"双赢"。

⑥ 上海商业联合会由虞洽卿、王一亭等联合上海工商界 19 个重要团体(后扩大到 60 余个)于 1927 年 3 月成立。

⑦ 共计 300 万元，月息 7 厘，规定以"江海关收入二五附税作抵，由银、钱两公会自借款日起，派员监收，逐日由收款行照数分派各行庄，至垫款本息还清之日为止。但本垫款本息未还清以前，如库券已销售有款，得以销售之款，尽先归还之"。参见《一九二七年的上海商业联合会》，第 57—58 页。

一二”政变，于4月18日宣告成立南京国民政府。其实蒋介石集团能够从江浙财团手中成功借到款，江浙财阀也心甘情愿地为蒋介石集团提供资金支持是双方博弈的结果。

政府弥补财政赤字可以采取税收和举债两种方式。一般而言，举债的时效性和可接受性都优于税收。对于蒋介石和江浙财阀而言，如果江浙财阀借款给蒋介石，便会获得政府庇护。如果江浙财阀不借款给蒋介石，则将失去政治靠山，面临来自蒋介石的威胁和上海工人阶级武装起义以及上海临时革命政府带来的利益损失。因此，江浙财阀借款给蒋介石可以使双方效用同时最大化，是双方的占优战略均衡，同时也是帕累托最优。

南京国民政府成立后，局面发生了改变。江浙财阀认为威胁自身利益的工人运动和农民运动势力渐退，向蒋介石提供资金援助的激励不足，而蒋介石却依旧需要江浙财阀的经济支持。1927年4月23日，蒋介石着手与上海银行公会洽谈上海银钱业垫款一事。几经周折之后，上海银行公会勉强同意垫款300万元，同时要求南京国民政府承诺“自此次加垫后，不再续行垫款，并各地支行联号，亦不再加垫”①，但是政府的强制力会促使最终达成有条件的借款协议，江浙财阀只能通过谈判使损失最小化。自1927年6月至1928年5月的12个月库券、借款收入达7 350万元②。强制发行内债的方式引起江浙财团强烈的不满和恐惧。

2. 内债政策的怀柔阶段(1928年6月—1932年2月)

宋子文自1928年初出任南京国民政府财政部长，至1933年10月最终卸任，为期近7年③，宋子文试图改变早期那种高压手段，推行了一系列的财政经济政策，如建立预决算制度、确立两级税收系统、裁厘改统、关税自主、成立国家资本体系、废两改元、法币改革等。宋子文在发挥其“钱袋子”理财专长的同时也履行着作为“摇钱树”的职责，努力谋求金融界、商业界在财政和政治上的支持，为南京国民政府不断增加的财政支出开征统税、发行内债、举借外债。

---

① 上海市档案馆:《一九二七年的上海商业联合会》，汕头大学出版社1983年版，第59页。

② 库券、借款收入包括二五库券6 099.5万元，卷烟库券37万元，银行借款8.5万元，未还欠款1 202.3万元。数据来源:国民政府财政部财政年鉴编纂处编:《财政年鉴》(1935年)，第17—18页。

③ 需要说明的是，此7年间，宋子文出任财政部长并不连贯，其间辞职四次之多，或真或假，原因不尽相同，离职时间也或长或短，但是并未明显影响其制定的各项财政政策实施的连贯性，因此在这里，将1933年前的公债政策作为宋子文在任时的公债政策。

(1) 内债政策的柔性转变。1928 年 6 月以前,南京国民政府采取一些非常手段募集资金应付军需开支。1928 年 6 月,国民革命军攻占平津,大规模战事告一段落。财政部长宋子文希望通过理顺财政使南京国民政府财政经济步入正轨,内债政策开始转变。宋子文深感通过取得资本家的信任,与其合作取得经济支持比依靠高压政策获得资金更为稳妥和积极。宋子文在 1928 年 8 月国民党二届五中全会上提出警告,依靠库券、公债及金融界的垫付维持政府财政是极其危险的,"此在作战期间,商民尚能忍受一时痛苦,而求全国统一后,乃有彻底之解决"①。

首先是提高债信。南京国民政府对旧债的态度直接影响投资者对新债认购的积极性。1928 年 6 月,宋子文提出"整理国债"的两项基本原则:第一,内外债凡有确定抵押品者,维持原案继续执行;第二,清理内外债,其无确定抵押品者,设立整理委员会,分别审查整理之②。"整理国债"不仅"为保持国信,活动金融",而且"于增高新债之信用,关系尤为重要"③。宋子文为增强投资者对内债的信心,规定发行内债需以税作保。如表 1-9 所示。

表 1-9　1927—1933 年南京国民政府财政部所发内债担保情况

债券担保种类	次数	数额(千万元)	占比(%)
关税担保	16	73.8	64.2
盐税担保	1	8.0	7.0
统税担保	6	22.4	19.5
其　他	5	10.8	9.4
总　计	28	115.0	

资料来源:根据《中华民国史档案资料汇编》,第 5 辑第 1 编,财政经济(3)统计而得。

同时,南京国民政府于 1927 年 5 月 13 日成立基金保管委员会组织负责内债、库券的基金保管事宜,并于 1932 年 2 月在第一次内债整理时改组为"国债基金管理委员会",其职能由管理内债扩展至外债④。

其次,宋子文一改强制性的内债政策,转向怀柔式的财政政策,即利用

① 宋子文:《统一财政确定预算整理税收并实行经济政策财政政策以树立财政基础而利民生建议案》,《革命文献》第 26 辑,第 3—4 页。

② 宋子文:《财政部施政大纲电》1928 年 7 月 1 日,载《国闻周报》第 5 卷第 28 期。

③ 《财政部为设立整理内外债委员会并拟具章程致行政院呈稿》(1929 年 1 月 24 日),《民国外债档案史料》第 2 卷,第 34 页。

④ 《中华民国史档案资料汇编》第 5 辑第 1 编,《财政经济》(3),第 110—117 页。

高回报率诱导投资者自愿购买。

(2) 蒋介石政府与江浙财团的合作。南京国民政府与江浙财团关系的好坏直接关系到内债能否成功发行,而内债收入是财政收入的重要组成部分,宋子文深刻认识到南京国民政府对江浙财团的经济依赖,大力吸收江浙财团的重要人物到财政部下属的各类委员会任职,打通南京国民政府与江浙财团的关系。大批银行家纷纷加入,陈光甫加入预算委员会和公债委员会,宋汉章加入公债委员会和银行币制委员会,秦润卿加入公债委员会,李铭加入银行币制委员会。

为笼络江浙财团,宋子文在 1928 年 6 月召开的全国经济会议上特意安抚与会的财团重要人物。对南京国民政府在北伐期间采取的极端恐怖的非常规筹款手段深表遗憾和歉意,许诺"保护商人财产"和裁兵减费。尽管地方军阀的军队不构成南京国民政府的直接财政负担,但是他们却截留了原本可以纳入中央政府财政收入的税款①,势必间接增加了中央财政负担。

对此,会议通过两项决议:第一,"所有私人财产,如船舶、面粉厂、工厂、矿山等,现在仍被政府当局所占据者,应一律立即归还,所有非法没收的财产也同样立即归还原主"②;第二,全国保留兵额 50 师,每师 1 万人,每月经费 20 万元;其他军费开支(包括海军、军事机关、兵工厂等)每月 600 万元,全年军费总额 1.92 亿元③。而当时军队规模为 84 个军(272 个师),每年需军费 6.6 亿元④。尽管裁减军费并没有完全兑现,但是全国经济会议标志着上海资本家和南京国民政府的关系发生着重大转变。上海资本家在经历了为时一年的恐怖统治后终于有了表达政治见解的机会。用宋子文的话讲,全国经济会议的召开是"中国走向民主制度的一个步骤"⑤。

---

① [美]费正清:《剑桥中华民国史——1912—1949 年(下卷)》,中国社会科学出版社 1994 年版,第 126 页。

② 《北华捷报》1928 年 6 月 30 日,第 542 页。

③ 《全国经济会议裁兵通电》1928 年 6 月 30 日,载《国闻周报》第 5 卷第 27 期。

④ 1929 年 1 月召开的全国编遣会议通过《国军编遣进行程序大纲》规定:全国步兵不超过 65 个师,陆军总数不超过 80 万人,军费务缩减至总收入的 40%,暂定一年经常军费及预备费为 1.92 亿元。参见:《中华民国史档案资料汇编(第 5 辑第 1 编)·军事(一)》,第 629 页。蒋介石欲借此机会削减地方派系的实力,遭到冯、阎、桂系的强烈不满。1929 年 8 月再次召开全国编遣实施会议,最终将每年 1.92 亿元的军费预算增至 2.26 亿元。由此,军阀对蒋介石的疑虑加剧了,随后即发生了派系间的第一次内战。

⑤ 《中华年鉴,1929—1930 年》1930 年,第 629 页。

对于承购内债,宋子文也给予大幅优惠。根据《中央银行月报》(1928—1933 年)所载公债市价计算,1928 年至 1933 年,上海华商证券交易所债券交易年收益率平均为 17%①,同期上海各银行的贷款年利大致处于 6%—10%,银行本身所付定期存款利息为 8%—9%②,商业贷款年利为 10%—20%③。可见,债券的年收益率明显高于同期上海各银行的贷款年利息和银行本身所付定期存款利息。因此,投资政府债券利润更大。自 1928 年至 1933 年南京国民政府财政部共发行内债 11.5 亿元④。

(3) 规范内债制度。宋子文毕业于美国哈佛大学,回国后又先后在实业界、金融界历练,深知依靠举债实现财政收支平衡的危险性,应该从根本上增强中央财力。他先后统一财政,确立预算制度,改革关税盐税,裁撤厘金,开征统税等,同时制定和颁布多项财政制度和规章。1929 年 6 月 26 日,中央政治会议通过 10 项内债发行原则,对公债的用途作出明确规定,公债收入的实际用途必须以募集规定用途为准,不得挪为他用。尽管最终并未落实这 10 项原则,但是提出规范内债发行原则已经是一个不小的进步。

面对蒋介石"狮子大开口"的压力、混乱的战争局势,宋子文在 1932 年整理内债后,于 1933 年 10 月以请辞回应蒋介石要求再次发行内债的命令,随后由孔祥熙接任。

(二) 1933—1936 年南京国民政府的内债政策

宋子文在节约开支、维持预算平衡等方面工作的成效是暂时的。当对日作战稍有缓和,蒋介石便采取"攘外必先安内"的政策,为军费开支发行公债,使宋子文在整理公债时对银行家、资本家关于 4 年内不再发行新债的承诺落空。

1. 开源节流保生产的财政政策

自 1933 年,孔祥熙接任南京国民政府财政部部长一职起,财政政策又回归到依靠发行内债弥补财政赤字的状态,甚至到了不考虑财政收入的能力,

---

① 邬志陶:《民元来我国之公债政策》,朱斯煌:《民国经济史》,上海银行学会银行周报社 1948 年,第 201 页。

② 吴承禧:《中国的银行》,上海商务印书馆 1934 年版,第 58 页;丁洪范:《中国的现代银行、政府财政及工业》,第 596 页。

③ 小科布尔:《江浙财阀与国民政府(一九二七——一九三七)》,南开大学出版社 1987 年版,第 45 页。

④ 千家驹:《旧中国公债史资料》,第 370—373 页。

直接由内债收入填补财政亏空的地步。孔祥熙的赤字财政政策一改宋子文多年追求的财政收支平衡,却十分符合蒋介石的胃口。孔祥熙在就职演讲上明确表示,“剿共”的胜利比保持预算平衡更重要①,提出:“理财之道,不外开源节流,唯需开应开之源,节应节之流,如专以聚敛为开源,无异竭泽而渔,如专以减政为节流,势必百事俱废。”②他的政策可以概括为开源、节流、保生产。

在开源方面,孔祥熙积极开辟新税源,如自1933年12月起开始对米麦征进口关税,南京国民政府于1936年7月颁布《所得税暂行条例》,自1936年10月起开征直接税,提高统税、关税等税种征收税率。

以关税为例,自1933年起,进出口关税税率基本呈现上升趋势。一般而言,进出口关税的增加理应带来关税收入的增加。

表1-10　1927—1936年南京国民政府海关关税收入　　单位:百万元

年　份	1927	1928	1929	1930	1931	1932	1933	1934	1935	1936
进　口	3.5	3.9	—	10.4	14.1	14.5	19.7	25.3	27.2	27.0
出　口	2.8	2.7	—	4.0	3.4	3.5	3.8	4.6	3.6	3.5

资料来源:严中平《中国近代经济史统计资料选辑》,科学出版社1955年版,第61页。

表1-10中的数据显示,1933年至1936年,关税收入的增加幅度并不大,其中一个很大的原因是走私直接导致进口量的减少,致使南京国民政府并未从增加的进口关税税率中获利,尤其是自1935年日本建立冀东自治政府后。1936年5月5日《字林西报》刊登了在北戴河的所见所闻:“我没看见走私。我只看见三十八艘各种各样的大小船只停泊在海湾里,并把货物卸到几十只小船上。海滩跟天津涨水季节船舶最盛时期沿河马路一样的忙。你再也不能说这是走私,而是自由贸易。一个走私贩答应‘随便你要什么,什么都有,除非是一只大象’。在偷漏进口税之外,这个地方是违反中国法令、私运白银出口的太平门。”③从表1-11可以看出白银走私的严重程度,尤其是1935年,白银走私量是白银出口量的3.8倍。

---

①　《申报》,1933年11月2日;孔祥熙:《现在全国财政的情况与将来财政的方针——1933年11月6日在中央纪念周演讲》,载《中央周报》第284期,1933年11月12日。

②　李毓万:《为国尽瘁之孔祥熙先生》(上),载《传记文学》第32卷第2期。

③　杨格:《中国财政经济情况　一九二七至一九三七年》,中国社会科学出版社1981年版,第57页。

表 1-11　1927—1937 年白银进口和出口净数　　单位:纯银一百万盎司

年份	进口	出口	走私出口估计数字		中国出售从通货中抽出的白银估计数
			中国银行	耿爱德	
1927	79				
1928	129				
1929	128				
1930	81				
1931	55				
1932		9			
1933		11			11
1934		194	15	15	200
1935		45	174	113	190
1936		188	30	23	302
1937		301			178

资料来源:杨格《中国财政经济情况——1927—1937 年》,中国社会科学出版社 1981 年版,第 209 页。

在节流方面。孔祥熙在削减军费开支方面下了很大的功夫,自 1933 年起,军费支出占财政支出的比重逐年下降,尤其是 1935 年军费支出的绝对量有所减少,但是其他项目支出均出现成倍数的增长。

表 1-12　1933—1936 年南京国民政府主要支出项目及占财政支出比重　单位:百万元

年份	军费	占比	债务	占比	建设费①	占比	补助费	占比	党政费②	占比
1933	372.9	48.5	202.6	26.2	26.6	3.5	32.0	4.2	40.1	5.2
1934	386.6	32.1	455.8	38.0	76.4	6.3	49.8	4.1	123.9	10.3
1935	362.0	27.1	358.6	26.8	87.1	6.5	89.8	6.7	70.77	5.3
1936	555.2	29.3	834.6	44.1	161.6	8.5	119.0	6.3	174.7	9.2

注:①建设费开支包括教育文化费、实业费、交通费、建设费。②党政费开支包括党务费、国务费、内务费、外交费、财务费。

资料来源:1933 年数据参见《革命文献》第 77 辑,第 369—372;1934—1937 年数据见《财政年鉴续编》(1943 年),第 106—111 页。

在保生产方面。宋子文任期,田赋收入归地方财政收入,地方政府增加田赋附加和各种苛捐杂税,农民税赋压力巨大。1934 年 5 月召开的第二次全国财政会议通过《整理田赋减轻附加废除苛捐杂税计划案》《减轻各省县田赋附加地方费用不足由中央另筹抵补案》等一系列方案,增加了中央财政的压力,但是减轻了农民负担,提高了农民生产的积极性,1934年农业生产取得大收获。

2. 财政政策从温和向强硬的过度

1932年的内债整理过后,由于国际经济形势的变化和南京国民政府债信的提升,原本对内债已经失去信心的江浙财团对投资内债又产生了浓厚的兴趣。

1929年,西方国家陷入严重的经济危机,物价不断下跌。在非银本位国家,白银的售价也不断下跌。中国币制由于仍处在银本位阶段,国际银价的下跌导致国内白银的购买力下降,物价相对升高。因此,国内经济并没有受到国际经济萧条的冲击,反而由于物价的上涨刺激了国内工商业的发展,经济形势较好。以1926年作为基年,1930年上海物价指数为104.8,1931年飙升至126.7。1931年上海的批发物价和生活费用相比1926年,高出30%。

图1-3所示为20世纪20年代中期至30年代中期英美白银购买力和上海批发价格指数。

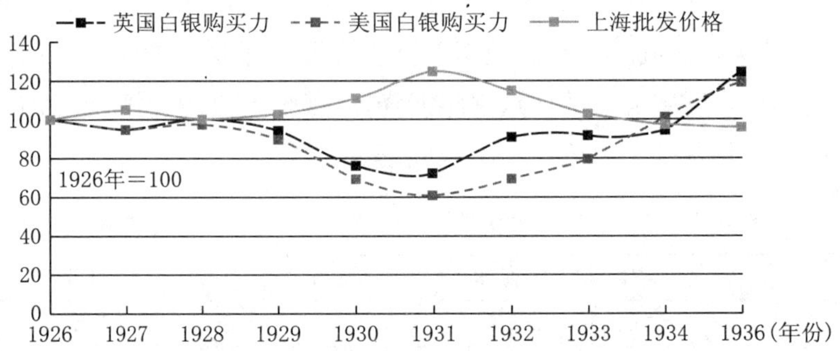

图1-3 英美白银购买力和上海批发价格指数

资料来源:顾翊群《白银》,载《中国季刊》第1卷,1935年9月,第88页。

1931年之前,农产品的价格对农民来说都是有利的,呈总体上升趋势。如表1-13所示,1931年以前,农产品批发价格逐年增加,同期全国范围内农产品批发价格/工业品批发价格也基本处于上升通道。农户生产积极性受到鼓舞,农产品产量日益增加。费正清认为,单从统计上看,足以养活增长速度年均不到1%的中国人口①。然而,自1931年起一直持续到1936年,农

① [美]费正清:《剑桥中华民国史——1912—1949年(上卷)》,中国社会科学出版社1994年版,第70页。

产品批发价格及贸易条件明显恶化。土地价格也回落到低于1926年的地价水平。中国农村日渐萧条。面对"田地累人、多种多陪，少种少赔"[①]的窘境。在1931年至1934年间，天津和上海的茶、烟、酒、牲畜、粮食、棉织品和油料的价格指数持续下降。不久农产品原产地的农产品价格也下降了，农产品的销售价格不敷单位生产成本[②]。在广东甚至出现农民自毁桑园的事件，以致桑园面积骤减30%以上[③]。棉花生产地也出现类似令人沮丧的情况，即生产成本高于市场价格。陕西地区棉花的生产成本竟超过市价3倍[④]。农村资金在这种不等价交换中逐渐流向城市，而土地税的增加加速了这种变化。中国传统投资方式，即"以末致富，以本守之"发生了改变[⑤]。乡间富户迁移至城市，乡间储蓄也向城市转移，城乡贸易中对城市有利的贸易不断增加[⑥]，突然间形成农村经济干瘪而城市却充斥着游资。上海作为中国的经济金融中心，势必成为游资流入地的最佳选择之一。白银的流入缓和了银价上涨对上海工商业的冲击，然而对于内地尤其是内地农村来讲，却因此陷入了萧条。"一方面造成内地国民经济日益陷入破产，另一方面造成都市金融的畸形'繁荣'"，[⑦]形成城市孤岛经济。

表1-13　1927—1937年农产品价格、农产品贸易条件、地价、土地税指数

（以1926年为基准年100）

年份	农产品批发价格		农产品贸易条件				地价	土地税
			农产品批发价格/工业品批发价格		农产品批发价格/消费品批发价格			
	天津	上海	中国	天津	上海	天津		
1926	100	100	100	100	100	100	100	100
1927	103	103	95	101	92	98	92	109
1928	103	95	106	97	92	94	97	119

① 章有义:《中国近代农业史资料》,第3辑,北京:三联书店1957年版,第632—633页。

② [美]费正清:《剑桥中华民国史——1912—1949年(下卷)》,中国社会科学出版社1994年版,第266页。

③ 章有义:《中国近代农业史资料》第3辑,第627页。

④ 章有义:《中国近代农业史资料》第3辑,第630页。

⑤ 姜良芹:《南京国民政府内债问题研究(1927—1937)——以内债政策及运作绩效为中心》,南京大学出版社2003年9月版,第96页。

⑥ 小科布尔:《江浙财阀与国民政府(一九二七——一九三七)》,南开大学出版社1987年版,第99页。

⑦ 张郁兰:《中国银行业发展史》,上海人民出版社1957年版,第66页。

(续表)

年份	农产品批发价格		农产品贸易条件				地价	土地税
			农产品批发价格/工业品批发价格		农产品批发价格/消费品批发价格			
	天津	上海	中国	天津	上海	天津		
1929	107	99	127	96	94	94	108	119
1930	107	113	125	90	98	81	99	140
1931	96	106	116	72	80	70	86	132
1932	90	95	103	73	79	69	81	
1933	73	94		64	84	61		
1934	64	86		60	83	59		
1935	82	83		79	83	75		
1936	102	102		87	91	82		
1937					106			

资料来源:南开大学经济研究所《1913年至1952年南开指数资料汇编》,经济研究所统计出版社1958年版,第12—13页;《上海解放前后物价资料汇编》,第135页,转引自[美]费正清:《剑桥中华民国史——1912—1949年(上卷)》,中国社会科学出版社1994年版,第71页。

注:中国包括15省36县37地区。

从银行存款情况来看,1932年至1933年,上海的银行存款增加了1倍多①。上海各银行的存款额都有明显增加。中国银行的存款总额由1932年的4.8亿元增加到1934年的5.5亿元,中央银行由1.5亿元增至2.5亿元,交通银行由1.9亿元增至2.7亿元②。同期私营银行存款额的增幅同样比较显著(见表1-14)。

表1-14　1932—1934年上海几种私营银行存款情况　　单位:千万元

年份	商业银行	储蓄银行	农工银行	专业银行	华侨银行
1932	71.69	1.85	13.66	12.10	7.94
1933	84.84	3.17	17.74	14.20	12.96
1934	100.65	4.14	21.28	17.28	14.57

资料来源:中国银行编:《全国银行年鉴》(1936年),第38—42页。

银行业的利润也有大幅增长。表1-15显示,1934年上海的国内主要银行利润额比1928年增加1倍。

① 章有义:《中国近代农业史资料》第3辑,第678页。

② 徐农:《中国国民经济的全貌》,载《新中华》1936年5月25日,第2页。

表 1-15　1928—1934 年中国重要银行在沪利润额

年份	利润额(百万元)	指数(1928=100)
1928	12.8	100
1929	19.0	149
1930	19.1	150
1931	20.8	154
1932	26.3	208
1933	26.8	211
1934	31.2	246

资料来源:沈祖杭《吾国银行与政府内债》,载《银行周报》938 号,1936 年 2 月 25 日,第 4 页。其中包括上海银行公会成员银行,中央银行、四行储蓄会。

从银行贷款情况来看,拆息市场利率是银行同业短期贷款利率,比一般贷款利率低。上海拆息市场的利率,最低时不到年息 1 厘,最高时不过平均 8 厘,可见游资泛滥的程度①。随之带来的是烂账、软账逐渐增多。中央银行 1935 年 2 月 4 日的一份报告是有力的证明:"7 家小银行,3 家经营其他金融业务的公司,58 家工厂和 99 家商店营业失败。"②

城市充斥的大量资金并没有投向工商业。1932 年各业营业额较 1931 年减少了 1/3,1933 年较 1932 年下降 15%③。受进口棉花价格居高不下的挤压(中国纺织厂的主要原料来自进口棉花),加上农村经济萧条导致购买力的减少,以及日本纱厂的激烈竞争,1933 年春季,棉纱价格已跌破中国很多纱厂的生产成本④。1932 年后,除了纺织业,蚕丝业、面粉业等遭受巨大灾难意外,几乎上海所有的工业产量和价格都在下跌,"投资几乎无利可图"⑤。中国银行的年收益率为 7%,商务印书馆为 7.5%,南阳兄弟烟草公司 5%⑥,这些收益较高的企业尚且如此,其他企业的经营情况更不容乐观。

---

① 中国人民银行上海分行:《上海钱庄史料》,上海人民出版社 1960 年版第 628—642 页。

② 杨格:《中国财政经济情况　一九二七至一九三七年》,中国社会科学出版社 1981 年版,第 245 页。

③ 《中国银行 1932 年度营业报告》。

④ 刘大钧:《上海工业化研究》,商务印书馆 1940 年版,第 21—22 页;郭辉南:《中国纺织业之难关》,第 15—16 页。

⑤ 《申报》1933 年 8 月 10 日。

⑥ 谟湮:《上海金融恐慌的回顾与前瞻》,第 34 页。

"无论银行多么精明地运用存款积极支持工业、商业和农业,贷款的利率之高一定使得很多厂家企业承受不起。"①投资政府内债成为最稳妥的投资行为。上海充斥的游资一时间流向内债,内债价格稳步回升。南京国民政府抓住时机,大量发行内债,自 1933 年 7 月至 1934 年 7 月共发行 7 次内债,共 23 400 万元(国币),150 万英镑,借款 4 400 万元②。这一时期也正是国民党发动第五次围剿时期。

图 1-4 所示为 1932 年至 1934 年上海华商证券交易所的国债券指数。

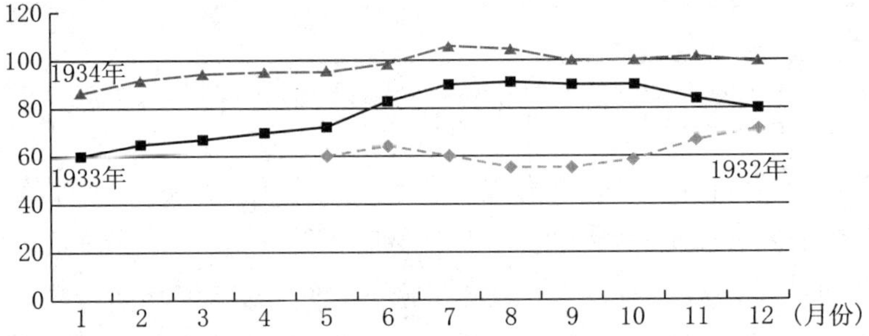

图 1-4　1932—1934 年上海华商证券交易所的国债券指数

注:以 1931 年 7 月为基准月。
资料来源:《社会经济研究》第 2 卷第 1 期,1935 年 1 月。

随着西方各国陆续放弃金本位,实行通货贬值,造成金价下降,银价上涨。1934 年 6 月美国又通过《白银收购法案》,决定高价收购白银,直到白银价格达到每盎司 1.29 美元或者财政部储备的白银价值达到了黄金储备的 1/3。一系列的动作直接导致国际银价上涨,国内白银外流。南京国民政府开始极力遏制白银外流,于 1934 年 10 月 15 日对银类出口开征出口税③,尽管账面上白银出口量的确放缓,但是非法走私的白银总量却不得而知。

表 1-16 所示为 1927—1933 年南京国民政府金银进出口价值。

仅 1934 年上海接纳内地白银 8 000 万元,然而白银流出的速度更快。1934 年 6 月至 10 月的 5 个月内,外运白银总额 2.2 亿元,是 1933 年的 3 倍④。

---

① 谟湮:《上海金融恐慌的回顾与前瞻》,第 36 页。

② 借款 4 400 万元为 1934 年 7 月向上海各银行的借款,以意大利退还庚款作担保。陈炳章:《五十年来中国之公债》,中国通商银行编:《五十年来之中国经济》1948 年,第 122 页。

③ 杨荫溥:《征收银税与我国币制》,载《银行周报》第 18 卷,第 41 期,1934 年 10 月。

④ 谢菊曾:《1935 年白银风潮概述》,第 81 页。

表 1-16　1927—1933 年南京国民政府金银进出口价值　单位:万元

年份	金						银		
	进　口		出　口		入超(－)或出超(＋)		进口	出口	入、出超
	金单位	国币银元	金单位	国币银元	金单位	国币银元	国币银元	国币银元	国币银元
1927	358.32	323.63	582.30	525.92	＋223.979 3	＋202.30	12 758.24	2 618.25	－10 139.99
1928	1 123.47	986.12	47.93	42.07	－1 075.539 1	－944.05	17 396.98	820.53	－16 576.45
1929	160.85	156.62	476.11	463.61	＋315.261 9	＋306.99	18 918.72	2 431.03	－16 487.69
1930	296.08	401.12	2 197.64	2 977.32	＋190.156 12	＋2 576.20	15 978.84	5 539.32	－10 439.52
1931	0.86	1.57	2 731.28	5 004.28	＋2 730.42	＋5 002.71	11 823.30	4 742.97	－7 080.33
1932	13.603 9	25.09	5 940.44	10 958.17	＋5 926.84	＋10 933.07	9 653.89	1 069.34	＋1 039.51
1933	13.73	26.81	3 567.37	6 963.52	＋3 533.64	＋6 936.71	8 043.24	9 485.49	＋1 442.24

注:1927—1930 年"金"项下的国币价值均按每关平 1 两＝1 558 元国币折合。1931—1933 年"金""银"项下进出口的国币银元数,直接摘自 1933 年海关中外贸易统计年刊,但该 3 年的"入超或出超"国币价值,则为进出口国币值的差数。参见国民政府主计处统计局:《中华民国统计提要》,1935 年,第 621 页。

3 月至 12 月,上海各大银行白银库存减少了 2.5 亿之多①。白银流通量减少,导致通货紧缩,贸易状况恶化。正如中国政府驻美公使馆所言:"种种迹象证实,上涨的通货价值,就中国来说,实为灾难,因为它带来了通货紧缩"②。银价的上涨导致国内制造业成本猛增,无法与洋货竞争,工商业开始衰败。这为 1935 年放弃银本位,进行法币改革,以及由纸币本位引发的恶性通货膨胀埋下了伏笔。

金融业同时出现银根紧缩、存款骤减的不利局面,1935 年上海有 15 家钱庄关闭③。金融机构对内债的吸收能力随之降低,内债价格也自 1934 年 7 月开始下跌,南京国民政府的内债发行面临危机。孔祥熙使出了杀手锏——对银行业进行控制。通过建立中央银行,控制中国银行、交通银行,改组四明商业储蓄银行、中国通商银行、中国实业银行,实现了对金融界的统治,"也结束了企业家独立的有影响的集团的地位"④(见表 1-17)。

① 郑允恭:《银元腾贵与中国》,载《东方杂志》,1935 年 7 月 1 日,第 51 页。

② 《中国政府驻美公使馆 1935 年 2 月 1 日致美国国务院的备忘录》,参见《中华民国货币史资料》,第二辑,第 116 页。

③ 中国人民银行上海市分行编:《上海钱庄史料》,第 261 页。

④ 汪一驹:《中国知识分子和西方》,枫城出版社 1978 年版,第 449 页。

表 1-17 1935 年银行业改组前后中国的银行资产结构变化情况

银行集团		1934 年		1936 年	
		银行数	占银行总资产(%)	银行数	占银行总资产(%)
官方银行	中央政府控制银行	2	11.7	4	56.6
	省级政府控制银行	17	6.5	20	10.7
	中央政府卫星银行	—	—	6	5.5
	官方银行总数	19	18.2	30	72.8
商界银行	上海银行业公会成员银行	30	72.4	21	19.6
	其他商界银行	84	9.4	97	7.6
	商界银行总数	114	81.8	118	27.2

资料来源:《全国银行年鉴》(1937 年),第 818—823 页。转引自姜良芹:《南京国民政府内债问题研究(1927—1937)——以内债政策及运作绩效为中心》,南京大学出版社 2003 年 9 月版,第 109 页。

当时,甘末儿顾问团评价中国的币制"是任何一个重要国家里所见的最坏的"。世界银价的上涨破坏了中国的经济,难以控制的白银出口和白银走私致使中国金融市场银根紧缩。1935 年 11 月,法币改革在呼声中展开,而此前对银行的控制使得法币改革得以顺利展开。

(三) 1932 年和 1936 年两次内债整理

1. 1932 年的内债整理

1931 年的政治危机发生在南京政府和广州政府之间,宋子文的公债政策成为广州政府抨击的焦点。"南京政府视发行公债如家常便饭……宋子文上台后,南京政权发行公债,其唯一用途,就是供蒋介石穷兵黩武之用"①,视宋子文掌管的财政为"南京政府恶政的例证",财政基础被破坏。广州方面提出了整理债务的方案,基本思想有二:一是新债换旧债,用新的低利率的统一公债置换旧的高利率公债;二是延长偿还期限。此举遭到了上海资本家的抵触。广州的此番运动直接导致公债行情的暴跌。上海交易所主要政府债券的平均价值自 1931 年 8 月 1 日至 12 月 31 日下跌了 38.5 个百分点,跌至几乎票面价值的一半。公债行情的暴跌严重打击了上海资本家,也加剧了上海资本家的抵触。1931 年 12 月 15 日,蒋介石迫于压力辞职,而孙科的新政权并未得到各省政府的支持,同时还面临上海资本家、银行家的排斥,在坚持了 3 周后以破产告终。蒋介石、宋子文复职后面临的困难依旧

① 《南京所发之八千万赈灾公债》,载《中央导报》,1931 年 9 月 9 日,第 2、3 页。

重重。

（1）整理内债的原因。

首先是历史原因。“怀柔”的内债政策采取打折扣的优惠手段发行内债，尽管承购量令人满意，尚能满足赤字缺口，基本实现收支平衡，但是政府的代价巨大，为日后按照票面价格还本付息埋下了隐患，也是此次整理内债的祸根。表1-18、表1-19可见，自1927年至1931年内债的实际收入仅占发行额的一半左右，债务支出占财政支出高达一半。

表1-18　1927—1930年南京国民政府内债发行额、收入额比较　单位：百万元

年份	内债发行额	内债收入额	代价（发行额—收入额）	收入额/发行额
1927	86	61.4	24.6	71.4
1928	220	68.6	151.4	31.2
1929	154	90.5	63.5	58.8
1930	276	192.8	83.2	69.9

资料来源：千家驹《最近两年度的中国财政——民国十九、二十两年度财政报告书之批评》，载《东方杂志》第30卷第4号，1933年2月。

表1-19　1928—1931年南京国民政府债务支出及财政收入　单位：百万元

年份	债务支出				财政收入	债务支出/财政收入
	内债偿还数	外债偿还数	赔款偿还数	总计		
1928	75.40	79.05	29.14	183.59	332.48	55.22
1929	108.39	103.63	29.14	241.16	438.06	55.05
1930	142.07	76.10	29.14	247.31	497.75	49.69

资料来源：1.债务支出，见中央党部国民经济计划委员会主编《十年来之中国经济建设》，1937年2月1日，转引自《革命文献》第73辑。2.财政收入为不包括债务收入的财政收入数，见历年《财政报告》，载《革命文献》第73辑。

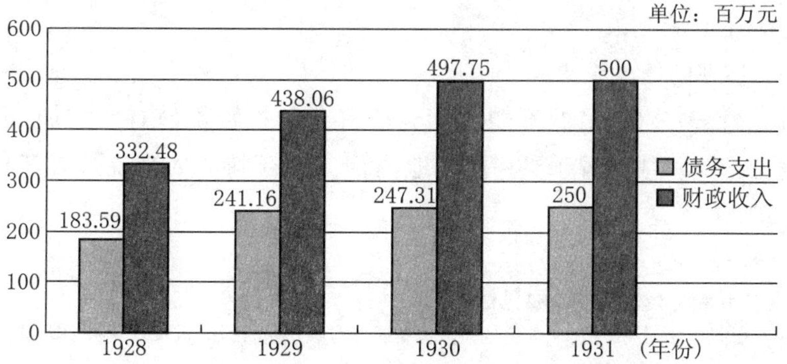

图1-5　1928—1931年南京国民政府债务支出及财政收入

其次是可以作为导火索的原因。1932年1月18日,上海中国民居与日本侨民的冲突引发了28日日军对上海闸北及周边地区的空中轰炸。闸北区的工厂、钱庄、商铺遭到损毁,上海工商业整个陷入瘫痪状态。上海证券交易所于1月25日停市,租界的银行、工厂、商铺因抗日运动而罢业。此番种种致使原本就孱弱的财政雪上加霜。宋子文不得不启动紧缩财政计划,“削减政府一切与当前无关的费用”①。

再次是客观局势。接连发生1931年长江水灾、“九一八”事变、1932年“一二八”事变导致政局动荡,内债行情暴跌、银行周转不灵、商业停滞、财政陷入困境,南京国民政府不得不对内债进行整理,改变还本付息的方法,公开宣告债信破产,整理内债。

(2) 整理内债的方式。

1932年2月1日生效整理内债的方案。首先规定了整理债券的范围。然后提出整理方法:每月由海关项下拨出860万元作为偿付债券本息基金;全部债券由关税担保,取消盐税、统税、印花税等原担保;设立国债基金管理委员会替代之前的二五基金会;除十七年金融长期公债不变外(为年息2.5厘)其余债券均改为固定年息6厘,偿还期限延长近一倍以前②。

整理内债方案是通过“持券人会”即债权人提出,这本身就是债权人的一种妥协和支持,“因国难牺牲个人利益,竭诚拥护”,要求政府按方案按期偿还债务,同时要求南京国民政府“彻底整理财政、完全公开财政,由各团体参加财政委员会,取节纳主义,在收入范围内确定预算,不得稍有逾越”,并要求“政府不得再向各商业团体举借任何以发动内战或弥补政费为目的的借款”。从“持券人会”的种种要求可以看出,金融资产阶级与南京国民政府还是有矛盾的③。其详情可参见附录之附表3汇总自1932年2月1日起各项公债的还本情况。

(3) 整理内债的结果。

首先,整理公债“虽然不能使债券持有人的投资价值有所增加,可是毫无疑问已把这些债券置于更稳固的地位”④。对于持券人来说是对其利益的一种保护。

---

① 《国内要闻》,载《国闻周报》1932年2月22日。

②③ 潘国琪:《国民政府1932年公债整理案述评》,载《福建论坛(人文社会科学版)》2001年8月,第30页。

④ 《字林西报》1932年3月2日。

其次，通过整理公债使南京国民政府的财政负担有所减轻。1932年整理公债后，全年实际偿还本金6 622万元，比整理之前应还总量减少53.7%；偿还利息总数减少1 964.9万元，约27.7%。本息共节省近1亿元，占当年财政总收入的1/6[①]。“经过此次整理后，债市乃转活泼，财政亦赖以稍苏”[②]。整理结果虽然节省不少本息负担，但债务费支出仍高达11.7亿元。1932年停发一年公债后，于1933年又开始大量发行内债。

再次，整理公债简化了债务的担保与还款方式。宋子文评论1932年整理公债“令人满意的”。“1932年2月之后，政府自民国创建以来第一次能够平衡预算。这正发生在世界上几乎每一个国家，都在普遍大危机中有了巨额财政亏损的时候；也正发生在中国政府除应付经济萧条之外，还不得不承受1931年大水灾造成的浩大损失、银价暴跌的影响和日本攫占满洲进攻上海的时候。……取得了此种显著进展抵消了一切敌意的宣传，以为中国处于一团混乱之中，它的政府是摇摇欲坠的。”然而，宋子文也意识到：“从财政上讲，政府远未摆脱困境。”[③]杨格对1932年整理内债的判断与宋子文却大相径庭：“因为它未能使债务结构经过统一整理而简化，债券数目不能从28种再减，而且须用一套复杂的方式，按月重新计算为各种库券付出的款数。”[④]

2. 1936年的内债整理

1936年的内债整理是继1932年内债整理之后的又一次整理案，无疑是对南京国民政府债信的沉重打击。1936年2月，南京国民政府发行统一公债14.6亿元，置换国民政府历年发行公债和北洋政府发行的共33种内债，“将旧债还本期限延长，腾出财源，另发新债”[⑤]。用统一公债置换后剩余的部分为担保发行复兴公债3.4亿元。从而减轻债务负担，加强债务管理，缓解债信危机。

(1) 整理内债的原因。南京民国政府偿还内债的基金来自偿付外债、赔款有余的关税收入，即余关收入。也就是说，外债、赔款具有使用关税清偿

---

① 《中华年鉴，1932年》，第470页。《财政部年度报告》(1930—1932年)，第1—4页。

② 朱斯煌主编：《民国经济史》，银行学会1948年版，第203页。

③ 《财政部第19及第20届财政年度报告》，1930年7月至1932年6月，第1—12页。

④ 杨格：《中国财政经济情况　一九二七至一九三七年》，中国社会科学出版社1981年版，第113页。

⑤ 难宾：《财政部发行统一公债及复兴公债》，载《东方杂志》第33卷第5号，1936年3月。

的优先权。那么,受关税减少影响最大的是偿还内债。自1931年起,关税收入逐年减少。1935年关税收入以及贸易总额创自1931年来的历史最低。实际上,1935年7月至12月作为内债本息基金的关税收入每月亏短400余万元,1935年7月至12月的半年内,财政收支短缺1.5亿元,全年不敷3亿元[①]。"内债本息基金平均每月短少约400万元,悉由政府临时筹垫足额"(见表1-20、表1-21)[②]。

表1-20　1931—1935年南京国民政府关税收入　单位:元

年　份	关税收入
1931	370 000 000
1932	326 000 000
1933	352 000 000
1934	334 000 000
1935	315 000 000

资料来源:马寅初:《财政学与中国财政——理论与现实》,商务印书馆2001年版,第603页。

表1-21　1931—1935年对外贸易额及指数　单位:百万海关两

年份	净进口	净出口	入　超	贸易总额指数 1913=100
1931	1 433	909	524	240.7
1932	1 049	493	556	158.4
1933	864(合1 346元)	593(合612元)	471(合734元)	129.1
1934	661(合1 030元)	344(合536元)	317(合494元)	103.2
1935	590(合919元)	370(合576元)	220(合343元)	98.6

资料来源:萧梁林《中国的对外贸易统计,1864—1949年》,第274—275页;郑友揆《中国的对外贸易与工业发展》,第259页。

理论上,弥补财政不足可以采取增加税收、举借内债、举借外债、发行纸币等多种手段。实际上,种种方法均遇到限制。

关于增加税收。关税的变动不但关系国际贸易,而且牵扯外交问题。即便成功增加了关税,恐怕引发的走私也随之增加,实际得到的关税收入肯定不尽如人意。增加盐税更加不易,生产一担盐的成本不到一元,而每担盐价已经高达10元,缺盐省份的盐价更是高达20—30元。增加盐税致使盐的

---

①② 马寅初:《财政学与中国财政——理论与现实》,商务印书馆2001年版,第603页。

消费量减少，那么盐税收入并不能增加多少；举借债务也绝非易事。内债本息基金已出现亏欠，发新债难度很大。举借外债也相当困难。1935年，南京国民政府与英美商议借款事宜，日本从中干涉，最终也没能达成借款协议；发行纸币同样会引发一系列的问题，例如通货膨胀的问题、发行纸币机构的确定、币值稳定的问题等。

南京国民政府最终采取整理公债的方法延缓支付，借“统一旧债”之名，减负延期，上海债权人对此表示赞成。

(2) 整理内债的方式。整理内债前发生的公债风潮使南京国民政府的债信大打折扣，客观上促使了整理债务。旧内债30余种，以公债和库券为名，如前所述，南京国民政府为免去繁复的立法程序，假借库券名义发行，实际两者并无区别。1936年，南京国民政府将公债和库券同样整理。依到期的远近，分为甲、乙、丙、丁、戊五类。甲种公债为3年内到期的公债，延期至12年，以甲种统一公债偿清；乙种公债为5年内到期的公债，延期至15年，以乙种统一公债偿清；丙种公债为7年内到期的公债，延期至18年，以丙种统一公债偿清；丁种公债为10年内到期的公债，延期至21年，以丁种统一公债偿清；戊种公债为12年内到期的公债，延期至24年，以戊种统一公债偿清。另外增发一种新债，即25年复兴公债共3.4亿元，利息6厘，于24年内抽签偿还。33种公债库券本金共计11.2亿元，统一公债共发行14.6亿元，复兴公债3.4亿元，两者共计18亿元，超出公债7亿元之多。具体整理方法见附表4。

(3) 整理内债的结果。整理公债后，南京国民政府的信用逐渐恢复。孔祥熙也承认：“……由于本部及时采取并经民众支持而加强了各项措施，国家的经济结构不仅业已摆脱了一场几近崩溃的危机，而且实际上变得比以往任何时候更加稳固强大了。”①

1935年整理内债在以下几方面具有不可磨灭的作用。第一，债券还本期限延长，暂时减轻政府财政压力。南京国民政府每年节省债务支出约8 500万元②。政府偿债负担有所减轻。内债平均年收益率由1932年底的

① 《财政部第21及22届财政年度报告》，1932年7月至1935年6月，第19页。

② 另有说法，统一公债未发行前(1936年2月1日)，政府每年偿付外债本息约1亿元，内债本息约1.9亿元，合计约2.9亿元。经整理后，全年支付公债本息减至2.3亿元，每年可少付6 000万元，此数与关税亏短之数，足可相抵。参见杨格：《中国财政经济情况 一九二七至一九三七年》，中国社会科学出版社1981年版，第117页。马寅初：《财政学与中国财政——理论与现实》，商务印书馆2001年版，第605页。

15%—24%跌到1933年的16.8%,1936年的11.6%。[①] 第二,一定程度上拉平了公债的清偿期限,有助于避免出现清偿高峰。第三,简化了债务结构。变33种债券为5种统一公债和新发的复兴公债。第四,1935年整理内债是实行统制经济政策的第一步,同时也是为抗战在做准备。第五,私营银行逐步增加对工商业的投资。在经历了1932年整理内债后,银行业越发感到依赖经营和投机内债风险大,受非经济因素影响较大。1931—1933年间,有15银行因投机内债而破产。1936年内债整理后,银行业开始转向工商业投资。上海商业储蓄银行1936年对工商业放款额比1935年增加460万元[②]。

二、南京国民政府外债政策变化

1927—1937年,南京国民政府的外债政策主要体现在两个方面:一是整理旧债,承认和整理外债遗留[③]是南京国民政府1927—1937年外债政策的重点;二是发行新债,弥补南京国民政府财政不足。

(一) 从继承旧债到整理旧债——借新债的基础

1927年,南京国民政府成立,随即表示:"国民政府对于友邦以平等原则,依合法手续所负之义务,始终未敢蔑视。"[④]1928年,财政部首次提出整理外债,建议"历年北京政府及各省积欠的内外债,种类繁杂,性质复杂,为保持国信,活动金融计,亟应从事整理[⑤]。1928年7月,国民党召开"全国财政会议",宣布"全面整理外债","维护国家信用"[⑥]。通过的1928年度财政部施政大纲则明确指出:"内外债凡有确实抵押品者,维持原案继续履行""清理内外债,其无确实抵押品者,设立理事委员会,分别审查整理之"[⑦]。1929年7月,国民党中央执行委员会政治会议召开第187次会议[⑧],胡汉民提出整理公债十条标准,其中前五条专门论及外债。南京国民政府于1929

① 杨格:《中国的建国成就》,新华出版社1985年版,第98、99页。

② 《银行周报》第21卷第15期,1937年4月。

③ 继承北洋政府的全部遗留外债,并进行整理。

④ 国民政府外交部:《中国国民政府对外宣言》,外交部公报,1928年7月(132)。

⑤ 财政部财政科学研究所、中国第二历史档案馆:《民国外债档案史料(二)》,档案出版社1991年版,第34页。

⑥ 杨格:《中国的财政改革》,摘自薛光前:《艰苦建国的十年》,第111、381页,转引自吴首天:《一九二七至一九三七年国民党政府外债政策之研究》,载《史学月刊》1984年第6期,第75—80页。

⑦ 《国闻周报》第5卷第28期。

⑧ 徐锐:《略论抗战前南京国民政府的外债问题》,载《民国档案》1993年第3期,第80—88页。

年1月4日召开第十四次国务会议决议，会议通过设立整理内外债委员会，将“每年关税新收项下提出500万元为整理内外债之用”①，但是对遗留外债具体如何整理始终未能达成共识。1930年3月21日，宋子文声称清偿历届政府（主要是晚清政府和北洋政府）的外债“极为重要”，成立“整理内外债务委员会”，专门审议债务问题，“制造有利于举外债的环境”②。

至此，明确了整理外债原则。对有确实担保的外债采取“还本付息，从不衍期”的政策；对于无确实担保的外债采取“预存基金，协商整理”“一面审核整理，一面核拨基金，专款存储，以备实施”③的政策。

对有确实担保的外债，前后分两次进行整理，一次是1929年9月，一次是1934年10月。1929年9月整理方案包括3笔外债，1905年英法借款，尚欠本金275万英镑（截至1928年7月1日）；1911年湖广铁路借款，尚欠本金565.6万英镑（截至1928年7月1日）。1912年克利斯浦借款，尚欠本金458.4万英镑（截至1928年7月1日）④。1934年10月的整理方案实际上是1929年9月整理英法借款和克利浦斯借款方案的延续⑤。

1934年，南京国民政府又进一步规定整理无确实担保外债的具体方法。经“审核”整理的有美国、法国、英国、日本、比利时、丹麦、意大利、荷兰和瑞典9国，共计69笔，其中日本的占1/2多。欠款数额小并且不存在争议的债务即时开始偿还；数额大且不存在争议的债务，给予承认，但通过协商确定偿还办法；对于存在争议的债务，则需要进一步的交涉后再予以确定⑥。

---

① 《国民政府文官处为国务会议通过设立整理内外债委员会致行政院等公函》，中国第二历史档案馆馆藏档案，转引自：徐锐：《略论抗战前南京国民政府的外债问题》，载《民国档案》1993年3月，第80—88页。

② 杨格：《中国的财政改革》，摘自薛光前：《艰苦建国的十年》，第111、381页，转引自吴首天：《一九二七至一九三七年国民党政府外债政策之研究》，载《史学月刊》，1984年，第6期，第75—80页。

③ 《十年来的中国经济建设》。

④ 皆以盐税为担保（原以铁路收入为担保），预偿付英法借款、克利斯浦借款的全部本息，清偿湖广铁路借款部分利息，办法是设立专储基金偿付。自1929年10月1日起至1930年9月30日止，每月由盐税项下拨付90万元作为基金，自1930年10月1日起至1932年底，每月拨付10万元作为基金，1935年以后“所需基金，数额减少，每月应拨之款，应视当时情形，再行核定”。参见杨格：《中国的财政改革》，摘自薛光前：《艰苦建国的十年》，第111、381页，转引自吴首天：《一九二七至一九三七年国民党政府外债政策之研究》，载《史学月刊》1984年，第6期，第75—80页。

⑤ 英法借款，将1929年9月方案规定的自1929年至1931年到期应付而未付的本金，于1934年10月付清，1935年以后按照原定还本付息表偿还。克利浦斯借款，自1929年至1934年10月按1929年9月方案规定的到期应付而未付的本息（共积欠6期），自1935年至1940年分6年补还，即每年原定还1次本金外，补还1次衍期本金，1941年起按照原定还本付息表偿还本息。

⑥ 财政科学研究所、中国第二历史档案馆：《民国外债档案史料》（第2卷），档案出版社1991年版，第72页。

可见,整理外债并不顺利。时任铁道部部长的张嘉璈也表示,自铁道部成立以来,铁路外债的整理并不顺利,“不免常有窒碍”①,但是整理公债还是取得了一定的成绩。抗战前10年,南京国民政府整理、偿还外债共49项,合计3 000余万美元。偿付有确实担保外债本息,整理无确实担保外债意味着南京国民政府将背上沉重的财政负担,但却有利于得到各国的正式承认,促成同西方各国签订关税新约和友好通商条约,又为进一步举借新债提供了契机。

(二) 从整理旧债到举借新债——积极寻求外债

随着南京国民政府整理与清偿外债工作的展开,政府债信逐步提高,举借新外债也在筹划中。例如以邀请美国普林斯顿大学教授甘末尔考察团来华考察服务为契机,获得美国的资金支持②。1934年9月18日,蒋介石在牯岭召集会议提出“巩固对外信用,利用外资”,积极争取外国援助③。蒋介石曾多次派宋子文及宋美龄赴欧美,对老牌资本主义国家进行游说,争取借款。

首先,1929—1933年世界经济危机使国民党政府举借外债遭受打击,国际借贷市场几乎陷于停顿。据杨格统计,美国的外国有价证券发行额从1928年13.25亿美元猛降到1933年160万美元。英国(不包括对殖民地的贷款)也从1928年的5 700万英镑下降到1933年的800万英镑④。孔祥熙曾无可奈何地哀叹:“现在各国自顾不暇,哪里还有余力来投资中国?”⑤

其次,日本与英美在争夺在华利益时矛盾凸显,牵制了中国对外借款的步伐。1935年2月,日本提出愿意给国民政府提供贷款援助,美国立即作出反应宣称英美法等国正“集合力量,援助中国,以代替一国之单独助力,因恐该国单独享受权利,违反门户开放之原则”⑥,3月,孔祥熙表示,“俱极希望”得到借款,积极准备与各国“相当之接洽”。日本转而宣布:“并未以任何经济力量援助中国。”美国顺势宣布:“美英借款给中国,仍在考虑之中,并未有任何进展。”⑦

---

① 中国文化建设协会:《抗战前十年之中国》,摘自沈云龙:《近代中国史料丛刊续编》(第九辑),(台北)文海出版社1966年版,第284页。

② 杨格:《中国财政经济情况　一九二七至一九三七年》,中国社会科学出版社1981年版,第17页。

③ 《国民政府文官处为国务会议通过设立整理内外债委员会致行政院等公函》,中国第二历史档案馆馆藏档案,转引自徐锐:《略论抗战前南京国民政府的外债问题》,载《民国档案》1993年3月,第80—88页。

④ 杨格:《中国财政经济情况　一九二七至一九三七年》,中国社会科学出版社1981年版,第129—132页。

⑤ 孔祥熙:《自力更生与经济复兴》,1936年3月30日在中央纪念周报报告词。

⑥⑦ 《中央日报》1956年3月3日、6日。

第三节 南京国民政府的财政概况及债务概貌

一、南京国民政府的财政概况

南京国民政府中央政府财政收入中95%来自海关税、盐税、统税等三种间接税;财政支出方面,由于内战政策的继续,庞大的军费开支,加上巨额赔偿、债务偿还,财政负担较大。尽管海关税收虽然突破了3亿元,但是除去赔款和偿债,到财政部手上的只不过是其中的一至二成。[①]

(一) 有限的财政收入

从表1-22和表1-23中可见,尽管财政收入增幅大致与支出增幅一致,甚至略胜一筹,但是从总量看,财政收入规模远落后于支出规模。1927—1928年中央政府年可支配收入约500万美元,不足以支付到期外债本息[②]。

表1-22 1927—1936年南京国民政府财政收入情况 单位:百万元

年份	财政收入*	增 幅	财政收入**	增 幅
1927	77.3			
1928	332.5	330.1	334.3	
1929	438.1	31.8	438.1	31.0
1930	497.8	13.6	497.7	13.6
1931	553.0	11.1	553.0	11.1
1932	559.3	1.1	559.3	1.1
1933	621.7	11.2	621.7	11.2
1934	638.2	2.7	920.2	48.0
1935	513.2	−19.6	761.4	−17.3
1936	1 293.3	152.0	984.6	29.3

注:财政收入均为除债务收入外的财政实收入。财政收入*为杨荫溥的统计,财政收入**为姜良芹的统计。

资料来源:杨荫溥《民国财政史》,中国财政经济出版社1985年版,第43页。姜良芹《南京国民政府内债问题研究(1927—1937)——以内债政策及运作绩效为中心》,南京大学出版社2003年版,第91页。1928—1933年度数据参见《财政部历年年度报告》,见《革命文献》第77辑,(台北)国民党党史会,1977年9月;1934—1936年度数据参见《财政年鉴续编》(1943年),第三篇第5章,第106—111页。

---

① 岩井茂树著,付勇译:《中国近代财政史研究》,社会科学文献出版社2011年版,第386页。

② 杨格:《中国财政经济情况 一九二七至一九三七年》,中国社会科学出版社1981年版,第4页。

1927—1937 年南京国民政府财政收入主要来自税收收入，税收占财政收入的比重至少在 60%以上。自 1930 年起，连续 5 年占比 95%。税收收入又以关税、盐税、统税等税项为主要来源。

表 1-23　1927—1936 年南京国民政府财政收入来源　　单位：百万元

年度	财政收入（除借款收入外）	税收收入							其他收入	
		数额[1]	数额[2]	占比	关税	盐税	统税	其他	数额	占比
1927	77.3	46.5	46.5	60.2	12.5	20.8	6.0	15.5	30.8	39.8
1928	332.5	259.6	259.6	78.1	179.1	29.5	29.7	8.2	72.9	21.9
1929	438.1	416.2	461.7	95.0	275.5	122.1	40.5	5.1	21.9	5.0
1930	497.8	471.9	535.0	94.7	313.0	150.2	53.3	3.5	25.9	5.2
1931	553.0	535.6	615.2	96.9	369.7	144.2	88.7	2.0	17.4	3.1
1932	559.3	531.6	583.0	95.0	325.5	158.1	79.6	3.4	27.7	5.0
1933	621.6	591.5	659.4	95.2	352.4	177.4	105.0	3.7	30.1	4.8
1934	638.2	417.6	417.6	65.4	334.1	206.7	115.3	5.8	220.6	34.6
1935	513.1	385.3	385.3	75.1	315.2	184.7	152.4	6.2	127.8	24.9
1936	1 293.3	1 057.3	1 057.3	81.8	635.9	247.4	131.3	4.0	236.0	18.2

注：“数额[1]”项将坐拨征收费及退税除外。“数额[2]”项坐拨征收费及退税未除去。其他收入 = 财政收入 − 数额[1]，其他税收占比 = (数额[2] − 关税 − 盐税 − 统税)/数额[2]。

资料来源：杨荫溥《民国财政史》，中国财政经济出版社 1985 年版，第 41—47 页。

1931—1936 年，中央政府财政支出占国民生产总值的比重很小，即便将地方财政支出纳入统计，中央和地方的财政支出总和占国民生产总值仅 3.2%—6%。据此并不能得出国民生产总值较高的结论，只能说明财政可用份额太低。根源在于工商业规模有限，致使国家财政收入有限。南京国民政府为换取地方对中央政治上软弱的承认和支持，于 1928 年 6 月的全国财政会议正式放弃了田赋收入。然而，中国经济是以农业为主的传统经济。1933 年，中国现代制造业、采矿业及公共事业部门仅占国内生产净值的 3.4%。每 5 个中国人中有 1 人从事农业，农业生产占国内生产净值的 65%①。放弃田赋收入势必造成中央财政的巨大损失。

① 费正清：《剑桥中华民国史——(1912—1949 年(下卷))》，中国社会科学出版社 1994 年版，第 150 页。

(二) 膨胀的财政支出

南京国民政府财政支出的膨胀是相当急剧的，1927—1936 年财政支出膨胀了 11 倍。10 年间仅 1931 年和 1932 年财政支出有所减少，其余年份财政支出都有不同程度的增加，增幅均在 11%以上，其中 1934 年增幅高达 56.5%(见表 1-24、图 1-6)。

表 1-24　1927—1936 年南京国民政府财政支出情况　　单位：百万元

年份	财政支出 *	增　幅(%)	财政支出 **	增　幅
1927	150.8			
1928	412.6	173.6	434.4	
1929	539.0	30.6	539.0	24.1
1930	714.4	32.5	714.4	32.5
1931	683.0	−4.4	683.0	−4.4
1932	644.8	−5.6	644.8	−5.6
1933	769.1	19.3	769.1	19.3
1934	1 203.6	56.5	1 203.6	56.5
1935	1 336.9	11.1	1 336.9	11.1
1936	1 894.0	41.7	1 894.0	41.7

注：财政支出 * 为杨荫溥的统计，财政支出 ** 为姜良芹的统计。

资料来源：杨荫溥《民国财政史》，中国财政经济出版社 1985 年版，第 43 页。姜良芹《南京国民政府内债问题研究(1927—1937)——以内债政策及运作绩效为中心》，南京大学出版社 2003 年 9 月版，第 91 页。1928—1933 年度数据参见《财政部历年年度报告》，见《革命文献》第 77 辑，(台北)国民党党史会，1977 年 9 月；1934—1936 年度数据参见《财政年鉴续编》(1943 年)，第三篇第 5 章，第 106—111 页。

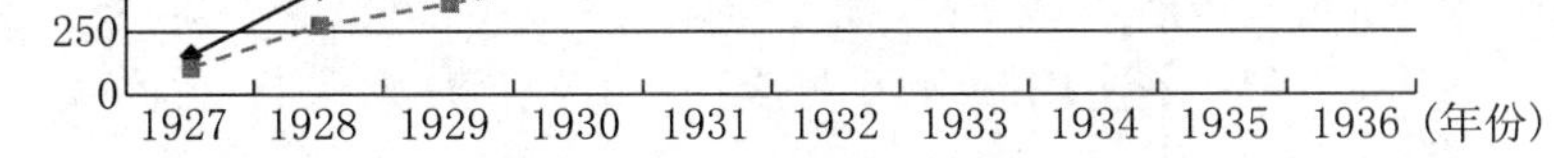

图 1-6　1927—1936 年南京国民政府财政支出的增长趋势

资料来源：杨荫溥《民国财政史》，中国财政经济出版社 1985 年版，第 41 页。

然而这 10 年间国内物价是比较稳定的，由表 1-27、图 1-7 可见这一时期的物价指数变动不大。国家财政受到物价变动的影响并不大，实际支出总额的膨胀,基本是财政本身的真实膨胀①,通货膨胀的影响并不明显。

表 1-25 上海基要商品整售物价指数(1927 年为基年)

项目	食物	纤维	燃料	金属	建筑材料	杂项	总指数
件数	11	3	2	2	2	3	23
年份							
1930	1.15	1.07	0.81	1.42	0.76	0.62	1.09
1931	0.94	1.12	0.96	1.09	0.86	0.63	0.94
1932	1.09	0.92	0.90	1.06	0.88	0.53	1.04
1933	0.86	0.83	0.71	0.76	0.84	0.48	0.84
1934	0.93	0.74	0.80	0.93	0.88	0.51	0.89
1935	1.02	0.64	0.81	1.12	0.83	0.55	0.95
1936	1.10	0.94	0.89	0.97	0.84	0.81	1.05
1937	1.07	0.85	1.17	1.01	0.90	0.97	1.11

资料来源:杨荫溥:《民国财政史》,中国财政经济出版社,1985 年,第 155 页。

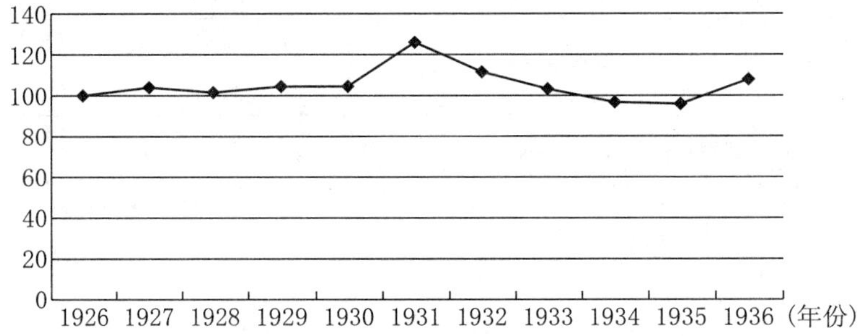

图 1-7 1927—1937 年上海物价指数(以 1926 年为基数 100)

资料来源:杨荫溥《民国财政史》,中国财政经济出版社 1985 年版,第 155 页。

南京国民政府建立后,军事行动不断,自 1927—1936 年,军费增加了 4 倍多,平均每年都在 3 亿元以上,占总岁出的近 1/2。一方面与异己派系军阀作战,10 年间军阀混战从未间断,1927—1928 财政年度(北伐结束前一年)更是高达 88.5%。据 1927 年 6 月至 1928 年 6 月财政报告显示,87%的财政支出用于军事②;另一方面对红军实行大规模的"全面清剿",自 1930 年年底到 1934 年对中央苏区发动的五次大围剿,军事被置于绝对优先地位,战

① 中央财政金融学院财政教研室:《中国财政简史》,中国财政经济出版社 1980 年版,第 234 页。
② 贾士毅:《民国财政史》(第 3 卷),(北京)商务印书馆 1962 年版,第 121、123 页。

争消耗了巨大的财力，军费开支占据南京国民政府财政开支的最大份额（见表1-26）。

表1-26　1927—1936年军费支出及其占财政支出比重　单位：百万元

年份	军费支出	财政支出	军费支出/财政支出（%）
1927	131.2	148.3	88.5
1928	209.5	412.6	50.8
1929	245.4	539	45.5
1930	311.6	714.4	43.6
1931	303.8	683	44.5
1932	320.7	644.8	49.7
1933	372.9	769.1	48.5
1934	386.6	1 203.6	32.1
1935	362	1 336.9	27.1
1936	555.2	1 893.9	29.3
合计	3 198.9	8 345.6	38.3

注：表中统计数据仅为一般军费开支，由中央财政部直接支出。国民党政府的军费开支还可从军事委员会独立支出，供紧急军事需求、订购武器装备等，遗憾的是，独立军费支出从未公开发表过，具体金额不详。

资料来源：张公权《中国通货膨胀史》，文史资料出版社1986年版，第73页；杨荫溥《民国财政史》，中国财政经济出版社1985年版，第43、70页；盛超明《简明中国近代财政史》，电子工业出版社1991年版，第260页。

除军事费用外，偿还债务的支出占财政支出的比重仅次于军费占比。自1927年6月至1928年6月，南京国民政府债务占财政收入的48.6%①。其他支出，包括经济建设支出、文化教育支出等占比相对较低（见表1-27）。

表1-27　1927—1936年债务费支出及其他支出占财政支出比重　单位：百万元

年份	债务费支出	债务费/财政支出	其他支出					其他/财政支出
			实业费	交通费	建设费	文化教育费	合计	
1927	1.6	1.1%						
1928	121.3	29.4%						
1929	159.0	29.5%						
1930	241.0	33.7%						

① 贾士毅：《民国财政史》（第3卷），（北京）商务印书馆1962年版，第121、123页。

(续表)

年份	债务费支出	债务费/财政支出	其他支出					其他/财政支出
			实业费	交通费	建设费	文化教育费	合计	
1931	238.8	35.0%						
1932	169.5	26.3%						
1933	202.6	26.3%	1.6	4.9	6.8	13.3	26.6	3.5%
1934	455.8	37.9%	6.7	6.6	31.3	31.8	76.4	6.3%
1935	358.6	26.8%	4.6	4.6	42.1	35.8	87.1	6.5%
1936	834.6	44.1%	5.2	13	97.7	45.7	161.6	8.5%
合计	2 782.8		18.1	29.1	177.9	126.6	351.7	

资料来源:盛超明《简明中国近代财政史》,电子工业出版社 1991 年版,第 262 页;杨荫溥《民国财政史》,中国财政经济出版社 1985 年版,第 75 页。

(三) 庞大的赤字规模

关于 1927—1937 年财政赤字规模的统计无明确的定论。如杨荫溥和姜良芹关于赤字规模的统计在个别年份就相差甚远,但就赤字占财政收入比重而言,10 年间的变化趋势大致相同。1932 年财政赤字占财政收入的比重是 10 年中最低的,为 15.3%,该年恰逢整理内债。1935 年财政赤字占财政收入比重达到峰值,此时正是南京国民政府开展各项经济建设的高峰。杨荫溥统计了 1927 年财政赤字,该年财政赤字占财政收入高达近 100%,主要原因在于新政府成立的第一年,财政收入较为拮据(见图 1-8)。

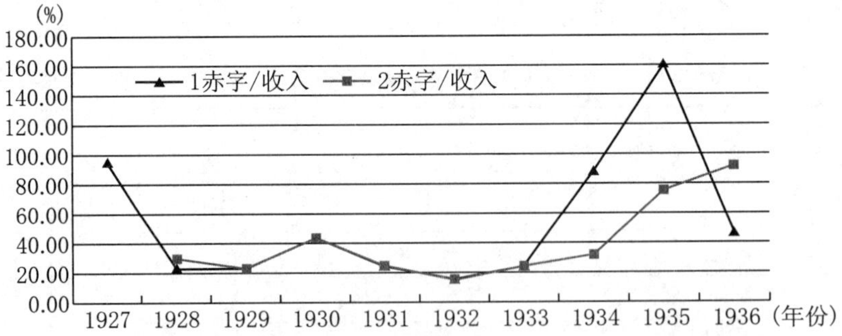

图 1-8 1927—1936 年南京国民政府财政赤字占财政收入的比重

资料来源:其中 1 赤字/收入是杨荫溥的统计数据,2 赤字/收入是姜良芹的统计数据。

尽管统计的数据不完全相同,对个别年份财政收入的统计相差甚远,但是以下两点是趋同的：其一，尽管财政收入有了进步，但是仍赶不上增速更快的财政开支；其二，财政收入、支出以及赤字的变动趋势是大致相同的，见图 1-9。

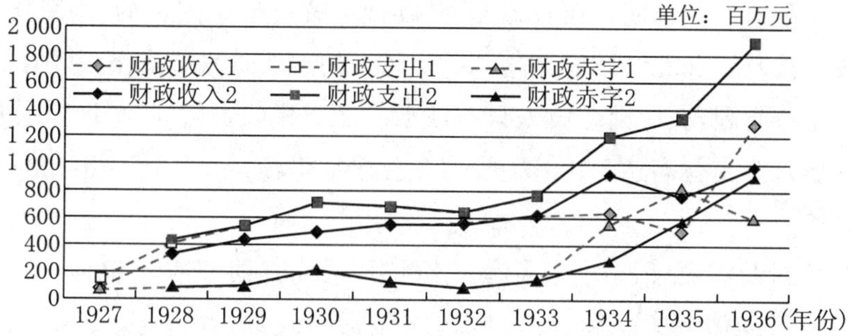

图 1-9　1927—1936 年南京国民政府财政个统计数据变化趋势图

按照杨荫溥的统计，1927 年的财政赤字占财政实际支出总额的 48.7%，与新政府刚成立，财政基础薄弱有关。1928—1933 年赤字大体徘徊在 10%—20%之间。只有 1930 年赤字高达 30.3%，而该年 5 月爆发中原大战。自 1934 年起直至抗战爆发赤字骤增，原因主要有三：其一，军费开支庞大；其二，债务支出激增，1935 年以后还本付息额增加；其三，生产性支出增加，用于救济金融和发展经济的公债占公债总量的 36.5%。

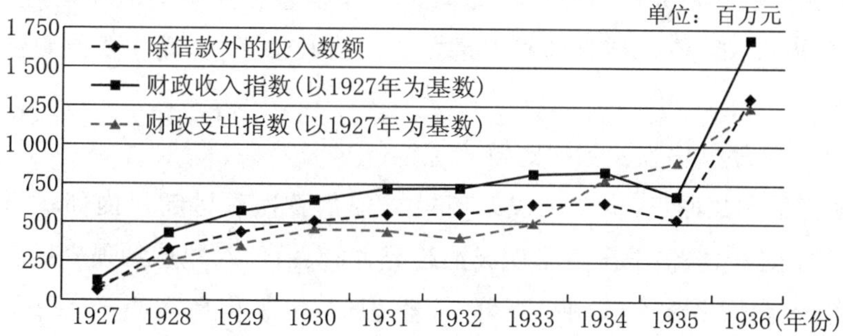

图 1-10　财政收入及指数的变动情况

资料来源：杨荫溥：《民国财政史》，中国财政经济出版社 1985 年版，第 43 页。

图 1-10 反映财政收支的指数变动。可见，尽管财政收入的绝对值远低于财政支出，但是财政收入的指数变动领先于财政支出的指数变动。截至 1937 年 6 月的 7 年中，财政赤字总额超过债务清理额的部分，仅为 400 百万元。前北洋政府拖欠未清的外债几乎都偿清了，偿还总额在美金 250

百万元左右①。

二、南京国民政府的债务概貌

北洋政府遗留给南京国民政府的局面是极其艰难困苦的，南京国民政府接收了清政府和北洋政府高达13.47亿元的遗留债务②，而南京国民政府财力又十分有限，实际财政收入只有江浙皖三省税收，月税收总计300万元，仅军政费月开支就高达1 100万元③，差额全靠借债，不可避免地陷入入不敷出的窘境。

在分析前需要强调两点：第一，南京国民政府债务应该包括中央级政府部门发行的债务的总和，发行机构应包括财政部、铁道部、交通部、建设委员会、经济委员会、军事委员会、资源委员会(前身为军事委员会)、导淮委员会等在内；第二，很多学者在统计南京国民政府举借的外债总量时仅统计了财政部举借的外债，并认为南京国民政府的外债主要就是两笔，即1931年向美国粮食评价委员会举借的美麦借款以及1933年向美国金融发行公司举借的棉麦借款。这种说法，笔者认为有失偏颇。首先，南京国民政府举借外债应该包括中央一级所有政府机构举借的外债，仅考虑财政部举借的外债定会大大缩小外债实际规模；其次，实际上财政部举借的外债不止美麦和棉麦两笔，1927—1937年，财政部共举借包括这两笔债务在内的共8笔外债；再次，战前10年外债并不是主要由财政部举借，而主要是由铁道部举借的。

(一) 内外债借款次数的比较

就借款次数而言，南京国民政府的外债借款次数远超过内债的举借次数。10年间，内债借款次数呈现波浪趋势，两次借债次数达到顶峰后就开始整理内债，内债借款次数明显下降，而整理后，借款次数又回升。外债借款集中在1931年以后，尤其是1935年、1936年、1937年，比当年内债借款次数至少多出5笔(见图1-11)。

① 杨格著，刘镇泉译：《中央银行经济研究处丛刊——中国经济建设之路》，商务印书馆1947年版，第22页。

② 据北京财政整理会于1925年统计的无确实担保的内债本息2.66亿元。

③ 姜良芹：《南京国民政府内债问题研究(1927—1937)——以内债政策及运作绩效为中心》，南京大学出版社2003年9月版，第49页。

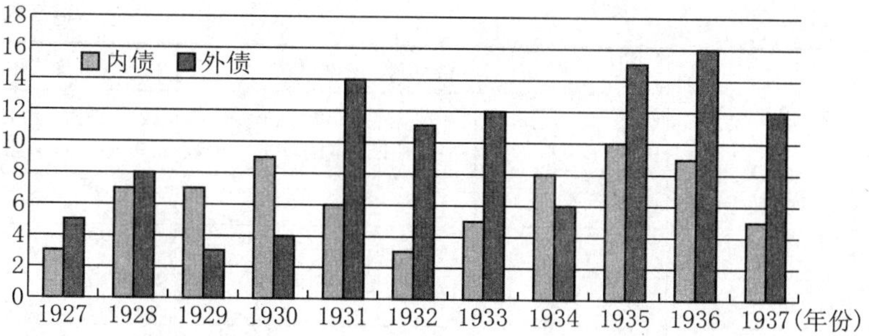

图 1-11　1927—1937 年南京国民政府内外债借款次数

(二) 内外债借款总额的比较

在汇总借款数额之前，需要对外债按照汇率进行换算。关于 1927—1937 年各国汇率的研究有一些但并不十分充分①。本人目前能够获得是 1925 年、1930 年以及 1936 年各国货币兑换美元的汇率。比较这 3 年汇率，可见各国兑换美元的汇率变化并不明显。中国银元、法币兑换美元，1930 年、1936 年两年没有变化。那么将 1930 年和 1936 年各国货币兑换美元汇率求算术平均数，用该汇率反推各国货币兑换法币汇率，见表 1-28 最右一列。用该汇率计算 1927—1937 年每笔外债折合法币数，而后对每一年的外债数额进行统计，制作出图 1-12。

表 1-28　各种货币每一单位折合美元、法币

国别	币种	折合美元				折合法币
		1925 年	1930 年	1936 年	1930 年、1936 年汇率的算术平均数	按照 1930 年、1936 年汇率的算术平均数计算
美国	1 美元	1.00	1.00	1.00	1.00	3.33
英国	1 英镑	5.00	4.86	4.97	4.92	16.38
法国	1 法郎	0.07	0.04	0.06	0.05	0.17
日本	1 日元	0.50	0.50	0.29	0.40	1.33
德国	1 马克	0.24	0.24	0.40	0.32	1.07
荷兰	1 佛罗林	0.25	0.40	0.64	0.52	1.73

① 南京国民政府统治之初，马寅初、杨荫溥、张家骧、章乃器、若戌等学者以及陈光甫、贝淞荪等银行家都对中国汇率进行了讨论。《申报》、《银行周报》、《中央银行月报》、《大公报》等国内报刊都刊登过关于汇率问题的文章。朱斯煌主编的《民国经济史》(银行学会、银行周报社 1948 年版)，杨荫溥的《经济新闻读法》(上海黎明书局 1933 年版)，洪霞管、张继凤的《近代上海金融市场》(上海人民出版社 1989 年版)等都对民国外汇汇率及影响因素进行了探讨。

(续表)

国别	币种	折合美元				折合法币
		1925 年	1930 年	1936 年	1930 年、1936 年汇率的算术平均数	按照 1930 年、1936 年汇率的算术平均数计算
印度	1 卢比	0.35	0.36	0.38	0.37	1.23
比利时	1 比法郎	—	—	0.03	0.03	0.10
中国	1 银元、法币	0.50	0.30	0.30	0.30	1.00
	1 关平两	0.75	0.45	0.45	0.45	1.50
	1 库平两	0.74	0.44	0.44	0.44	1.47
	1 公砝两	0.70	0.42	0.42	0.42	1.40
	1 行化两	0.73	0.44	0.44	0.44	1.47
	1 规元两	0.69	0.41	0.41	0.41	1.37
	1 洋例两	0.71	0.42	0.42	0.42	1.40
	1 海关金	—	—	0.40	0.40	1.33
	1 港币	—	—	0.30	0.30	1.00
	1 毫洋	—	—	0.24	0.24	0.80

注:1935 年币制改革后,1 海关金折合 2.26 元。但是因为缺乏 1936 年其他各国货币兑换法币的汇率,因此还是采取表中 1930 年、1936 年两年各国货币折算美元汇率的算术平均数计算各国货币折合法币数。

资料来源:《民国史档案资料汇编,财政经济——内外债》;《民国史档案资料丛书——民国外债档案史料》;吴承明《帝国主义在旧中国的投资》,人民出版社 1958 年版,第 181 页。

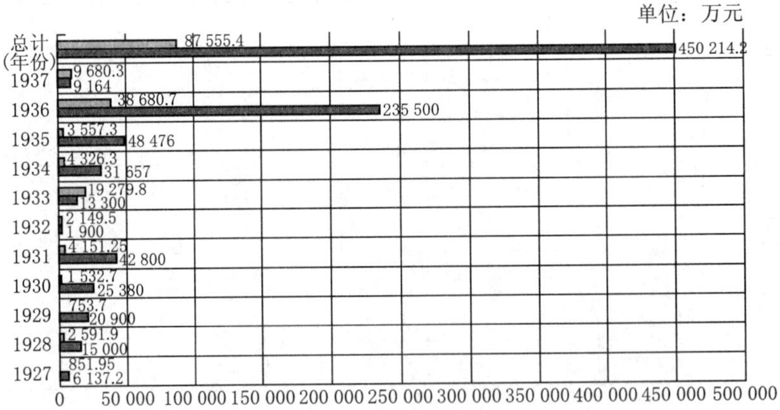

图 1-12 1927—1937 年南京国民政府内外债借款数额

南京国民政府的公债政策显示出了不同以往北洋政府公债政策的特征。主要体现在南京国民政府几乎摆脱了必须依靠外债的状态。10 年间,尽管内债借款次数(76 次)少于外债借款次数(106 次),但是内债共举借约

45.02 亿元[①]，是外债借款总额 8.76 亿元的 5 倍。公债以内债为主在一定程度上是南京国民政府已经成功地与金融界、实业、银行业等形成了相互依存的机制。

总的来看，至少有三点是明晰的：

第一，尽管学者对外债借款总额和内债借款总额的估计差异很大，始终没有定论，但是可以肯定的是，抗战前 10 年南京国民政府（中央一级各部门）举借的外债总额少于北洋政府举借外债的数额，也少于同期南京国民政府举借内债的总额，从图 1-11 反映的内债占比可以看出。

第二，公债结构呈现内债化的趋势，内债总量超过外债总量。除 1932 年、1933 年内债总量比外债总量少以及 1937 年内外债基本持平外，其余年份内债总量均多过外债总量。原因如下：

一是北洋政府时期外债杂滥，严重影响了中国政府在国际市场的债信，加上南京国民政府在 1927—1934 年继承、整理和认可的北洋政府遗留外债累计高达 10.9 亿银元[②]，沉重的外债负担使南京政府无力承担外债。

二是 1935 年中国废除银本位制以前，受国际银价下跌影响，外债借款成本升高。1935 年以前中国币制实行银本位制，同期世界其他国家大多实行金本位制。1874—1935 年国际货币市场中白银对黄金比价由 16.2∶1 下跌至 54.9∶1[③]，使得中国货币对外汇率也趋于下降，借外债的成本因此大幅提高，外债负担随之加重。

三是内债及时填补了空缺。1927—1937 年华资银行快速发展，南京国民政府发行内债的方法也逐渐用怀柔取代强硬。同时，南京国民政府保留财政部公债司专门负责国内公债的发行及还本付息事宜并通过立法保障内债的发行。

第三，内外债的比例发生了变化。南京国民政府成立之初，尽管新发的内外债之比，内债总额压倒性地占 9 成以上，但是由于清政府和北洋政府的遗留债务以外债为主，新政府总的债务结构仍以外债为主，内债占债务总量仅 10%多一点。但是到 1937 年抗战爆发前，内外债占比发生了变化，内债压倒性地占到债务总量的 70%以上，主要由于外债此时已经基本还清。

---

① 千家驹统计自 1927 年 5 月至 1937 年 1 月，南京国民政府共发行 24.12 亿元的内债。这个数字不包括 1936 年的整理公债 14.6 亿元。其中财政部发行公债总数 21.09 亿元，其他机构发行 3.03 亿元，而中央政府理应包括财政部、交通部、铁道部等。参见千家驹：《旧中国公债史资料》，第 370—375 页。

②③ 孙建华：《抗战前十年公债结构的变迁、原因及影响》，载《经济研究》2009 年 2 月，第 52—53 页。

(三)内外债借款用途的比较

不少学者对1927—1937年内外债收入的用途都进行过统计①,由于对内债范围的框定不同,统计的结果也有所不同②。本书将内外债定义为中央政府举借的债务,将债务用途分为军政、弥补财政经济建设、文化教育、赈灾善后。(见图1-13、图1-14)

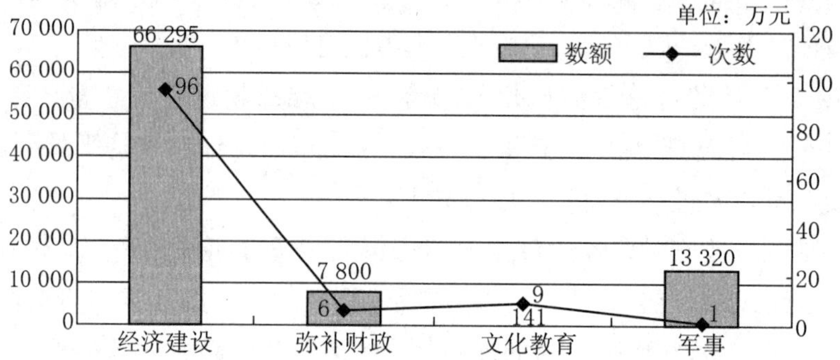

图1-13 1927—1937年南京国民政府外债的用途

数据来源:参见附录中附表1。

---

① 例如:《中华民国史档案资料汇编》中的分类。

1927—1933年南京国民政府财政部发行债券用途分析表 单位:千万元

用途	债券名称	债额	百分比
军费	江海关二五附税库券、续发二五库券、军需公债、十八年裁兵公债、十八年编遣库券、二十二年爱国库券	22.0	19.1
政费	卷烟税库券、津海关二五附税库券、续发卷烟税库券、十八年关税库券、十九年卷烟税库券、十九年关税短期库券、二十年关税短期库券、二十年统税短期库券、二十年盐税短期库券	53.3	46.2
善后	善后短期公债、十九年善后短期库券、二十年卷烟税库券、二十年四川善后公债	17.0	14.7
调剂金融	十七年金融短期公债、十七年金融长期公债、十九年关税公债、二十年金融短期公债	17.5	15.2
赈灾及其他	十八年赈灾公债、海河工程短期公债、二十年江浙丝业公债、二十年赈灾公债、二十二年华北救济战区短期公债	5.6	4.9
合计	29种	115.4	100.00

资料来源:据《中华民国史档案资料汇编》第5辑第1编,财政经济(3)统计而得。

② 日本学者岩井茂树统计10年内债总额26亿元(不包括循环再借部分),推算发行额一半以上被上海27家银行持有。1932年以前86%内债收入用于军政,9%用于金融,4%用于救济赈灾,1%用于工程建筑。参见,岩井茂树著,付勇译:《中国近代财政史研究》,社会科学文献出版社2011年9月版,第386—387页。

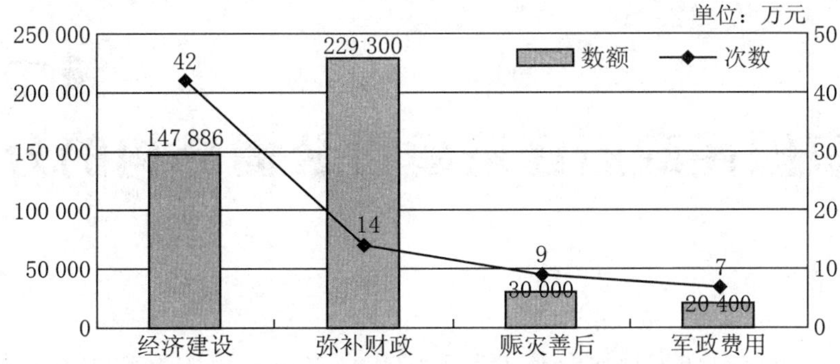

图 1-14　1927—1937 年南京国民政府内债的用途

数据来源：参见附录中附表 2。

由上图可见，用于弥补财政赤字的部分基本全部来自内债，原因有二：

第一，南京国民政府成立后继承了北洋政府遗留的巨额债务，债信尚未建立，国际债务借贷市场对中国持观望态度。

第二，外债的借款用途都有明确的指向，西方国家对债务用途的监控也比较严格，南京国民政府无法挪用。

就外债用途而言，经济建设债务不论在借款数额还是借款次数上均呈现压倒性优势。军事债务尽管借款次数只有 1 次，但是总量超过了举借 6 次的用于弥补财政的借款总量。文化教育借款总量非常少。再看内债用途，尽管经济建设债务在借款次数上超过弥补财政的借款次数，但是在量上却远低于弥补财政的借款总额。尽管军政费用借款总额和次数均排位最后，但是弥补财政很大程度上是弥补财政用于军费支出带来的赤字。

第二章
南京国民政府经济建设公债结构的分析

民国财政是研究民国公债的基础。在众多研究民国财政的著作中，杨格的《中国财政经济情况　一九二七至一九三七年》[①]堪称经典，代表了一个时期以来研究1927—1937年南京国民政府财政的最高水平。该书从财政收支、货币流通、内外债务负担、债务清偿整理、1935年币制改革等方面系统研究1927—1937年南京国民政府财政经济状况，其中也包括关于南京国民政府公债结构的研究。因为杨格是1927—1937年间中国财政经济情况的见证人和参与者，所以书中的数据和资料有较高的可信度，对后来学者研究这一时期的财政经济奠定了坚实的基础。本章将顺着杨格的思路，进一步研究经济建设公债的结构。

第一节　对杨格关于南京国民政府公债结构分析的再认识

一、杨格对内外债比例的观察

杨格在书中对南京国民政府的内外债有较为深入的探讨。他从南京国民政府常规预算账目中发现国民政府时期的对外借款所得收入不论是次数还是数量上都远不及内债收入，明显列出的外债只有1933—1935年3 800万元的棉麦借款[②]，外债总量仅占债务总量的2%，内债收入压倒性地占到98%。内外债比例悬殊已是学界共识，但是对于债务总量和借款次数，学者的研究略有差异。原因在于相关史料散落于南京、上海、台湾三地，做到无一遗漏实属不易。

---

① 1929年杨格随甘末尔财政设计委员会来华，后长期留任南京国民党政府财政顾问，直至1947年。他根据个人经历，利用大量一手数据、资料，其中包括保存下来的机密文件以及他本人代表宋子文、孔祥熙参加谈判的记录和美国国务院档案、美国已故总统罗斯福的文件等，撰写这本关于1927—1937年间中国财政经济情况的专著。

② 杨格：《中国财政经济情况　一九二七至一九三七年》，中国社会科学出版社1981年版，第104页。

通过比较可以发现，杨格的统计局限于财政部举借的内外债且有遗漏①。事实上，南京国民政府时期除了财政部以外，铁道部、交通部、建设委员会、经济委员会等都曾多次举借内外债，且数量不在少数。

二、杨格关于内债用途的梳理

观察杨格整理的“1927—1938年财政部发行的内债”表(见表2-1)，可以发现，从表中所示信息无法判断1927—1938年南京国民政府内债结构，至少有以下问题并不完善。

表2-1　1927—1938年财政部发行的内债②　　单位：百万中国元

年份	财政年度（至6月30日为止）	岁历年度	特殊用途
1927	30	70	
1928	106	105	为收回汉口中央银行所发长期金融公债四千五百万元
1929	163	194	疏浚海河工程短期公债四百万元
1930	114	174	
1931	350	410	浙江丝业公债六百万元
1932	190	—	
1933	20	124	
1934	254	150	玉萍铁路公债一千二百万元
1935	220	240	四川善后公债七千万元
			四川金融公债三千万元
1936	360	340	统一公债十四亿六千万元
			四川善后公债一千五百万元
			整理粤省金融公债一亿二千万元
1937		—①	广东省港河发展公债、美金二百万元
总计	1 807	1 807	

注：①头半年。

资料来源：杨格《中国财政经济情况　一九二七至一九三七年》，中国社会科学出版社1981年版，第98页。

---

① 比较研究发现，即便是只统计了财政部举借的外债，也不应仅仅是1933—1935年的棉麦借款，如1931年的美棉借款等。

② 杨格：《中国财政经济情况　一九二七至一九三七年》，中国社会科学出版社1981年版，第102页。

其一,内债用途不够明确。表中只列出"特殊用途",也未说明除特殊用途外的内容。从表中"特殊用途"一项的内容推理,如果"一般用途"被框定在用于军政的范围,那么"特殊用途"便框定在用于除军政外用于经济、实业、建设、救济的范围内,可是表2-1的统计并不完整,实际上1927—1938年南京国民政府发行的经济内债总额不只表中所列;其二,举债次数不明。表2-1按照年份统计债务总量,可以清楚地反映各年内债总量的变化趋势,但是无法体现各年举借债务的次数。其三,统计范围局限于财政部。表2-1仅包括财政部发行的债务,并未包括铁道部、交通部、全国经济委员会、全国建设委员会等部门发行的内债。

此外,书中另有一表涉及对债务结构的分析,详见表2-2。

表2-2　1928年间和1937年间债务状况简介①(不包括满洲的铁路)

	未偿本金(元折成美元,单位:百万元)	
	1928年7月1日	1937年7月1日
1. 债务全部还本付息		
外币债款		
财政部:		
关税担保债务,包括庚子赔款的法国和比利时部分	236	150
其他庚子赔款,本金总数	81	33
盐税担保债务	—	75
1928年7月1日后订借的债款	—	22
杂项暂时债务	—	9
铁路债务	6	138
铁路以外的交通债务	—	17
国币债款		
财政部:		
北京(政府)所借债务	35	7
国民党所借债务	58	596
杂项暂时债务	—	2
铁路债务,概数	2	68

① 杨格:《中国财政经济情况　一九二七至一九三七年》,中国社会科学出版社1981年版,第120页。

（续表）

	未偿本金（元折成美元，单位：百万元）	
	1928年7月1日	1937年7月1日
交通债务，概述	—	5
其他	—	4
小计	418	1 126
2. 债务拖欠数		
外币部分		
财政部：		
盐税担保债务	84	13
北京政府所发其他外债	64	36
铁道部：		
发行债券数	116	20
其他	33	—
交通部：	24	—
国币债券		
财政部：		
北京政府所发以关税为担保的债券	22	—
北京政府所发其他债券	37	21
北京政府所发库券	23	16
北京政府所欠的其他债务概数	37	24
铁道部：北京政府所发债券	28	—
交通部：北京政府所发债券	7	4
小计	475	134
总计	893	1 260

资料来源：铁道部和交通部；财政专家委员会（甘末尔顾问团）的报告书；财政整理委员会。

表2-2列出除财政部外包括铁道部、交通部在内的举债机构截至1928年和1937年未偿还的内外债本金，又把财政部未偿还的债务分成杂项债务、铁路债务以及除铁路外的交通债务。可见，尽管杨格的研究并未穷尽，但杨格已经开始从债务人、借款用途以及担保结构的角度研究政府债务状况。这种研究的方法和角度值得后人借鉴。

第二节 南京国民政府经济建设公债的总体结构

一、经济建设公债的规模

分析1927—1937年南京国民政府经济建设公债的规模可以从经济建设公债借款总额和次数、内外债的比例以及经济建设公债结构的变化趋势三方面入手。

首先,1927—1937年,南京国民政府经济建设公债借款金额共21.4亿元,占公债借款金额53.78亿万元的40%,经济建设公债借款次数138笔,占公债举借次数182笔的76%,如图2-1所示。

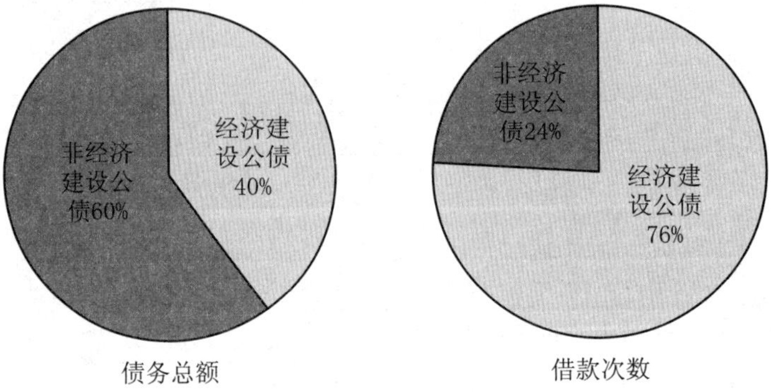

图2-1 1927—1937年南京国民政府经济建设公债占公债的比重

经济建设公债不论在借款金额还是借款次数方面占公债借款金额和次数的比重都是不低的,这一初步结论与以往学者的结论有所不同。可以推论,南京国民政府举借公债并非像以往学者所说的那样全部用于军费、政费以及弥补财政开支,的确是有相当一部分公债是用来发展经济建设。从中可以看出,南京国民政府对经济建设还是较为关注的。

此处有三点值得注意:一是关注经济建设公债借款金额和举借次数的占比是从公债投入角度出发,即用于经济建设的公债规模。如果要判断南京国民政府对经济建设的重视程度,还应从经济建设公债产出角度分析经济建设公债的效益,这一部分将在本书第四章具体阐述。二是杨格的研究中统计经济建设公债的规模是按照债务发行条例,实际不排除有部分经济建设公债被挪用的情况,因此如果要准确判断南京国民政府对经济建设的投入，则需要继续研究挪用的部分，但是挪用部分一般较为隐蔽，研究难度较大，杨格的研究并未涉及。这是今后研究的重点之一。三是判断南京国民政府在经济建设上的投入力度和主观能动性除查看举借债务的用途外，还需要关注财政支出的用途。因为存在一种可能性，即南京国民政府财政支出因自主性较大，所以多用于非经济建设，而举借债务因受到各方牵制，为保证债务的顺利发行，多以经济建设为目的。这种博弈实际上是将经济建设支出以较为隐蔽的方式从财政支出向债务的一种转移。

其次，尽管同为债务，但是内债和外债对一国经济的影响程度有很大区别。外债受其他国家经济和世界经济的影响，同时有汇率、利率等风险。因此，债务规模一定的情况下，保持适度比例的内外债较为重要。

从借款金额的角度分析经济建设内债占内债的比重以及经济建设外债占外债的比重，如图 2-2、图 2-3 所示。最明显的特点是外债中用于经济建设的部分占外债的比重明显高过内债中用于经济建设的部分占内债的比重。1927—1937 年，南京国民政府共举借内债 45.02 亿元，其中 14.79 亿元用于经济建设，占内债借款金额的 33%，而经济建设外债（共 6.63 亿元）占外债借款金额（8.76 亿元）的比重高达 76%。对于外债来讲，经济建设外债占压倒性优势。对于内债而言，仅 1928 年、1929 年和 1937 年，经济建设内债占内债借款金额的比重超过一半。抗战前几年，南京国民政府的外债几乎全部用于经济建设。内债中用于经济建设的部分年均也超过 60%以上。

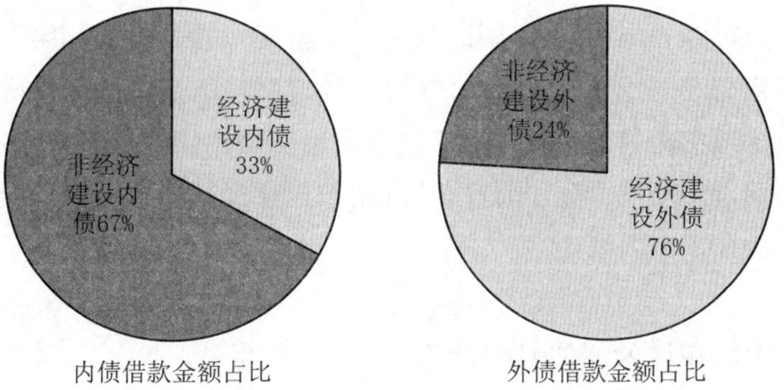

图 2-2　1927—1937 年南京国民政府经济建设内外债占内外债比重（借款金额）

从借款次数的角度分析经济建设内债占内债的比重以及经济建设外债占外债的比重，如图 2-3 所示。1927—1937 年南京国民政府共举借内债 76

笔,其中用于经济建设的公债 42 笔,占内债借款总次数的 55%。经济建设外债共 96 笔,占外债借款总次数 106 笔的 91%。

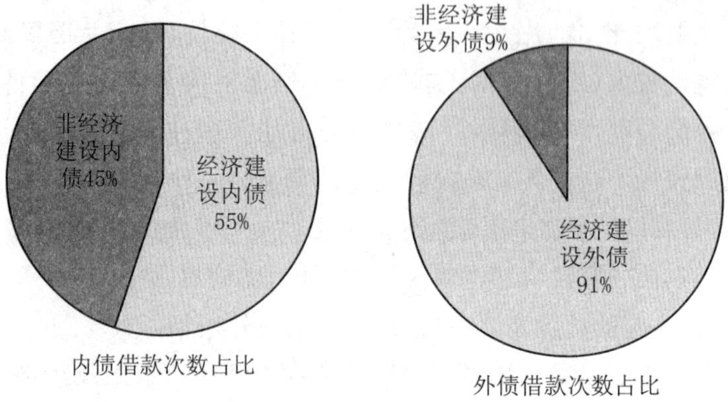

图 2-3　1927—1937 年南京国民政府经济建设内外债占内外债比重(借款次数)

再次,总的来看,经济建设公债结构呈现内债化的趋势。经济建设内债借款金额超过经济建设外债借款金额。除 1927 年、1932 年、1933 年、1934 年和 1937 年经济建设内债借款金额与经济建设外债借款金额持平或者略少以外,其他年份的经济建设内债借款金额均大幅超过经济建设外债借款金额(如图 2-4 所示)。

综上所述,可以对 1927—1937 年南京国民政府经济建设公债的规模概况如下:第一,1927—1937 年南京国民政府经济建设公债不论是借款金额还是借款次数都颇为丰富,南京国民政府对经济建设较为重视。第二,南京国民政府举借的经济建设外债占外债的比重(包括借款金额和借款次数)远超经济建设内债占内债的比重,军费、政费支出多由内债支出。就经济建设内债和经济建设外债借款金额而言,经济建设内债远超经济建设外债,用于经济建设的公债仍以内债为主。

二、经济建设公债的时间分布

新成立的政府债信尚未树立,加上大量的遗留债务,想要获得贷款实属不易。南京国民政府成立前 4 年的外债借债次数年平均不到 4 次,内债借款次数多过外债。总体而言,不论是外债还是内债在 1927—1930 年的各年借款次数都不多。1931 年外债借款次数达到第一个顶峰,1932 年由于整理债

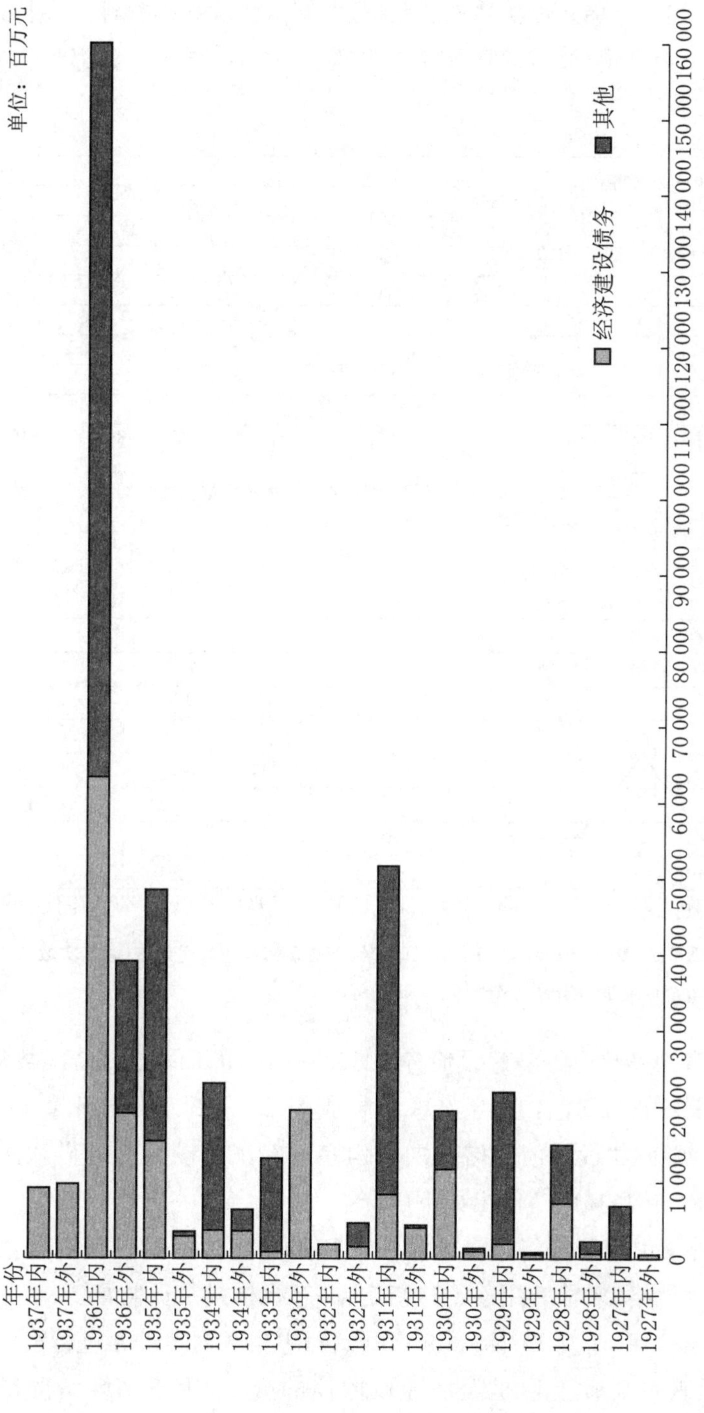

图 2-4　1927—1937 年南京国民政府经济建设公债借款金额占比

务,当年借债次数明显回落,1933 年出现小幅反弹。1934 年,受美国《白银法案》的影响,当年举借外债次数跌落低谷,内债借债次数弥补性地在持续增多。自 1936 年的债务整理后,1937 年不论内债还是外债,借款次数都明显减少。

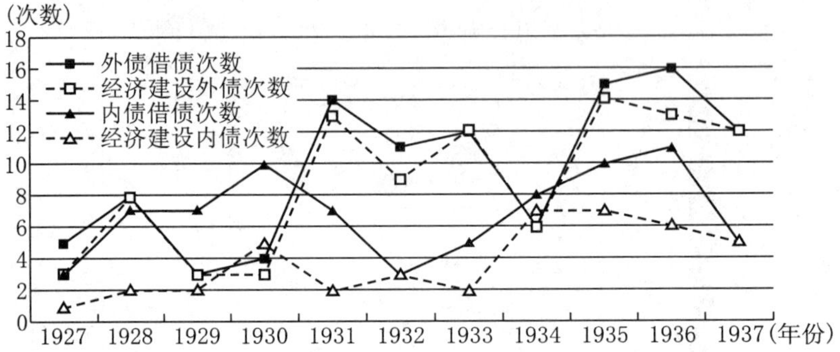

图 2-5　1927—1937 年南京国民政府内外债借款次数趋势图

资料来源:参见附录中附表 1、附表 2。

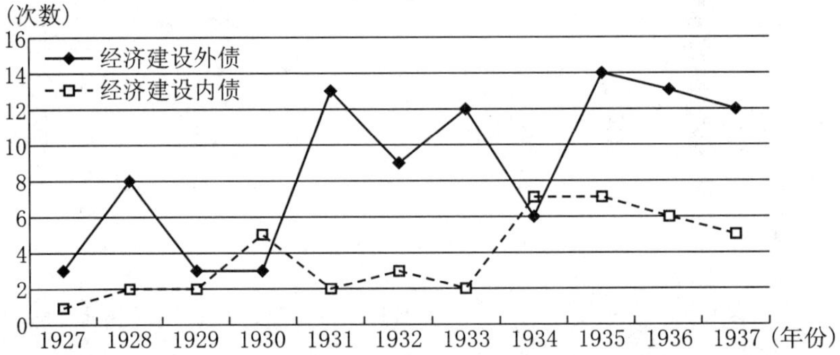

图 2-6　1927—1937 年南京国民政府经济建设债务的时间分布(举借次数)

资料来源:参见附录中附表 1、附表 2。

将南京国民政府经济建设债务在 1927—1937 年间的举借次数从图 2-4 分离出来制成图 2-5,各年借款总量制成图 2-6。此 10 年间除 1930 年和 1934 年外,经济建设外债的借款次数均多于经济建设内债的借款次数。对于此种借款结构的分布,作出如下解释:

(1) 外债中用于经济建设的债务较多最主要的原因在于,对外债的监管和控制更为严格,对债务用途往往指定,并有机构或专员监督。

(2) 1930 年 12 月 16 日,蒋介石开始对中央根据地开始进行第一次军事"围剿",反映在财政上便是经济建设内债的减少,用于军政费的增加。可见，财政和军事环境密切相关。

此外，从图 2-5 可见，在 1930 年经济建设内债举借次数达到第一个高峰后于自 1931—1933 年连续 3 年用于经济建设的内债在量上呈现低水平。这 3 年经济建设外债的借款数却维持在相对较高的水平上。可以说经济建设外债弥补了经济建设内债的不足。数量上的变化与次数的变化基本一致。自 1934 年起，随着南京国民政府大力发展建设，经济建设内债和外债不论是借款次数还是借款总额均有大幅提升。

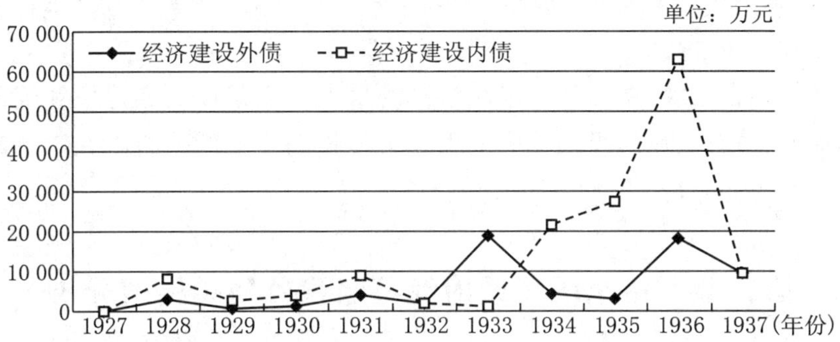

图 2-7　1927—1937 年南京国民政府经济建设债务的时间分布(举借总量)

资料来源：参见附录中附表 1、附表 2。

三、经济建设公债的用途结构

债务用途的不同对财政、经济产生的影响迥然不同。关于生产性负债和非生产性负债对经济的不同影响在此不再赘述。图 2-8 将内债外债用于经济建设的部分按照用途分类汇总。

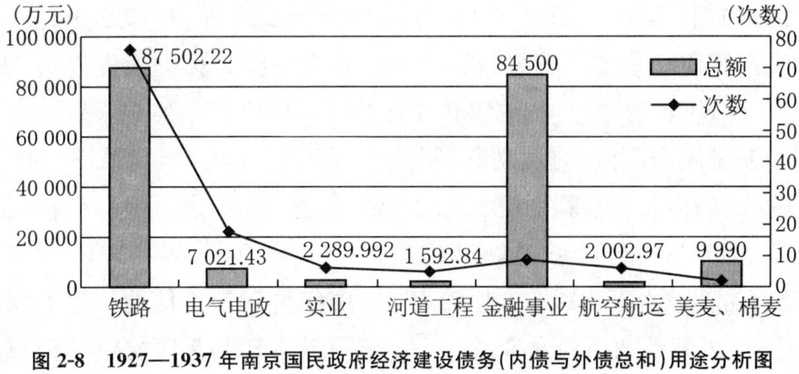

图 2-8　1927—1937 年南京国民政府经济建设债务(内债与外债总和)用途分析图

注：图中数据已经按照 1936 年汇率将外债外币部分统一换算为法币元。

第一,就借款金额而言,铁路借款和金融借款远远超过其他用途的公债,是排位第三美麦、棉麦公债借款金额的 8 倍以上。如果将铁路、航空、航运、河道工程归入基础设施建设公债,电气电政、实业归为实业建设公债,很明显,南京国民政府经济建设公债以投向基础设施领域为主,其次是投向金融事业。

第二,就借款次数而言,铁路借债次数高达 76 次,同样位居第一。借款金额排名第二的金融事业公债的借款次数却略少于电气、电政事业公债。可见,金融事业公债每笔的借款金额之大,不到 10 次的借款共举借超过 8 亿元(法币)。

总体而言,经济建设公债用途结构的最大特点是以交通建设和辅助金融事业为主,对实业的投入较为有限。关于投向行业的分析将在本书第三章中具体展开分析。

第三节　南京国民政府经济建设外债结构的分析

一、经济建设外债的债权人、债务人结构

(一) 债权人以英、美、德等老牌资本主义国家为主

将 1927—1937 年南京国民政府举借外债的次数和总额按照国别分类,如表 2-3 所示。就借款次数而言,不论是外债借款次数还是经济建设外债借款次数,英国、德国、美国始终是给予中国借款次数最多的国家。从借款额来看,排位前三的依然是英国、德国和美国。导致债权人以老牌资本主义国家为主的主要原因在于经济。首先表现为经济实力的影响。西方资本主义国家之间的相互竞争,以及其对殖民地和半殖民地的争夺,表面上是政治势力的角逐,实质则是经济实力的竞争。尽管太平洋方面的角逐以英、美、日三国为主,日本也有通过债务控制中国的野心,但是日本的金融资本尚不发达,货币基础脆弱,并不能实现其同化全中国货币的野心。1927—1937 年,南京国民政府向日本借款 10 次,总金额却不过 1 400 余万元。债权人依旧以英、美、德等老牌资本主义国家为主。

其次是贸易份额的影响。比较表 2-3 中经济建设外债的债权人国别与图 2-9 中对外贸易的格局发现:第一,对英贸易占比和英国提供的经济建设借款次数占比水平始终处在相对较高的水平。第二,日本提供的借款次数

表 2-3　1927—1937 年南京国民政府时期外债债权人结构

债权国	借款次数			借款金额		
	外债	经济建设外债	占比(%)	外债(万元)	经济建设外债	占比(%)
美　国	11	8	72.7	18 073.7	1 423.7	7.9
日　本	10	8	80.0	1 472.2	1 471.7	100.0
比利时	7	7	100.0	7 137.5	7 137.5	100.0
英　国	49	47	95.9	29 684.1	29 134.1	98.2
德　国	12	11	91.7	21 901.3	21 856.3	99.8
法　国	9	6	66.7	7 020.9	5 357.2	76.3
荷　兰	3	3	100.0	980.0	980.0	100.0
捷　克	3	3	100.0	960.8	960.8	100.0
其　他	2	2	100.0	325.0	325.0	100.0
合　计	106	95	89.6	87 555.4	68 646.3	78.4

资料来源：刘克祥、吴太昌《中国近代经济史 1927—1937》，人民出版社 2010 年版，第 1495—1501 页。

占比与对日贸易占比均呈现缩小趋势，尤其是自 1930 年起直至 1937 年中方始终未向日方借款。可见，国际关系对于对外贸易尤其是对债权国的选择影响巨大。第三，欧洲各国（除英国外）和美国向中国提供借款的次数不断提升，相应的，中国与欧美间的贸易占比也有小幅提升。可见，对外贸易与外债借款次数具有正相关性，即一个国家更容易获得与他经济关联度较高国家的借款。

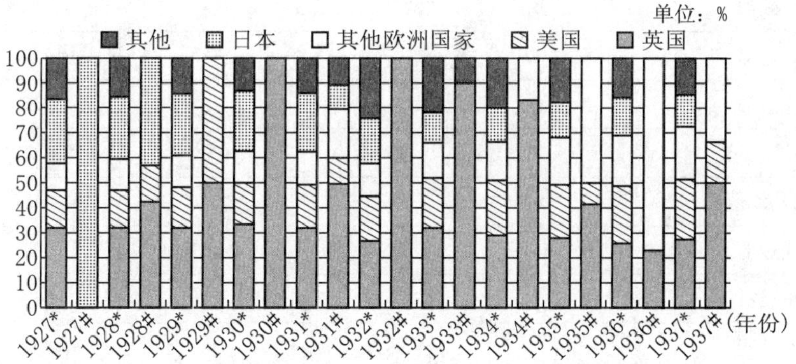

图 2-9　对外贸易格局与经济建设外债国别的比较

（＊中国对各国对外贸易占比；＃各国举借次数的比例）

注：横坐标表示年份，纵坐标表示占比，单位是百分比。每一年对应两组数据＊和＃，前一列＊（如 1927＊）是中国对各国对外贸易占比，后一列＃（如 1927＃）是各国举借经济建设外债次数的比例。

资料来源：刘克祥、吴太昌《中国近代经济史 1927—1937》，人民出版社 2010 年版。

外债债权人的选择既是基于国际政治的考量，同时也是考量国际政治局势的结果。1931 年，九一八事变后，南京国民政府通过向英美等国举债，与其建立财政上联系，达成英美等国在日本侵华问题上对日本的牵制。随着日本侵华的进一步加深，英美等国意识到日本的潜在威胁，通过对华提供借款，扶植南京国民政抵制日本，削弱日本的实力。可见，"外部环境"，包括"外国的存在"和外国之间的关系影响南京国民政府的"内部发展"，包括财政政策、债务政策等。

(二) 债务人以铁道部、交通部为主

一方面，从借款次数来看，位列前两位的是铁道部和交通部，其次才是财政部，且铁道部、交通部借款次数总计高达 75 次，而财政部仅 13 次，占总次数的 1/12。另一方面，从借款总量来看，排名第一的是铁道路，其次是财政部，约占总量的 1/4。多数学者统计南京国民政府举借公债的次数和总量时偏向于仅统计财政部，而忽视除财政部以外的其他中央机构举借的内外债，对于考量南京国民政府内外债总貌便有失准确。

此外，由表 2-4 可以看到原本致力于经济建设的建设委员会和实业部举借经济建设外债的次数位列倒数第三和第一。由此可以发现，南京国民政府对实业、商业等的投入力度不及对铁路建设的投入。

表 2-4 1927—1937 年按借债机构统计的外债情况汇总表 单位:万元

借债机构	外债举借次数	外债借款总额	经济建设外债举借次数	经济建设外债借款总额
财政部	13	22 920.0	3	5 034.7
铁道部	62	46 101.0	62	46 101.0
交通部	19	2 354.4	19	2 354.4
导淮委员会	3	650.0	3	650.0
建设委员会	3	894.5	3	894.5
实业部	1	201.5	1	201.5
军事委员会	2	13 365.5	1	13 320.0
不　明	3	3 861.8	3	3 861.8
总　计	106	87 555.4	95	66 295.2

资料来源:刘克祥、吴太昌《中国近代经济史 1927—1937》，人民出版社 2010 年版，第 1495—1501 页。

二、经济建设外债的借款方式

(一) 经济建设外债借款渠道多样化

经济建设外债渠道除包括外国政府贷款、外国金融组织贷款和外国股份公司外，还包括银行透支、信用贷款以及短期垫款，后三种政府欠款虽然不以对外借款为名，但实则具有外债的性质①。后三种借款一是难以统计；二是中央政府举借外债并不以此三种形式为常态。因此，学者一般在研究南京国民政府公债时并不曾涉及，本书也未将此三种纳入研究对象。从表2-5可以看到，南京国民政府的外债来源主要是外国公司，其中又以实业公司居多，其次是外国政府。

表 2-5　经济建设外债来源结构一览表　　　　单位：%

国　别	外国政府贷款	外国金融组织贷款	外国股份公司			不明	合计
			政府控股	非政府控股			
				洋行	实业		
日　本		2	4	1		1	8
比利时	1	1	5				7
英　国	28	5		5	5	4	47
美　国		1		1	6		8
法　国		2			2	2	6
德　国		1		1	7	2	11
荷　兰					3		3
捷　克					3		3
不　明						2	2
总　计	29	12	9	8	26	11	95

资料来源：参见附录中附表1。

(二) 经济建设外债以庚款退款为第一大宗

与中国签订《辛丑条约》的比、法、意、荷、俄、英等国自1922年后陆续将庚款退还给中国。退款多用于中国交通建设、教育和慈善等事业。共计106笔经济建设外债中能够明确的至少有29笔来自庚款退款，其中以中英庚款退款居多。再看数额。如果按照1936年汇率进行计算，共借经济建设外债

① 1906年(日本明治39年)创立南满洲铁道株式会社(即股份公司)，总资本为2亿日元，日本政府投资1亿日元，另一半股份主要来自日本皇室、贵族、官僚。翌年4月开业，以经办铁路、开发煤矿、移民及发展畜牧业等为其经营方针。

共国币 66 295 万元,其中 20 961 万元来自庚款退款。可见,不论是从借款次数还是从借款数额上,庚款退款都是外债来源的最大宗。

南京国民政府成立后,就尽力妥当安排外债,从事建设,"凡事始简毕巨,进行自有困难;即就经济一项而论,除集中国家资本国民经济而外,犹须于确实有利条件之下,借助外资,以从事建设"。① 在依靠政府财政拨款建设铁路极其困难的情况下,"庚款退款"就显得尤为重要。1930 年,英国政府同意退还庚款:"一、中英庚款积存部分及将来到期部分,借做整理及建筑中国铁路,并举办其他生产事业之用;二、积存部分之全数及将来到期部分之半数,除去保留部分以外,应悉作为在英购料之用;三、将来到期部分之其他半数,留充国内工料用款;四、借用庚款应支付利息,并担保最后之清偿,其清偿之本金,作为中国教育文化基金,其利息应投诸中国教育事业"②,并由铁道部和中英庚款委员会统一管理和使用。粤汉铁路建筑款项就主要来自英国、比利时庚款退款。

以粤汉铁路株韶段为例,该段铁路"沿途所经大半均属高山峻岭,工程浩大,不易修筑,其中尤以自乐昌经著名高耸之九岭而达郴州,更属困难,因所经山岭无法绕过须穿凿。……预计全段工程浩大,其工程费用估计在五千万元左右,方可完工,倘全线通车购置机车铁轨及兴修站房,亦需五千万元,将来全路需一万万元不可"③。南京国民政府于 1928 年 7 月提议利用英庚款完成粤汉铁路。同年 8 月召开全国交通会议,与会代表提出关于庚款筑路的多项提案:"一、拟请利用英庚款以恢复国有铁路原状案(陇海铁路督办代表宋庭祺提);二、拨用英国退还庚款完成粤汉铁路(湖南省政府代表龙涤英提);三、请取回庚款酌提一部分完成粤汉铁路案(株萍路管理局局长刘竞西提);四、请交涉指定英国赔款拨充筑路用途案(吴鼎昌提)。"④

选择英庚款完成粤汉铁路株韶段铁路建设工程的原因是:一方面各国退还的庚子赔款除了英国和比利时等少数国家外,大部分都已经由北洋政府与多国商订了用途,不能更改;另一方面粤汉铁路的完成与英国在华利益联系紧密:粤汉铁路连接的长江中游和珠江流域是英国自清末以来自认的

① 秦孝仪主编:《抗战前国家建设史料·交通建设卷》,第 5 页。

② 南京国民政府铁道部:《铁道部关于退还庚款拨用经过及处理意见呈行政院文(1933 年 9 月 6 日)》,中国第二历史档案馆藏资料。

③ 《铁路要闻,粤汉路工程概况》,载《湘鄂铁路旬刊》,1932 年 10 月刊,第 3 页。

④ 《英庚款筑路审查报告》,载《民国日报》1928 年 8 月 17 日。

势力范围，粤汉铁路和广九铁路连通后，可以扩大英国的殖民地——香港的经济辐射范围，使长江中上游和华南地区的产品可以沿粤汉铁路从香港进出，从而促进香港繁荣①。

三、经济建设外债用途的结构

侯继明对1927—1937年间举借的外债用途进行分析后认为，举借外债没有给中国经济带来任何好处②。然而，通过研究发现：自1927年4月至1937年7月的南京国民政府外债，106笔外债中95笔有关经济建设，接近97%。至于债务投入经济建设项目后的效用问题将在第五章进行分析。外债之所以以经济建设为主，其原因主要在于以下几点：首先，外债用途有明确规定，同时中方在具体使用外债款项时受债权国的严格监督，所以一旦用途被确定，那么想要挪用或是更改便不是易事。其次，因为各项建设迫在眉睫，急需资金。例如1933年的美国棉麦借款几乎全部用于建设开支，包括建设公路、重建共产党占领过的地区，完善公共卫生事业以及发展教育事业等③。

（一）公债投入行业结构的变动

将1927—1937年外债用途按照投向交通、水利、电气电政、实业和其他的分类制作图2-10和图2-11。就举借次数而言，用于交通建设的外债尽管

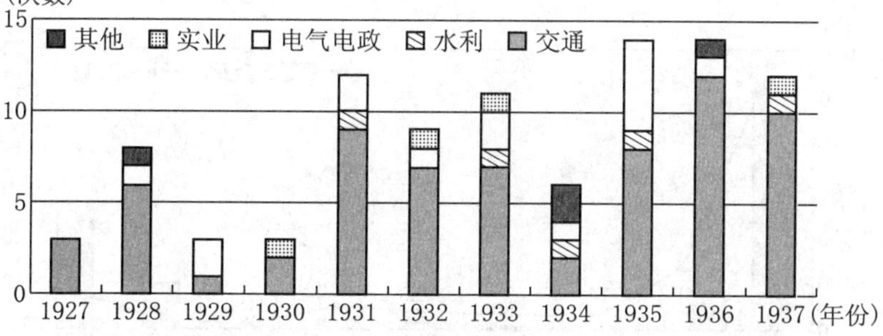

图2-10　1927—1937年经济建设公债投入行业的结构变动(借款次数)

资料来源：参见附表1。

---

① 简笙簧：《粤汉铁路全线通车与抗战的关系》，台北：商务印书馆1980年版，第44页。

② 侯继明：《中国的外国投资和经济发展》，第29页。

③ 杨格：《中国财政经济情况　一九二七至一九三七年》，中国社会科学出版社1981年版，第84页。

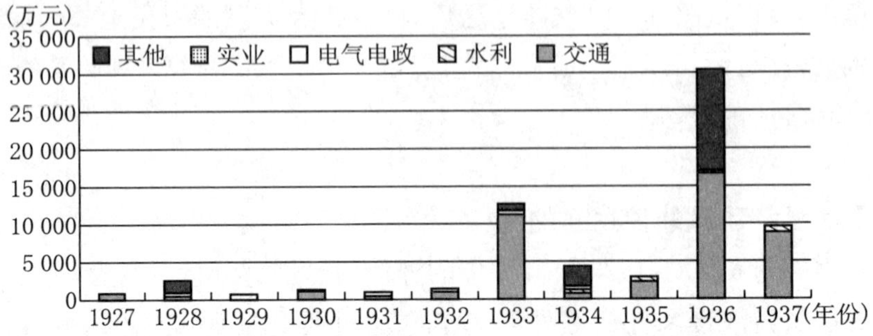

图 2-11　1927—1937 年经济建设公债投入行业的结构变动(借款数额)

资料来源:参见附录中附表 1。

在 10 年间有所波动,但是每一年中交通建设借款次数较其他用途借款次数都多出很多。尤其是 1935 年以后,几乎所有外债均用于交通建设。进一步分析总量可以发现,交通建设外债的优势也相当明显。1935 年以后,交通建设外债总量大幅提高。交通建设作为备战的重点,为抗战时正面战场的战略物资及人员运输起到了积极作用。同时也为后续能够顺利向大后方转移提供了保证。

(二) 经济建设外债涉及内容多样化

经济建设外债涉及内容除铁路外还包含电信、电气、电厂、实业、航空、航运、河道工程等方面。具体结构如图 2-12 所示。

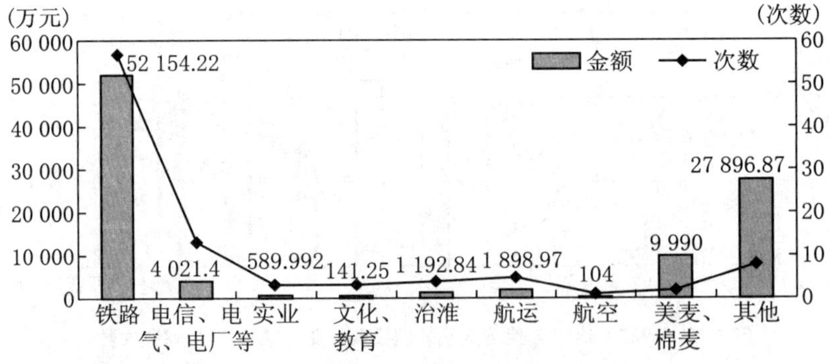

图 2-12　1927—1937 年南京国民政府外债用途分析图

资料来源:参见附录中附表 1。

从图 2-12 可以清楚地看到,南京国民政府经济建设外债的用途比较丰富,所涉领域众多。其中基础设施建设是重心,外债对实业的支持略显匮乏，对航空的投入相对不足。导致此种结构的原因主要有以下几个方面：其一，基础设施建设更有利于监督控制，投资基础设施可以较为容易考量其成果，而实业投资，可控性稍差。其二，用于基础设施建设，尤其是铁路建设，债权国能够获得更多的利益，例如通过增强对铁路沿线经济的掌控实现对势力范围的控制。其三，铁路相比航空、航运的优势明显，不仅发展基础好，相对更容易修建并投入使用，而且货运量更大。

（三）经济建设外债以铁路建设为主

106 笔经济建设外债中有 57 笔用于铁路建设。有学者统计 1927—1937 年中国共借铁路外债 18 笔，共计 39 635 万元[①]，仅包含财政部举借的外债。实际上，交通部、实业部等在同期举借铁路外债的次数和总额也是比较大的。杨格统计战前 10 年修建 2 000 多公里铁路，政府为之投资 1 亿元[②]，可能是低估。从图 2-13 可以看到，铁路债务不论是铁路外债还是铁路内债在 1932 年以后举借次数均有所增加，尤其是 1935 年以后。早在第一次世界大战爆发后，随着俄国"十月革命"的胜利以及各国民族解放运动的发展，西方国家便一改控制落后国家的手段，从暴力入侵以及通过签订不平等条约的赤裸方式转向通过掌控财政、经济渗透的更为隐蔽的方式。表现在铁路方面便是从直接争夺路权转向通过向中方提供贷款援助，投资建设铁路。

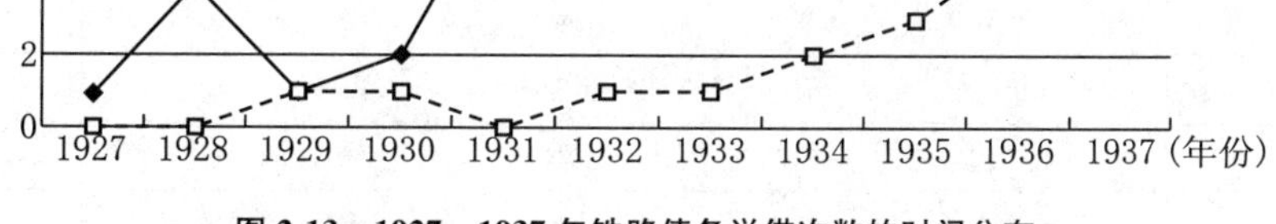

图 2-13　1927—1937 年铁路债务举借次数的时间分布

资料来源：参见附录中附表 1。

① 刘克祥、吴太昌：《中国近代经济史 1927—1937》，人民出版社 2010 年版，第 1160 页。严中平：《中国近代经济史统计资料选辑·铁路》，科学出版社 1955 年版。

② 杨格：《中国财政经济情况　一九二七至一九三七年》，中国社会科学出版社 1981 年版，第 84 页。

四、经济建设外债的币种结构

外债因涉及外汇汇率的变动,存在币种风险,合理的外债币种结构在一定程度上能够降低由于汇率变动带来的风险。合理的币种结构至少应该满足多元化和相关性两个条件。首先是多元化。多元化的币种结构是一种理性选择。由于一种货币升值对应另一种货币贬值,如果政府选择多元化的币值结构,那么由于某一种货币升值蒙受的损失,可能会在另一种货币贬值中予以弥补。组合美元、英镑、马克、日元等币种,能够适当分散外债汇率风险,对外债的经济综合效益有现实意义。其次是相关性。尽量选择同国内某些经济指标变量相关币种,从而使偿债的可变性最小化。在"某些经济指标变量"中,与外债币值相关性最大的就是进出口贸易。南京国民政府外债的币种结构见表2-6。

表2-6 南京国民政府外债和经济建设外债的币种结构

序号	币种	外债		经济建设外债			
		对应外币数额	对应国币数额(A)	对应外币数额	对应国币数额(B)	占外债比(B/A)	占经济建设外债总额比(B/C)
1	英镑	2 146.2万英镑	35 519.6	2 144.1万英镑	35 466.7	99.85%	39.07%
2	美元	10 137.7万美元	33 758.5	10 111.2万美元	33 670.3	99.74%	37.10%
3	国币	12 291.0万元	12 291	12 291.0万元	12 291	100.00%	13.54%
4	银元	4 727.2万元	4 727.2	4 719.7万元	4 719.7	99.84%	5.20%
5	法郎	5 885.4万法郎	1 177.1	5 885.4万法郎	1 177.1	100.00%	1.30%
6	比金	9 353.4万比法郎	1 028.9	9 353.4万比法郎	1 028.9	100.00%	1.13%
7	日元	973.9万日元	944.7	973.9万日元	944.7	100.00%	1.04%
8	规元	430.0万两	602	430.0万两	602	100.00%	0.66%
9	荷金	181.6弗洛令	386.9	181.6弗洛令	386.9	100.00%	0.43%
10	关金	275.4万元	366.3	275.4万元	366.3	100.00%	0.40%
11	德金	78.2万马克	104.1	78.2万马克	104.1	100.00%	0.11%
12	港元	6.9万元	6.9	6.9万元	6.9	100.00%	0.01%
13	毫洋	3.4万元	2.7	3.4万元	2.7	100.00%	<0.01%
总额			90 915.9		90 767.3(C)		

资料来源:数据重新整理计算,原始数据参见刘克祥、吴太昌《中国近代经济史(1927—1937)》,人民出版社2010年版。

从表2-6可知,南京国民政府举借的经济建设外债中,英镑和美元占大多数，但在实际中，南京国民政府能够获得的外汇有限，债款已经折成货款和料款，并被指定供应厂商。而还款时又需要折成外币，因此由还款带来的外汇储备压力是不小的。

除以英镑和美元举借的外债没有全部用于经济建设外，以其他货币单位举借的外债全部都是用于经济建设。合理的解释是，盘子大了，那么多样性便能够有发挥的余地。对比分析南京国民政府对外贸易的格局（见表 2-7）：

表 2-7　1927—1937 年南京国民政府对外贸易的分配比例　单位：%

年份	英国			美国	欧洲	日本	其他
	英国	香港（地区）	总计				
1927	6.8	19.6	32.2	14.8	11.1	25.7	16.2
1928	7.9	18.5	32.0	15.1	12.8	24.9	15.2
1929	8.4	16.9	32.1	16.1	13.0	25.2	13.7
1930	7.7	16.9	33.8	16.4	12.6	24.5	12.7
1931	7.7	15.9	31.9	17.7	13.1	23.8	13.5
1932	9.4	10.6	26.2	18.7	13.4	17.9	23.8
1933	9.7	11.7	31.7	20.2	14.5	12.7	20.9
1934	10.7	10.9	29.2	21.9	15.2	13.7	20.0
1935	9.5	9.3	28.2	21.3	18.9	14.6	19.0
1936	10.4	8.5	26.2	23.0	20.3	15.4	15.1
1937	10.6	10.7	27.8	23.7	21.5	12.9	14.1

资料来源：中央银行报告，1937 年 12 月，第 337 页。转引自：杨格：《中国财政经济情况　一九二七至一九三七年》，中国社会科学出版社 1981 年版，第 553 页。

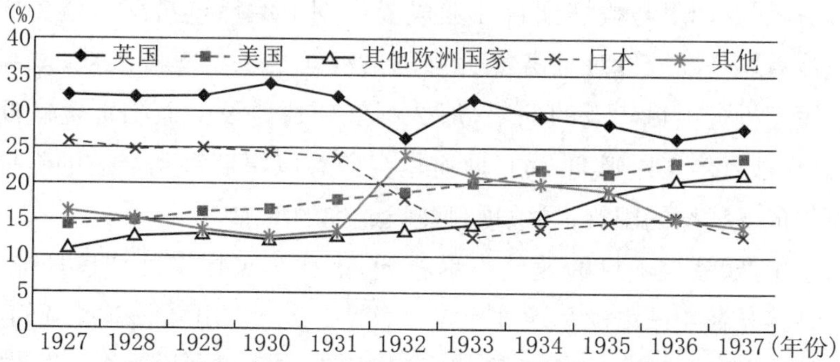

图 2-14　1927—1937 年南京国民政府对外贸易的分配比例

资料来源：中央银行报告，1937 年 12 月，第 337 页。转引自杨格《中国财政经济情况　一九二七至一九三七年》，中国社会科学出版社 1981 年版，第 553 页。

根据表 2-7 绘制图 2-14。1927—1937 年南京国民政府对英贸易占比始终处于领先地位，期间略有波动。与此相比，对美贸易呈逐年上升趋势。1932 年以前，对日贸易占比仅次于英国，受"九一八"事变的影响，对日贸易占比自 1932 年出现大幅下落后便一直处在较低水平，远远落后于英美以及其他欧洲国家。对欧美贸易的增加吃掉了对英、日贸易的减少。

五、经济建设外债的期限结构

债务期限分布是否合理主要取决于短期、长期借款是否合理搭配，债务期限是否与所资助的投资项目在时间、进度上相互匹配，债务的还款周期是否与投资项目所需资金的周期相配合等。1927—1937 年南京国民政府举借的外债中有确切史料能够确定举债期限的经济建设外债 32 笔，期限自 1 个月至 25 年不等。对南京国民政府外债按照期限的不同进行分类，短期是指借款期限在 1 年以内(包括 1 年)，中期是指借款期限在 1 至 5 年(不包括 1 年和 5 年)，其中 3 至 5 年被称为中长期(包括 3 年，不包括 5 年)，长期是指 5 年及 5 年以上。1937 年抗战爆发，多笔外债因此停付，书中对此类债务按照债务停付的时间节点进行了统计。

(一) 外债期限结构的影响因素

影响政府外债期限的一个重要因素是投资项目的客观要求。政府在开展经济建设时，对具体某个建设项目是采取一次性长期借款，还是采取一系列连续短期借债的方式，就是债务期限结构的选择问题。债务期限要尽可能与所资助的投资项目相匹配，既包括严格控制长短期债务资金的正确投向，又包括债务期限与投资项目在建成投产期上的衔接搭配。债务期限是否合理被看作是政府管理债务能力强弱的标志之一。实践表明，如果借款期限过短于投资项目建设的期限，那么不仅项目建设会面临资金链断裂的风险，导致项目停工或延期，而且政府也会因难以短期筹到合适的新债还旧债而面临债务清偿的困难，导致项目建设成本的增加。

由于生产、建设项目的效益不尽相同，因此为了提高外债偿还能力，理论上应该将外债用于能够尽快产生生产能力、获得产出和收益的项目，同时应注意债务期限与投入产出时间相匹配，从而使项目顺利进行，获得产出，取得收益，偿还债务。然而实际中，南京国民政府的外债主要用于基础设施建设、实业建设等领域，生产周期长是该领域的一大特点，为配合建设，外债期限一般偏长，个别短期外债债款是以金融外债为主，有少量用于购买铁路设备包括机车、配件等，几乎没有任何整段铁路建设资金来自短期外债借款。

（二）外债期限的分布结构

债务期限结构是指政府对不同期限债务的组合，即长期债务和短期债务的组合。分析债务的期限结构可以从两个维度考虑：一是长期债务与短期债务的比率，二是债务到期年限和分布。从第一个维度可以清楚地看到不同期限债务的分布状况，进而推断政府的举债偏好、政府债信、清偿能力及债务风险。理论上，债务期限与政府债信正相关，短期借款所占比重与政府清偿风险正相关。政府债信越好，能够获得的借款时间越久。由于短期债务时常伴有到期未能偿还而发生借新还旧，债务人在短期借款到期后便会面临能否再获得新借款偿还前笔债务，实现债务偿还的无缝链接，然而这是存在风险的。即使债务人有进入国际资金市场的稳定途径，也不能保证一定能规避这种由短期借款引起的借新还旧的清偿风险。因此，短期债务所占比例越高，债务人面临的清偿风险越大。第二种维度从债务到期的时间分布来分析政府在某一特定时期的还款压力和债务风险，主要指挤兑风险。

从已知债务期限的 32 笔经济建设外债的期限长短分布可以看到，经济建设外债以长期经济建设外债为主。同时 1936 年有资料佐证的长期经济建设外债多达 9 笔，自 1935 年后，国民政府的债信在很大程度上有所提高，举债能力增强。如果不是抗战的爆发，国民政府在债务市场表现的预期还是乐观的。10 年间短、中、长期经济建设外债举借次数之比为 3∶9∶20（见表 2-8），南京国民政府得到的外债仍然以中期和长期为主，短期并不多。总的来看，这种债务期限结构要比以短期债务为主的结构要好。对于政府来讲，还款的压力和风险大大减少。由此可以推断，债权国对中国的放债偏好，债权国从长期借款中所获得的不论是利息收入还是政治收益都更多。

从债务到期年限分布来看，债务到期年限分布状况决定了是否存在挤兑风险的可能。如果短期债务与长期债务在到期时间上接近，那么政府便可能在偿债高峰期面临挤兑风险。控制短期债务规模的同时交叉安排长期、短期债务的还款日期有助于建立平稳分布的债务还款期限结构。

表 2-8　南京国民政府外债期限按次数统计情况

年份	短期经济建设外债(0—1)年	中期经济建设外债1—5年		长期经济建设外债5年以上	短、中、长期经济建设外债举借次数之比
		(1—3)年	中长期(3—5)年		
1927	1			1	1∶0∶1
1928		1	1	2	0∶2∶2
1929			1	2	0∶1∶2
1930					0∶0∶0
1931				2	0∶0∶2
1932	1				1∶0∶0
1933				2	0∶0∶2
1934			1		0∶1∶0
1935	1		2	1	1∶2∶1
1936			1	9	0∶0∶9
1937		2		1	0∶2∶1
合计	3	3	6	20	3∶9∶20

资料来源：根据附录中附表 1 数据计算得出。

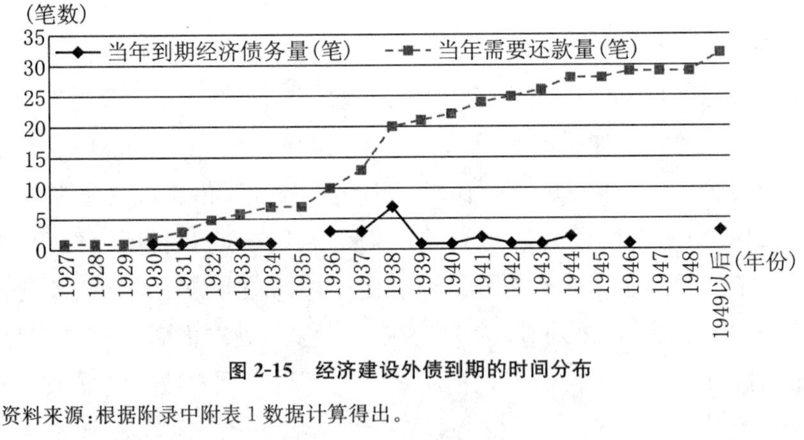

图 2-15　经济建设外债到期的时间分布

资料来源：根据附录中附表 1 数据计算得出。

尽管图 2-15 是不完全统计，但是可以推断，当年到期债务的次数增长赶不上当年新增的债务次数。南京国民政府的还款压力在逐年上升，庆幸的是，当年债务还款次数曲线增长尚显平稳。1937 年由于抗战的爆发，多笔债务在 1937 年、1938 年相继停付，在当年到期经济债务量曲线上反映出在

1938年达到峰值。总的看来，经济建设债务以长期债务为主，到期年限分布相对分散，没有集中于一年或几年。

六、经济建设外债的担保结构

南京国民政府经济建设外债的担保形式主要有以下几种：

一是以较为有保障的关税、盐税、统税为担保。1933年向美国举借的棉麦借款正是以关税和统税作担保。美国在获得借款利息的同时，通过提供实物借款向中国倾销过剩物资，使中国在丰收之年农产品的内销和出口均深受影响。"窃以本年各省粮食多丰收，在政府应设法调剂，以维持农村经济。乃不此之图，反借入大量美麦倾销国内，复提高洋米入口税率，为推销美麦之张本。此种措施，不惟民食发生恐慌，而社会金融当受极大之影响，为害之烈，何可言喻。"①

二是以项目盈余为担保，这类担保是铁路建设外债和实业外债最常见的一种担保形式，即为修筑哪段铁路举借外债，那么该外债便以该段铁路建成后盈余作为担保。例如，1936年的平汉铁路料款借款、湘黔铁路借款、宝成铁路借款等。

三是以已发行的内债为担保，采取这类担保形式的同样也是以铁路建设外债居多。例如，1936年的浙赣路南萍段借款，就是以第二期铁路建设公债应收本息和玉南段银团质押借垫款项合同以及履行后第一期铁路建设公债与玉萍公债本息余额未偿还基金部分为担保。又如，1935年的浙赣路枕木借款，是由第一期铁路建设公债及玉萍公债内各提出75万元为担保的。1934年的浙赣路玉山南昌铁路材料款，以铁道部第一期铁路建设公债和财政部铁道部发行的玉萍铁路公债为担保。

此外还有直接由铁道部担保，例如，1936年的浙赣路道轨垫款、1937年的浙赣铁路转撤器借款。以及由银行团担保，例如，1933年的铁道部巴黎电机厂购料期票欠款，是以正太铁路余利担保的同时，由铁道部、巴黎电机厂同意的银行团担保。1936年的广九铁路机车价款，是由广东省银行担保的。

可见，外债的担保较内债担保品而言，更具可靠性和保证。

---

① 《文官处为西南各省国民对外协会清撤销续借美麦案等致行政院公函》，1932年12月6日。转引自徐锐：《略论抗战前南京国民政府的外债问题》，载《民国档案》1993年3月，第80—88页。

第四节 南京国民政府经济建设内债结构的分析

一、经济建设内债的债权人、债务人结构

自1927—1937年南京国民政府中央一级政府部门举借的42笔经济建设内债中,以由财政部、铁道部举借为主,少数几笔内债是由交通部或由各机关联合财政部发行(见表2-9)。

表2-9 南京国民政府中央一级政府部门举借经济建设内债次数

年份	财政部	铁道部	交通部	多部门联合
1927		1		
1928	2			
1929	2			
1930	3	1	1	
1931	2			
1932	2	1		
1933	2			
1934	3	1		3
1935	4	3		
1936	4	2		
1937	2	2		1
合计	26	11	1	4

资料来源:根据附表2数据计算得出。

已有研究显示内债多由银行承担,而不是钱庄。据不完全统计①,1933年和1934年,钱庄在中国金融业中的地位仍然相当重要。图2-16中显示,可获得数据的14个省钱庄的总数就达1 121家,超过该年银行分行、支行总数②。"钱庄在中国无省无之。"③既然钱庄在南京国民政府成立后的一段时间内并没有大幅度呈现衰落态势,那么为什么钱庄在政府举借内债中的作

① 受资料限制,完整汇总近代钱庄历年数量的工作是近乎不可能完成的,因此,只能从有限的资料来进行初步分析。此分析尽管不完全,但是能够对全国钱庄业的发展状况作出基本判断。

② 同期全国银行业分支行总数为1 038家,参见《全国银行年鉴》(1934年),A4页。转引自朱荫贵《抗战前钱庄业的衰落与南京国民政府》,载《中国经济史研究》2003年第1期,第58—70页。

③ 财政部财政科学研究所、中国第二历史档案馆:《国民政府财政金融税收档案史料》(1927—1937)。中国财政经济出版社1997年版,第695页。

用远不及银行？

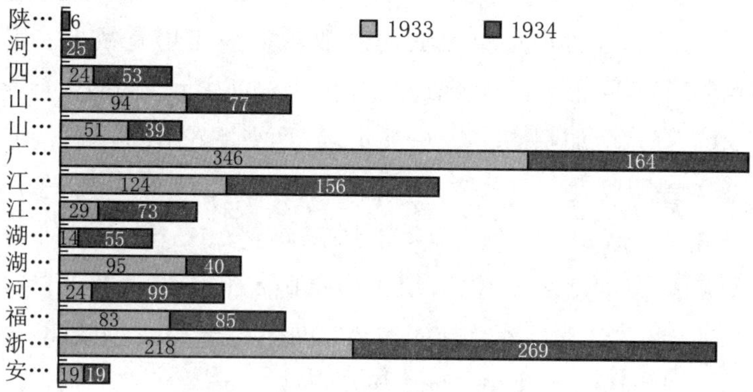

图 2-16　1933 年、1934 年各省钱庄数统计表

资料来源：1934 年《全国银行年鉴》，第 A4 页。转引自朱荫贵《抗战前钱庄业的衰老与南京国民政府》，载《中国经济史研究》2003 年第 1 期，第 58—70 页。

究其原因，至少可以从人的因素、钱庄自身发展的因素两方面考虑。首先，钱庄的资本数额都不大。1933 年，全国钱庄资本额平均不到 5 万元，其中江苏省的钱庄资本平均数额在各省范围内属最大，但也不过十多万元。其他省份钱庄的平均资本额平均在三四万元，最少的只有一二万元。相比较，银行资本数基本保持在几十万元以上的水平，有的已经在百万元以上。因此，钱庄的实力还不足以承担得起担负国家内债承受人的重任。其次，再来看上海钱庄的发展。上海是近代中国的金融中心，同时是南京政府政令能够顺利到达之地，也是江浙财阀汇集之地。

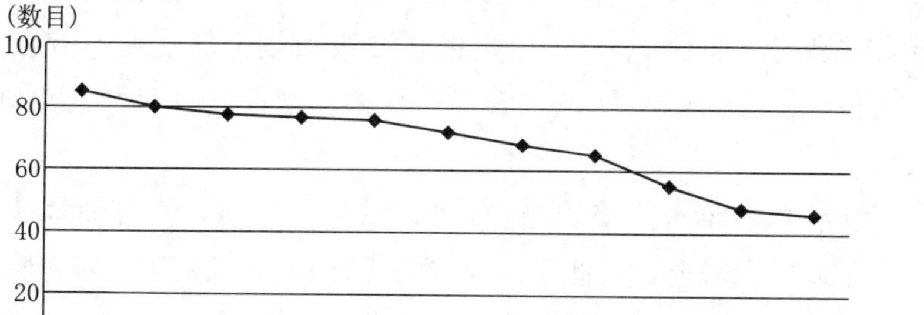

图 2-17　1927—1937 年上海钱庄数目比较

资料来源：中国人民银行上海市分行编《上海钱庄史料》，上海人民出版社 1960 年版，第 260 页。

从 1926 年开始，上海钱庄明显进入了一个停滞和衰落的时期。钱庄总数在 1927—1937 年 10 年间减少近一半，从图 2-17 可以看到，此 10 年间钱庄总数的减少趋势可见每年钱庄总数较上一年均有减少。资本总额从 1926 年的 187 517 万元减少到 1936 年的 1 800 万元。同期银行业资本总额从 11 499.6 万元增加到 40 049.6 万元①。两者不论在资本数量上还是在发展势头上均差距巨大。

在承购南京国民政府公债方面，自 1927 年到 1935 年，钱庄业对南京政府债券的认购总额不过 265 万元，承担南京国民政府借款 2 697.5 万元②。银行业 1935 年一年认购债券总额就高达 59 342 万元，1934 年一年借给南京政府 12 440 万元，1935 年借出 2 200 余万元③。

二、经济建设内债的借款方式

借款种类有债券、公债、垫款、库券等，尽管名称丰富，但是发行方式、利率的确定原则等方面并无实质性差别，因而仍有单调之嫌，主要包括以公债、国库券为名的债务以及少部分银行等金融机构的借款和垫款。借款和垫款的数额一般不大，且期限不超过一个财政年度。超过一年期限未还的借款共 35 笔，共计 5.7 亿元。其中包括 3 笔关税凭证借款，共 2 700 万元，5 笔以停付或退还的俄、奥、意等国庚子赔款担保的借款，共 1.7 亿元；20 余笔以政府公债、库券为抵押的借款，共 351 万元；另有银行垫款 2.8 亿元。

南京国民政府举借内债主要有两种形式：第一种是直接发行债券，公开招募；第二种是间接借款，用债券向银行抵押借款。

第一种方式，政府出售的是债券的所有权。买方获得债券所有权后可以持有并获得本息收益，也可以选择在二级市场上转让所有权获得收益，可以将这种方式视为“零售”，获得资金的速度较慢，因为“卖出去了，才有钱”。

第二种方式，政府并没有出售债券所有权，只是通过抵押债券获得借款。此种情况下，公债条例对此公债规定的发行额、利息对于政府实际能够

---

① 《中国重要银行最近十年营业概况研究》，新业印书馆 1933 年版，第 311 页。《全国银行年鉴》，第 A19 页。

② 《上海钱庄史料》，上海人民出版社 1960 年版，第 209 页。

③ 中国经济情报社：《中国经济年报》，第 2 集，上海生活书店 1936 年版，第 163 页。

获得的借款额及利息的实际影响不大。借款额及利息由国民政府与银行根据政府还款能力、银行实力等综合因素商定的结果，可以将这种方式视为“一次性兜售”，政府获得借款收入的速度相对较快。

以 1935 年南京政府发行的民国二十四年电政公债为例，政府将 1 000 万的公债券以六折向银行抵押借款。这种通过抵押公债获得借款的方式多为政府短期融资行为，而利用公债筹资的项目又多为中长期，这便造成两者时间上的冲突。“展期”的出现就是为了协调这种矛盾，即到期时由政府与银行协商续借。1936 年年底到期的民国二十四年电政公债就以余额公债票面 857 万元按照七五折，抵现款 642 万元，除应付旧欠本金外剩余 178 万元①，再续商讨续借。

三、经济建设内债的用途

南京国民政府成立后的第一笔国内公债是于 1927 年 5 月 1 日由财政部发行的共 3 000 万元的江海关二五附税库券，发行条例明确规定了债务用途为“充国民政府临时军费之用”。自此之后，用于军费的内债发行便一发不可收拾，南京国民政府成立的第一年，军费支出占整个财政支出的 90%以上，军费内债也随之成为内债的第一大宗。

南京国民政府 1927—1937 年发行的 73 笔内债按用途可分为四大类，即军政支出、弥补预算不足、经济建设、社会性内债（包括善后、救灾等）。经济建设内债的借债次数明显超过其他三类内债支出，并且在总量上也是吸引眼球的，接近内债总额的 30%。尽管图 2-18 中军政支出总额位于四大类内债之末，但是排位第一的用于弥补预算的内债支出实际上就是用于弥补军政支出的不足。如果将弥补预算和军政支出加总，则明显超过排名第二的经济内债和第三的用于救灾善后的内债。对于控制军费，宋子文不惜屡次以辞职相威胁，“政府还能再走借新债的道路和重演过去的悲剧？……就不能继续采取厉行节约的步骤和在内部设法改革？出现盗匪和共产主义纯粹是军事现象？我们能用老办法以及昂贵的军费围剿很快地取得成功？如非政治、军事和经济失调，盗匪和共产主义就能蔓延？……这些问题根本不是财政部所能解答的”②。

---

① 《二十四年电政公债》，案卷号：2104，全宗号：20(2)，(台北)“中研院近史所档案馆”。

② 《字林西报》1932 年 6 月 12 日。

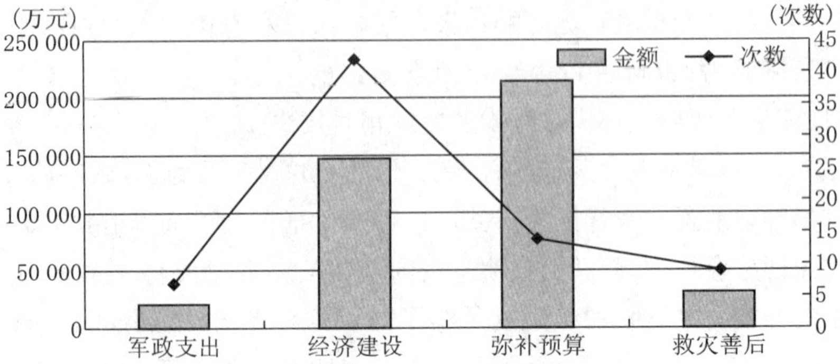

图 2-18　内债次数和内债总额的分析图

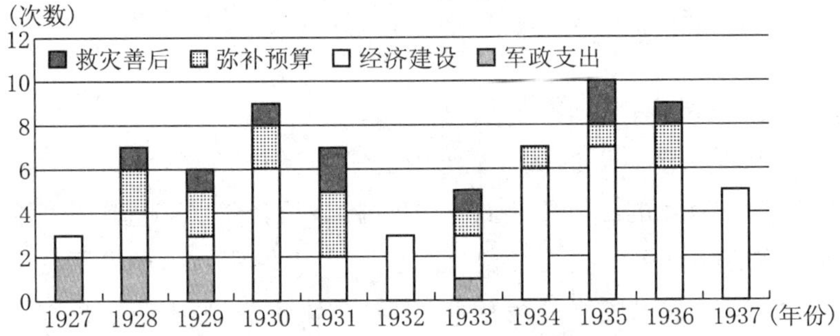

图 2-19　1927—1937 年内债举借次数的时间分布

宋子文任财政部长时期所发行的内债的用途以军政费为主，伴有少许经济建设内债。而孔祥熙在任时正直 20 世纪 30 年代世界经济危机后凯恩斯国家干预理论盛行之时，资本主义国家普遍兴起对赤字财政的青睐，认为扩张性财政货币政策能够刺激经济增长。同时，南京国民政府也开始加紧通过内债筹钱搞建设。从图 2-19 中可见，1934 年以后经济建设内债的举借次数明显增加。

对此，胡善恒的论述很是清楚，“经济建设事业，所需之费，为数至巨，赋税收入，常难充实，不足以应其需要。则是无论何国，欲发展国营事业，在事实上不能仰给赋税收入，有非引用公债不可者”①。尤其是“经济落后之国，各种产业，不能专靠人民自由经营，盖私人团体之能力有限，而大规模产业所需之资本，数额甚大，非私人所能募集。又有若干产业，如铁路之类，营业利益之发生，常在久远之将来，当非私人能力所能支持。若是中途因资本欠

① 胡善恒:《公债论》，商务印书馆 1936 年版，第 89 页。

缺，至于停顿，则其损失，必益加大，亦非由国家举办不可。故现代国家所需要之各种产业，凡私人所不能经营者，皆当以国家之资力经营。当兹国际间经济竞争，如此激烈，经济先进国家，常不愿经济落后国家之发展产业，设为各种策术，加以摧残，私人团体之资力有限，每有折覆之虞。若由国家经营，倾全国资力，以从事于此，基础既固，成功斯快”[①]。至此，内债的结构悄然发生变化，军政内债减少，而经济建设内债逐渐增多。

1929 年 6 月，《公债法》对政府募集公债的用途作了明确限制，只能发行以下四种用途的公债[②]：(1)生产事业之投资公债，包括具有偿债能力，并不增加国家财政负担的生产事业，例如铁路、水利等。(2)国家重要设备之创办用费，如国防、教育、卫生类。(3)非常紧急之需要，例如对外战争、自然灾害等。(4)债务之整理，确保能够减轻财政负担。

宋子文在 1930 年财政年度年报内强调了建设的重要意义，包括经济发展、群众教育和公共卫生在内，并在 1931 年定下发展的调子，“要有系统、有配合、有计划地发展经济”，同年设立了全国经济委员会。蒋介石在全国经济委员会第一次会议开幕词中提出关于经济建设的三年计划，其中包括淮河流域水利工程、公路的修建、发展工业、发展农业等[③]。可见，政府偏好发展公共事业和重工业，将发展轻工业留给私人资本。全国建设委员会成立于 1928 年，注重发展长三角地区和汉口的电力公用事业，以及华中地区的煤矿业。在发展电力事业时，借助于发行几百万元的公债。全国资源委员会在 1936 年拟定了一个三年计划，着重于发展重工业，包括钢铁、铜和其他金属的冶炼工业、化学工业以及电力设备。发展经费 1/3 来自国家预算，剩余部分依赖外国借款和信贷。经济委员会、建设委员会、资源委员会等相继成立对发展国民政府经济起到了举足轻重的作用。

本书将经济建设内债用途进一步细化为铁路、金融事业、疏浚海河、实业以及电气、电政等五大类，如图 2-20 所示。经济建设内债中就借款次数而言，铁路内债位居首位，但是就借款总额而言，铁路借款总额少于金融借款总额。这一点与外债借款明显偏向铁路不同。

---

① 胡善恒：《公债论》，商务印书馆 1936 年版，第 86、87 页。

② 财政部公债司：《十年来之公债》，中央信托局印制处，1943 年，第 4 页。

③ 发展经费取自美国棉麦借款和 1934 年度国家预算中所列的 1 500 万元。修建公路费用 680 万元，发展西北费用 250 万元，复兴江西农村费用 190 万元，改进棉花与蚕丝生产经费 175 万元，公共卫生费用 50 万元。

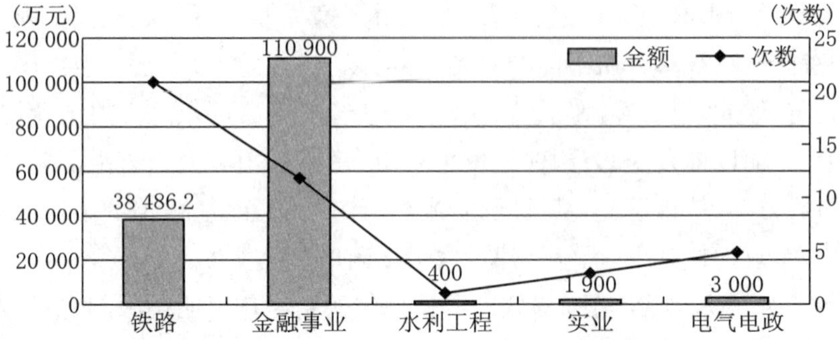

图 2-20　1927—1937 年南京国民政府经济建设内债用途细分图

图 2-21 则进一步分析了经济建设内债用途的时间分布。

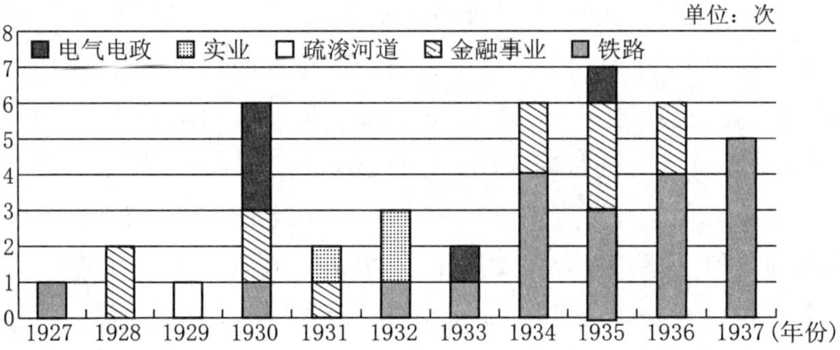

图 2-21　1927—1937 年经济建设内债举借次数的时间分布

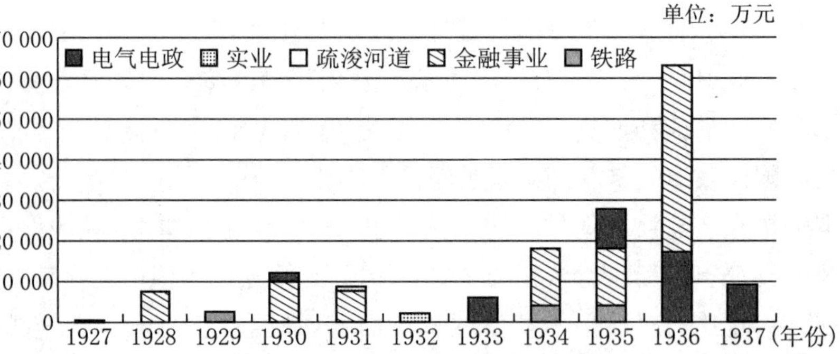

图 2-22　1927—1937 年经济债务举借总量的时间分布

南京国民政府成立后的第一笔经济建设内债是 1927 年整理平汉铁路借款。铁路内债借款次数在 1934 年以前并不占多。反而是金融内债和电气电政内债的举借次数居多。自 1930 年财政部连续发行民国十九年电气实业长、短期公债起开始以发展电厂和电话电报事业为目的而举借内债，随后又于1933年和1935年再度续发电气公债。但是，如果将视线转向借款总量（见图2-22），金融建设公债则占压倒性多数。

四、经济建设内债的利息和期限结构

（一）经济建设内债的利息结构

关于各笔内债利息的考证结果各不相同，关于年息和月息的标注也比较混乱，如果将年息记为月息或将月息记成年息，一来一往便相差12倍。正是由于史料的不完整，关于南京国民政府时期债务的利息尚无定论。因此，这种丛林式的利息统计为判断南京国民政府1927—1937年利息结构带来了不小的难度。

内债的发行利息由国家确定，是“管制”利息，利息水平的决定并非直接由各种经济行为主体和各种经济变量。利息一旦确定便不能根据经济形势调整，如遇通货膨胀、银根紧缩等。加上利息设计原则的简单、单一，无疑增加了内债还本付息的风险成本，也增加了内债持有者的风险。一般来讲，内债发行利息比银行存款利率高，但是在南京国民政府时期的内债发行往往同时伴有折扣，偏离（高于）市场水平的内债票面利息易导致银行机构抢购内债。如果通货膨胀率较高时，内债利息呈现“负利息”状态，投资者的利益也相应受损。

财政部在1927—1931年发行10亿多元内债[①]，利率较高。大多集中在年息8厘或月息8厘，同时给予较高的折扣优惠。高利吸引了银行、钱庄的购买。1931年时，政府每月为偿付公债本息就要1 600多万，全年约2亿元，而国民政府年财政收入也只不过三四亿元，即便关税收入自1929年以后略有增加，不足以应付逐月增加的债券本息，况且还有偿还外债所需巨额费用。“一二八”事变发生后，债券价格跌落，银行周转不灵，于是国民政府以“国难”严重的名义第一次宣告债信破产。1932年2月，国民政府采取“持券人会”[②]的方式宣布改变债券还本付息方法，主要内容是：（1）所有债券除17

---

① 据千家驹的统计是10亿5 800万元，参见千家驹《旧中国发行公债史的研究》，载《历史研究》，1955年第2期抽印本，1955年4月，第120页。

② “持券人会”实际就是上海的银行团。银行团面对既得利益的“损失”要求南京政权彻底整理财政并完全公开，并且不能再向各商业团体举债为内战及政费之用。可以看出金融资产阶级与国民政府是有矛盾的，然而两者又达成了一个新谅解，国民政府也口头承诺“四年之内不发内债”。实际上1933年蒋介石仍继续发债，并开始准备对中国工农红军的“第四次围剿”。

年金融长期公债利息不变外概改为年息6厘计算,延长还本年限为以前的一倍;(2)取消了以前关税、盐税、统税、印花税分别担保的办法,改为概以关税为担保;(3)每月由海关税项下拨出基金860万元,以为偿付所有债券本息的基金;(4)设立国债基金报关委员会,以替代以前的二五基金会①。

按照学界公认的理解,即年息X厘=年息X%;月息X厘=X‰。那么月息1厘=月息1%,折合年息是12%;年息1厘=年息10%。照此方法将1927—1937年经济建设内债的利率换算成年息,见表2-10。

表2-10 1927—1937年经济建设公债年利息的统计

年利(%)	2	2.5	5	6	7.2	8	9.6	12	18	不明
次　数	1	1	2	19	1	7	2	1	1	7

资料来源:附录中附表2。

再与表2-11中上海主要银行的定期存款年利率相比较。

表2-11 1933年上海主要银行的定期存款年利率　　单位:%

银行＼定期	3个月	6个月	9个月	1年	2年	3年	4年	5年
中国银行		6		7	7.5	8	8.5	9
交通银行	面议							
上海银行				7	7.5	8	8	8
浙江兴业银行				7	7.5			
浙江实业银行	面议							
盐业银行	4	5		6.5				
金城银行				7	7			
中南银行	面议							
大陆银行				8	8.5	9		
中孚银行	5.5	6	6.5	7				
四明银行	4	6		7	7.5	8	8.5	9
国华银行				8				
聚兴诚银行	5	6	7	8				
中国垦业银行		6	7	8.5	9	9.5	10	

资料来源:《上海商业储蓄银行史料》,第427页。

---

① 中国债券汇编:《持券人会对于内债之宣言》,参见千家驹《旧中国发行公债史的研究》,载《历史研究》,1955年,第2期抽印本,1955年4月,第121页。

共42笔经济建设内债以年息6%和8%居多，比银行存款平均年利率7厘略低一点，那么银行的利润来自哪里？我们又知道，这一时期银行平均贷款利率8%—10%左右[①]，比存款平均利率年息7厘高一点，如果放款顺利，那么银行完全可以通过高存款率吸收储蓄再借款给企业获取利润。可是，大量史料证明，此10年银行以经营公债为主，企业并不是银行放贷的主体。那么，根据经济人假设，银行为什么不选择放款利率较高的企业，而选择经营公债呢？原因可能是"折扣"的存在。42笔经济公债中15笔债务存在96折或98折的购买优惠，而且集中于借款数额较大的债务。此推论与吴承禧的分析有所差异，"政府以高利向银行界借款，银行以政治投资的收益丰厚，于是向社会竞收资金以谋更高利润的获得，于是存款利息渐高，放款利率更高"。

这种打折优惠在承借债务时已成惯例。如果偿付顺利，那么债务到期时，债权方可以按规定收回全部本金。75笔经济建设内债中13笔内债的发行都或多或少地存在折扣。也正因如此，银行始终是承购内债的第一大户。

表2-12所示为1927—1937年经济建设内债的折扣情况。

表2-12 1927—1937年经济建设内债的折扣情况 单位：万元

年份	九八折		九六折		九二折	
	债　项	金额	债　项	金额	债　项	金额
1928					民国十七年金融短期公债	3 000
1930	民国十九年交通部电政公债	1 000				
1931	民国二十年金融短期公债	8 000				
1934	民国二十三年第一期铁路建设公债	1 200	民国二十三年六厘英金庚款公债	2 457		
	民国二十三年玉萍铁路公债	1 200				
1935	民国二十四年整理四川金融库券	3 000				
	民国二十四年电政公债	1 000				

① 据米泽秀夫调查，同期外国在华银行的存款利率仅2.5厘左右，就存放款利率的差显示外国在华银行的利润率比中国本土银行高出很多。参见吴承禧《中国的银行》，第28页。

(续表)

年份	九八折		九六折		九二折	
	债　项	金额	债　项	金额	债　项	金额
1936	第二期铁路建设公债	2 700				
	第三期铁路建设公债	12 000				
1937	京赣铁路建设公债	1 400				
	辟浚广东省港河工程公债	666				
	粤省铁路建设公债	4 423				

资料来源:参见附录中附表2。

(二)经济建设内债的期限结构

以偿还期限为标准,可以将内债划分为短息内债、中期内债和长期内债。本书中把偿还期限在1年以内的内债界定为短期内债,把偿还期限在1年以上10年以内的内债界定为中期内债,把偿还期限在10年以上的内债界定为长期内债。短期内债主要是平衡预算年度内因财政收支进度差异而出现的短期收支缺口,用于调节预算收支进度的季节性差异。中、长期内债除了用于弥补年度财政赤字外,还承担着为基础设施建设、调剂金融、投资建设项目等筹措资金的重任,如本书中的经济建设内债。

表2-13　1927—1937年财政部举借内债的期限结构

年份＼期限	<1年	1—5年	5—10年	10—15年	15—20年	20—25年	>25年
1927		1	1				
1928		3	2				
1929		1	5				
1930		2	4	1		1	
1931			7				
1932		5	11	8	3	1	
1933		2		2			
1934			3	1			
1935			5	3			
1936	1			13	10	24	1
1937			1		1		1

注:1932年没有发行新的债权,表中所列1932年数据为整理内债中所有待偿内债的期限。1936年内债整理发行统一公债5种,用于调换旧发债券3种。其中包括12年6种,15年5种,18年9种,21年8种,24年5种。参见姜良芹《南京国民政府内债问题研究(1927—1937)——以内债政策及运作绩效为中心》,南京大学出版社2003年版,第161页。

表2-13的统计是姜良芹根据《中华民国史档案资料汇编(第15辑第1编)·财政经济(3)》中历次内债发行条例统计计算得出。该表仅包括财政部举借的债务,笔者在此基础上重新将10年中中央政府举借的经济建设内债的期限进行统计(见表2-14)。

表2-14　1927—1937年南京国民政府经济建设内债期限的结构

年份＼期限	<1年	1—5年	5—10年	10—15年	15—20年	20—25年	≥25年	不明
1927								1
1928			1				1	
1929				1				1
1930			1	2	1			1
1931			2					
1932		1						2
1933					1			1
1934			3	2				2
1935			2	2				3
1936				1				3
1937				1	1	1	2	2
合计	0	1	8	8	3	1	3	16

资料来源:参见附录中附表2。

从已知借款期限来看,经济建设内债借款期限集中在5—15年。单就借款期限分布而言,比较合理。短期借款并不占多数,5年以下的借款仅1笔。超过15年的长期借款有7笔,对于铁路建设、水利项目、电厂项目的开展而言比较有利。

五、经济建设内债的担保结构

在现代公债研究中,不少学者注意到债权人与债务人的关系对“担保”影响。Petersen和Rajan(1994)、Boot和Thakor(1994)提出“关系效应”假说,银行与借款人关系越长久,经反复博弈,信息不对称程度降低,贷款利率和对贷款的担保要求也可能越低。Greenbaum、Kanatas and Venezia(1989), Sharp(1990), Wislon(1993)却提出截然相反的论断,企业与银行开展业务的时间越久,支付的贷款利率越高。Wislon(1993)提出的“锁定效应”假说认为,对某一银行依赖度较高,企业会产生“转移成本”,将面临“锁定”风险。

笔者认为,1927—1937年南京国民政府和企业面临的情况并不相同,政府和银行的“锁定”关系往往表现为银行面临“锁定”风险,而不是债务方,其中最主要的原因就是政府是权力机构,可以采用强制手段和政策导向对银行施压。

表 2-15　1927—1937 年内债的担保情况　　单位:万元

担保种类	内债担保		经济建设内债担保	
	次数	数　额	次数	数　额
银行担保	10	8 288.2	10	8 288.2
中国建设银公司	1	940	1	940
江海关二五附税	2	5 400		
财政部统税	9	49 400	2	15 000
财政部税收	3	12 800	1	800
关　税	18	268 600+200 美金	5	51 500+200 美金
印花税处收入	3	3 000		
津海关二五附税	2	1 300	1	400
建设项目的固定资本及盈利收入	15	39 400+270 英金	15	39 400+270 英金
盐　税	3	8 400		
庚子赔款	4	24 400+150 英金	4	24 400+150 英金
财政部拨付款项	3	8 500	2	1 500
不　明	2	10 800	1	800
总　计	73		42	

资料来源:根据附表 2 统计。

从表 2-15 可见,关税对于国民政府财政收入至关重要,内外债大部分以关税为担保,在偿还外债后的余关成为政府急于得到的,这部分余关用于偿还内债和财政其他支出项。海关行政的完整性是确保关税收入的重中之重。然而,南京国民政府海关行政的完整性却一再被干扰,这对本来就脆弱的财政造成了重大的威胁和损失。例如:1930年阎锡山对津海关的控制,截留了除值百抽五以外的税款,1931年,孙科、李宗仁、汪精卫对华南各海关关税的攫取,1932年日本对满洲各海关的攫夺,包括大连关等。日本不但没有兑现照付偿还外债本息所需款项(不负担内债部分)的承诺,而且抢夺了各关约 2/3 的现款①。1929 年的银价暴跌却几乎全部抵消了关税自主带来的全部好处。

盐税是中国历史上财政收入的一大宗，北洋政府的遗留外债，由盐税担保偿还的较多，例如 1908 年的中法借款、1912 年的克利斯普借款，但是 1928 年上半年，盐税为支付本息提供的资金只占总额的零头。面对盐务的萧条，宋子文认识到了恢复盐务在支付本息中所起的重要地位，开始对盐务进行管理。盐的需求缺乏弹性，使得增加盐税成为一种增加税收的方法，20 世纪 30 年代，中国 3/4 的盐价是盐税带来的②，是同期美国的 2 倍。1917 年本来由关税担保的善后借款，在 1930 年后也由盐税担保。

表 2-16　1927—1937 年盐税收入　　单位：百万银元

年份	1927	1928	1929	1930	1931	1932	1933	1934	1935	1936	1937
税收	60	54	85	130	155	145	159	176	184	218	213

注：1932 年盐水收入包括满洲的 300 万元盐水收入。1932 年以前的满洲盐税约为每年 2 500 万元。

资料来源：杨格《中国财政经济情况——一九二七至一九三七年》，中国社会科学出版社 1981 年版，第 60 页。

①② 杨格：《中国财政经济情况　一九二七至一九三七年》，中国社会科学出版社 1981 年版，第 58 页。

第三章
南京国民政府经济建设公债投向的分析

经济建设公债的投向犹如晴雨表，直接反映政府偏好和社会需求，并决定了经济建设公债的效益。按照经济建设公债投向行业性质的不同，经济建设公债可以划分为基础设施建设公债、实业建设公债和金融发展公债。其中基础设施建设公债、实业建设公债属于生产性经济建设公债，而金融发展公债是非生产性经济建设公债，更多的体现国家财政政策，服务于国家财政，属于政策性公债。

第一节　南京国民政府经济建设公债投向的选择

一、三大行业投入的规模

经济建设公债主要投向基础设施、实业以及金融三大行业。总的来看，基础设施建设公债共举借 105 次，占经济建设公债举借总次数的 86%。借款金额共计 98 119.46 万元，占经济建设公债借款总金额的 50%。举借实业公债共举借 6 次，占经济建设公债举借总次数的 5%，借款金额共计 2 289.99 万元，占经济建设公债借款总金额的 1%。金融事业公债共举借 9 次，占经济建设公债举借总次数的 7%，借款金额共计 84 500 万元，占经济建设公债借款总金额的 44%。

从图 3-1 可见，就借款次数而言，基础设施建设借款次数占经济建设公债借款次数的比重具有压倒性优势，占到近 90%。用于实业和金融发展的公债在举借次数上基本持平。再从借款金额来看，基础设施建设占经济建设公债借款金额的一半，金融事业公债所占比例也相当可观，高达 44%，而实业公债占经济建设公债借款金额比重仅 1%，为美棉、美麦两笔借款金额占经济建设公债借款金额比重 5%的 1/5。可见，南京国民政府经济建设的重心放在了基础设施建设和金融事业上，对实业的投入、支持力度较小。

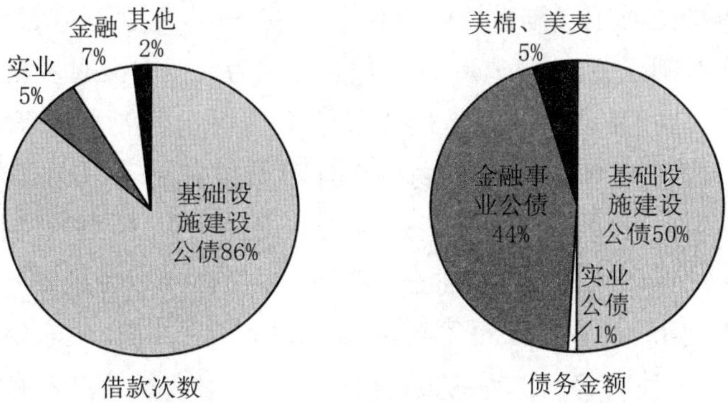

图 3-1　1927—1937 年南京国民政府经济建设公债投入行业

二、投入行业选择的原因

南京国民政府之所以选择基础设施建设公债、实业公债和金融建设公债作为经济建设公债的主要投入领域是有一定原因的。

首先，比较三大行业的公债投入力度可见，对基础设施建设的投入力度最大。主要原因在于南京国民政府成立之初，各种基础设施建设急需开展，而基础设施建设投资大，建设周期长，同时产权难以界定，正外部性相当大。因此，私人对基础设施的投资不足，政府投资尤为重要。可是新成立的南京国民政府财政收入有限，只能借债搞建设。反映在三大公债投入行业的规模上表现为基础设施投入金额占总投入金额的一半。

其次，基础设施建设公债以投向交通建设为主。原因有以下三点：

第一，按照是否营利的标准将基础设施建设公债（包括投向建设铁路、航空航运以及水利工程）划分为俱乐部型基础设施建设公债和公共物品型基础设施建设公债。其中俱乐部型基础设施建设公债主要包括投向铁路建设、航空航运建设的交通建设公债。原因在于，铁路、航空、航运具有排他性，因而属于“市场性准公共物品（俱乐部型公共物品）”，即消费者需要花钱才能够使用。俱乐部型基础设施建设公债投入后，在项目建成投入使用后，会有一定的经营收入，这部分收入一般用来偿还债务利息（具体情况将在第二节详细阐述）。因此，和公共物品型基础设施建设公债相比，俱乐部型基础设施建设公债的投入具有更大的产出。

第二，交通是国家经济的命脉，“谋国家之建设者，必先致力于交通”，再加上交通建设又是孙中山实业计划的首要项目，以及战争的需要，因此，南京国民政府将交通建设作为训政时期的主要任务，放在基础设施建设的首位。表现在基础设施建设公债的投向上，必然为以投向交通领域为主。

第三，公共物品型基础设施建设公债主要用于发展水利事业。这一部分公债正外部性极大，特定范围内的全体社会成员都可以无偿享受。水利事业对于农业的发展、航运事业的进步均有促进作用，但是这类投入正是由于产权界定的模糊，具有较强的正外部性，受益者并不承担成本，政府投入资金发展水利事业，一方面得不到收益激励，另一方面，政府财力有限，因此，经济建设公债对水利工程的投入力度远不及对交通的投入力度。

再次，实业建设公债包括对重工业的投入、轻工业的投资以及对电气电政事业的投入。此类实业建设需要庞大的资金为后盾，但是一方面受战争的影响，另一方面，多数产业均处在起步阶段，发展底子较为薄弱，实业的发展无法单独依靠自身力量完成，而此类实业建设多涉及国家重要职能产业，是国家经济发展不可或缺的部分，因此，要求国家给予财政支持。

最后，作为区别于基础设施建设公债和实业公债的金融事业公债服务于南京国民政府的财政。按照基础设施建设、实业建设和金融建设性质的不同将经济基础公债划分为生产性经济建设公债和非生产性经济建设公债。其中基础设施建设、实业建设属于生产性公债，也可以理解为建设性公债。此类公债投入建设项目后，实现实物产出，取得收益。非生产性经济建设公债主要是用于金融事业的公债，此类公债更多地体现了南京国民政府的金融政策，实质上是政策性的经济建设公债。投入金融事业的公债以实现南京国民政府经济政策、财政政策为目的。通过垄断金融体系实现国家对经济的控制。

三、投入行业选择的意义

南京国民政府如此选择经济建设公债投入的行业具有一定的意义。

首先，基础设施是一个国家经济社会发展的必备基础和前提条件，基础设施的完善程度决定了经济社会发展的深度和远度。基础设施的完善能够降低经济活动成本，既能降低生产成本，提高劳动生产率，又能减少交易成本，提高市场效率。清政府、北洋政府对基础设施建设的认识尚不清楚，中国的基础设施建设长期处于匮乏状态。南京国民政府正是在这种基础设施积贫积弱的状态上建立起来的，基础设施建设的严重滞后始终是制约经济社会发展的瓶颈，因此加强基础设施建设显得较为紧迫。在经济建设初期，南京国民政府对基础设施的投入有利于直接生产投资，更有利于整个社会经济的长远发展，实现长期经济发展的成本效益。以投入最大的交通建设公债为例，发展交通事业意义重大：在政治上，巩固国家统一；国防上，便利军事的运输；文化上，辅助教育知识的发展，经济上，可以便利货运、调剂物价、扩大商品市场①。

其次，南京国民政府对实业的投入对于重工业基础的奠定意义深远。相对于轻工业来说，中国重工业的基础相当薄弱，工业结构极不平衡，几乎没有工业体系。“要复兴国家，完成革命，最切实最急需的工作莫如生产建设、发展国民经济。”②南京国民政府公债对实业的投入尽管金额不大，但是体现了中央政府层面对实业发展的重视，足见南京国民政府以重工业为中心的国防经济建设。如此选择有一定的道理。重工业决定着工业的发展水平，同时又是国防建设的基础，“国家如无重工业，则不可以言国防”。遗憾的是，重工业始终是近代中国经济最薄弱之处。加强重工业建设，发展国防经济建设，在战时更是显示出军事战略意义。

最后，对金融领域的公债投入，通过对银行的增资改组，形成“四行二局”金融垄断格局，对国家统制经济的形成以及完成统一货币具有重大意义，为战时统一调动资金、资源提供了可能，从经济上增强经济实力，为抗战奠定了物质经济基础。

第二节　基础设施建设公债——以交通建设为主

经济建设是整个国家建设的物质基础，其重要性自不待言③。亚当·斯密在《国富论》中也论述了交通对一个城市或地区经济发展的促进作用，“一切改良中，以交通改良为最有实效”。马克思在《资本论》中也阐述了铁路和航运对工业发展的重要作用。

---

① 《粤汉铁路对国内外贸易的使命》，载《粤汉铁路株韶段通车纪念刊》，第177、183页。

② 吴曼君：《总裁思想（第六册）·经济》。

③ 周开庆：《近代中国经济汇编之一——经济问题资料汇编》，（台湾）华文书局1952年版，序言。

一、铁路建设公债——交通建设公债的第一大宗

“交通为实业之母,铁道又为交通之母”①。1927 年以来,经济建设公债的投向呈现“一边倒”,铁路建设公债不论在借款次数还是借款总量上均远远超过其他经济建设公债。如图 3-2 所示。

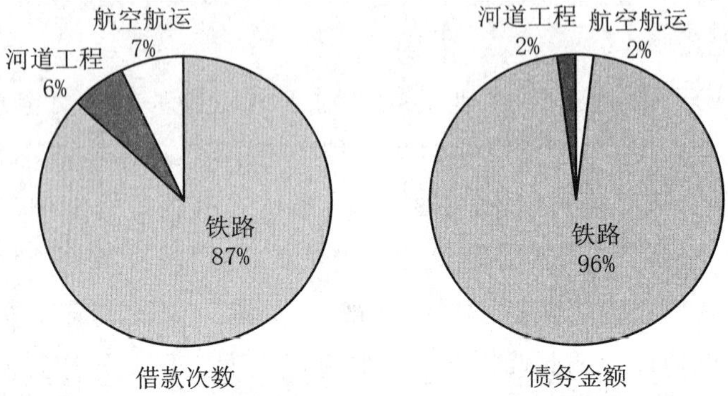

图 3-2　1927—1937 年南京国民政府基础设施建设公债的投向

1931 年“九一八”事变以前,铁路建设属初期筹备阶段,虽通车里程略微,但筹备修筑较多。东北地区的铁路建设成效显著,但是“九一八”事变的爆发,东北铁路被侵占是铁路建设的重大损失。1931 年以后,关内铁路建设步伐加快。学界对铁路建设公债的研究已经比较充分,此处就不再赘述每笔借款的使用情况,主要从研究相对较少的债务的落实、借款的形式以及款项的使用方式三方面具体分析。

(一) 外债落实更有保障

不论是北洋政府时期还是南京国民政府时期,借款的实际用途与协议规定的用途之间都不同程度地存在差别。相比而言,铁路建设外债的落实比内债更有保障。

1. 外债管理机构的保障

外债管理专职机构的设立是保证专款专用的前提之一。以中英庚款退款借款为例,英方为保证庚款退款专款专用,要求设立“管理中英庚款董事会”②

① 广东省社会科学院历史研究室:《孙中山全集》(第 2 卷),中华书局 1981 年版,第 383 页。

② “管理中英庚款董事会”设董事长 1 人,由中方政府选派董事 10 人,英方选派董事 5 人组成董事会。有关决议的形成经中国政府指定董事会开会商讨,董事需过半数出席且出席董事过半数赞成,所形成的决议方为有效。

和“中英庚款购料委员会”[①]管理庚款退款。两机构直属于国民政府行政院，严格根据“组织章程”运行。“特设的‘退款’机构，是干预中国内政、损害中国主权尊严的产物；而在当年的国情、政情下，这些机构对防止、抵制执政者滥权取用‘退款’，又起了一定作用。”[②]

2. 外债合同的保障

复杂的外债借款合同客观上保证了款项的落实及工程的顺利进行。表3-1记录了株韶段铁路利用中英庚款的具体情况。从株韶段铁路借用中英庚款的拨付方式以及还本付息办法的详细程度，可见英方确保筑路庚款的专款专用对于株韶段按时完工的作用极大。

英方在维护自身利益的同时，客观上为株韶段铁路的按时完成提供了资金保证。中国铁道界人士对此评论道：“完成粤汉路，为我国重要的建设计划，几年来株韶段工程费用及材料，因由英庚款项下拨用，故工程毫无阻碍，并预计四年内，可以完成。”[③]试想假如英方没有与中方签订专款专用的契约，也不曾对款项落实进行监督，而由南京国民政府独立支配庚款，那么“人民之于当局，地方之于中央，又是否能确信其必无移作他用之危险，未可必也”[④]。

3. 外债担保的保障

铁路外债常以事先发行的某项铁路公债做担保。以浙赣铁路玉(山)萍(乡)段的修筑为例，南京国民政府以1934年5月由财政部、铁道部共同发行的第一期铁路建设公债以及6月由铁道部发行的玉萍铁路公债[⑤]为担保，向德国托华尔公司借款，修筑杭江至玉山段铁路[⑥]。关于外债担保契约也较为详尽。以铁道部与管理中英庚款董事会为完成粤汉铁路株洲至韶州段工程借用中英庚款为例，除签订为完成该段铁路的两笔总契约外[⑦]，另订立《完成

① “中英庚款购料委员会”由中方2人(中国驻英外交代表和有关部的代表)和英方4人组成，由国民政府咨询董事会同意后派充。

② 宓汝成：《庚款“退款”及其管理和利用》，载《近代史研究》1999年第6期。

③ 《粤汉路完成有望》，载《湘鄂铁路旬刊》1933年10月刊，第25页。

④ 关庚麟：《痛定思痛之粤汉路》，载《粤汉铁路株韶段通车纪念刊》，第23页。

⑤ 两笔借款各1 200万元，用于修筑玉山—萍乡段铁路。

⑥ 1937年杭江—玉山—萍乡线贯通，改称浙赣线。成为一条与长江走向一致的、连通沪宁杭地区与腹地的交通要道。

⑦ 铁道部借用中英庚款英金470万英镑，并于1932年7月18日订立借用中英庚款完成粤汉铁路总契约，后又以工料各款不敷应用续借庚款国币1 200万，于1936年12月10日签订完成粤汉铁路追加借款契约。

表 3-1　株韶段铁路借用中英庚款契约要览

单位:英镑

<table>
<tr><th>摘　　要</th><th>金　额</th><th>拨款办法</th><th colspan="3">还本付息办法</th></tr>
<tr><td>1932 年以前伦敦存积庚款</td><td>920 000</td><td rowspan="2">应先期拨 150 000 英镑为购买践车之用,由铁道部开具料单图说,函董事会转伦敦购委会照购,以后同样手续商请媾办</td><td rowspan="2"></td><td rowspan="4">1937 年前仅付利息,1937 年起还本,分三十年六十期还清,每半年为一期</td><td rowspan="4">各类借款之期限定为三十四年。在 1937 年以前所有利息应由本款借项下或株韶建筑费下或本契约</td></tr>
<tr><td>1933 年 3 月份至 1936 年 12 月份伦敦到期庚款</td><td>740 000</td></tr>
<tr><td>1933 年 3 月份至 1936 年 12 月份中国到期庚款</td><td>740 000</td><td rowspan="2">应按建筑程序由铁道部与董事会照庚款到期取入情形每半年拨付一次</td><td rowspan="2">头三年之利息由借款先扣,自 1936 年起拨付公债基金应扣之息,应由铁道部及粤汉铁路广韶段暨韶州至湘粤交界一段负责缴付</td></tr>
<tr><td>1937 年首都轮渡胶济铁路浦铁路及粤汉铁路广韶段与韶乐段借款依据契约分期归还之本金</td><td>500 000</td></tr>
<tr><td>1937 年 1 月至 1946 年到期庚款</td><td>1 600 000</td><td>因交付时间在建筑时期以后,已商准指定为基金发行公债,董事会应就庚款到期情形依照公债分期还本付息表之规定,保留相当现款,于到期前拨付公债基金保委会</td><td colspan="2">1946 年以前仅付利息,自 1947 年起开始还本,分二十年四十期还清,每半年为一期</td><td rowspan="2">担保品收入项下拨支。在 1937 年以后所有应还本息应由担保品收入项下拨支</td></tr>
<tr><td>本契约签订以前所有铁道部向董事会已借之款:1932 年 10 月 20 日为株韶段借£30 000;1932 年 10 月 20 日为广韶段借£30 000;1932 年 8 月 31 日为韶乐段借£700 000;1932 年 8 月 31 日为株韶段测量借£176 000;1932 年 6 月 29 日为广韶段借£100 000</td><td>200 000</td><td>前经借拨</td><td colspan="2">依各该草约契约之规定,作为本契约之一部分,嗣后还本付息悉照本契约办理</td></tr>
<tr><td>备注</td><td></td><td></td><td colspan="2"></td><td></td></tr>
<tr><td colspan="3">本借款担保品
1. 广韶段营业收入之第二次担保
2. 粤汉铁路韶州至湘粤交界一段营业收入之第一次担保
3. 首都轮渡营业次之第二收入担保
4. 国有各路客货运加价之第一次担保
5. 平汉铁路营业收入之第二次担保</td><td colspan="3">自本契约签订之日起一年以内,铁道部应实行将客运加价收入之半数按期提存于董事会指定之银行;自 1937 年起并应将收入全数按月储存,以本借款借购置之路产,均为本借款担保品之一部分,在借款未清偿以前,不得处分或供别用或充其他担保;在本款未清偿以前,准由董事会遴选专家一员派任粤汉铁路总稽核,本借款不敷完成粤汉铁路之用时,铁道部应负责另筹资金务于四年内完成。本契约 1933 年 7 月 18 日签订</td></tr>
</table>

资料来源:《粤汉铁路株韶段通车纪念刊》,第 48 页、第 49 页。

粤汉铁路借款担保品补充契约》,其中不但规定了担保品,还详尽了该担保品的作保情况①。

4. 拨付形式的保障

外债始终以提供材料的形式拨付,中方很难得到现金借款。直到1936年12月由铁道部拟与法国银团签订成渝铁路借款②,试图开辟现金借款的途径。在举借1 450万元的料款之外搭借现款1 300万元。《上海大陆报》对此给予积极评价:"彼承募商股之中国建设银公司,成立仅两年,历史可云甚短,但对于国内种种建设,颇多策划,而尤以此次之事,比较更大。国人对铁路建设的投资,将由此而蒸蒸日上。"③

(二)多样化的借款形式

自南京国民政府成立以来,整理旧债,积极争取新债。铁路借款越来越多的表现为多方势力在相互讨价还价后达成的妥协与均衡,借款方式也逐渐多样化。

1. 中央政府两部门会同举债

两部门共同出面举债一定程度上增强了债信,但更多的是对借款人的一种心理暗示,即政府重视该笔借款,有助于按期还本付息以及款项的落实。外债方面,南京国民政府为完成粤汉铁路由财政部会同铁道部发行民国二十三年六厘英金庚款公债,共150万英镑。公债应付本息保管基金由财政部、铁道部管理中英庚款董事会各派代表2人,审计部派1人、承受银行派4人共9人组成基金保管委员会负责保管。内债方面,1937年,京赣铁路建设公债1 400万元是财政部联合铁道部会同发行。

2. 集中央政府、地方政府、国外银行、国内银行之力借款修路

铁路建设所需资金庞大,往往由中央政府联合地方政府及银行共同筹

---

① 01700020508A,国史馆档案,公债票,内外债案(2),中华民国二十二年一月一日。

《完成粤汉铁路借款担保品补充契约》主要内容:1.粤汉铁路广韶段营业收入,此为第二次作保,第一次作保是为担保赎路公债;2.粤汉铁路由韶州段至湘粤两省交界处一段营业收入,此为第一次担保;3.首都轮渡营业收入,此为第二次担保,第一次担保本身借用中英庚款;4.铁道部直辖国有各路客运加价,此为第一次担保;5.平汉铁路营业收入,此为第二次担保,第一次担保用于铁路借款担保……铁道部应自1937年起由粤汉铁路广韶段及韶州至湘粤两省交界处一段的营业收入项下每年提出270万元,由首都轮渡的营业收入项下每年提出50万元,由国有各路客货运加价收入项下每年提出300万元,共每年提出620万元按月平均拨交董事会作为还本付息专款……

② 此项借款,名义上是借给川黔铁路公司,实际由铁道部担保铁路公司供给建筑费,并为顾及民国三年签订的钦渝铁路借款合同,以贵阳至昆明的借款筑路优先权许予中国建设银公司和法国银团。

③ 姚崧龄:《张公权先生年谱初稿》,(台湾)传记文学出版社1982年版,第166页。

资分段修筑。以浙赣铁路[①]为例。浙赣线东段(杭州至江山段)由浙江省政府主席张静江于1927年提出兴建并出部分资金,其余资金由铁道部于1930—1933年向上海、杭州中国银团举借的580万元内债补齐。

浙赣铁路杭江段通车后,国民政府及江西省政府决定将该铁路延长到江西萍乡。1934年4月铁道部、浙江省政府、江西省政府和上海中国银团四方组成"浙赣铁路联合公司",修建浙赣铁路的延长线,浙江玉山至江西萍乡[②],1936年1月15日正式通车,全长292公里[③]。该段铁路分玉山—南昌段和南昌—萍乡段两段修筑,连接粤汉铁路的株萍线。5月成立"浙赣铁路联合公司"理事会,同时,将杭江铁路局改组为浙赣铁路局。玉南段所需经费2 400万元,一半来自铁道部于1934年5月发行的第一期铁路建设公债,一半来自财政部会同铁道部发行的玉萍铁路公债[④]。发行后由中国银团保管[⑤],再由铁道部和江西省政府向中国银团借得工款、料款各800万元[⑥]。此外,另有中国银团与德国奥托华尔夫公司达成的800万元材料垫款[⑦]。

修建南昌—萍乡段于1937年9月通车,长259.8公里。资金来自铁道部于1936年向中国银团抵借的工款1 000万元,以1936年铁道部发行的第二期建设公债2 700元作抵。同玉山—南昌类似,向银团先借现金1 000万元,又由银团向德国奥托·沃尔夫公司借款1 000万元购买材料[⑧]。以第二期铁路建设公债、该段的全部资产以及建成后的营业权为担保。

此外,沪杭甬铁路的修建以及钱塘江大桥的修建也都是由铁道部联合中英银公司、中国建设银公司筹款的。中国建设银公司[⑨]试图以商办公司的

---

① 1932年3月杭江铁路建成通车,共计334.5公里,后延长至江西玉山。

② 金士宣、徐文述:《中国铁路发展史(1876—1949)》,中国铁道出版社1986年版,第453页。

③ 尹承国:《修筑浙赣铁路始末》,载《江西社会科学》1983年4月,第134—140页。

④ 玉萍铁路公债以江西省附加盐税作抵。

⑤ 中国银团以中国银行为首,包括兴业、地方、农工银行等银行。

⑥ 后续另借200万元,实际使用1 716万元。《民国外债档案史料》(第10卷),档案出版社1991年版,第259页。

⑦ 银行团借款和德国公司提供的料款以第一期铁路建设公债以及完成后该段的全部资产、营业权为担保。两种借垫款项还本付息均由中国银行就所保管的公债本息项下分别拨付。

秦孝仪:《十年来之中国经济建设》,第27—28页,第91页。姚崧龄:《张公权先生年谱初稿》,(台北)传记文学出版社1982年版,第138页。

⑧ 《中华民国史档案资料汇编(第五辑第一编)·财政经济(九)》,江苏古籍出版社1994年版,第113页。

⑨ 由宋子文于1934年在上海创办中国建设银公司,该公司是中国首家专门经营投资信托业务的金融公司,注册资本1 000万元。公司专注于"如何能在国人接受之条件下,鼓励外资之输入以及如何获得外国技术管理的帮助"。参见郑会欣:《战前中国建设银公司的投资经营活动》,载《中国经济史研究》2004年1月,第35页。

身份参与进来，改变以往由政府举债、政府修路的格局，创新发展铁路事业途径。以修筑川黔铁路为例。中国建设银公司提议成立川黔铁路公司，由铁道部、铁路所经过地区的四川省政府以及建设银公司共同出资，此外包括少许其他商股，由铁道部担保本息。川黔铁路的修筑集合了铁道部、四川省政府、法国银团、中国建设银公司以及部分中国银行之力。川黔铁路公司出面举债，由中国建设银公司代为经营，同时受制于铁道部，料款由法国银团提供，几方相互牵连，形成一个利益交错的整体。这种多方参与的举债模式更具开放性。由铁道部担保，能增加借款的可信度与安全性，在更大范围内吸引外资投资铁路建设。由川黔铁路公司借款，修建铁路，比起政府直接借款修路更能确保铁路相对不受外国所控，同时调动了地方积极性，有助于中央政府对地方政府的控制。

3. 直接与工厂签订购料借款

直接与工厂签订购料借款是维护铁路主权的较为稳妥的方法。就外债而言，债权国除利息外，更看重权利的取得。清末和北洋政府时期债权国与中方签订的铁路借款合同均要求委托债权人代为经营，获得铁路的管理权。

表 3-2　1936 年、1937 年南京国民政府部分购料借款修路

开筑年代	铁路名称	债权国	里程（公里）	借款方式	侵占权利种类
1936	宝成铁路	比	719.22	签订铁路材料借款	管理权
1936	湘黔铁路	德	1 002.00	签订铁路材料借款	管理权
1936	成渝铁路	法	—	签订铁路材料借款	管理权
1936	京赣铁路	英	479.48	签订铁路材料借款	管理权
1937	广梅铁路	英	471.43	签订铁路材料借款	管理稽核权
1937	浦襄铁路	英	450.52	签订铁路材料借款	管理稽核权

资料来源：交通史路政编：《中国铁路借款合同全集》第五至十四册、十七册、十八册；张嘉璈：《中国铁道建设》。

南京国民政府时期，中央政府开始致力于收回铁路管理权，对早年已筑成的沪宁和沪杭甬等路取消总管理处。债权国转而开始紧盯购料权，高于市价供料。例如，1927 年为修京奉路向 Whitehall Company 订购 6 部机车，其价格高于市价 1/3①。

① 刘景山：《刘景山先生访问纪录》，中央研究院近代史研究所，1987 年，第 74—76 页。

以浙赣铁路杭玉段换铺重轨①为例，拟将杭玉段轻轨换重轨，与已完成的玉山南昌段及即将完成的南昌萍乡段铁路通行。经与捷克磋商终与捷克维克维斯钢铁厂签订232万关金②的借料合同。该项借款无需银行担保，也无担保品，仅由铁道部承认担保，足见铁道部的信用已渐增高，直接从工厂赊料已为常事。

4. 庚款退款以及铁路协款的充分利用

抗战前十年交通建设的主要经费来源之一是中英庚款退款③。在1929年1月25日召开的国务会议上，铁道部长孙科在《庚关两款筑路计划提案》中指出若要速成如此浩大的工程，非动用庚款退款不可④。1930年5月9日，行政院致财政、教育两部按照孙科提出的《拨用庚款发展建设事业案》拟将英、俄、意庚款的2/3拨归铁道部，用以完成粤汉、陇海等路的修筑⑤。英国退还庚款案于1930年9月经双方换文而确定，拟将退还庚款(理论上约7 457 698镑)的2/3用于铁路建设、航运事业、电信事业等。津浦、胶济、陇海、北宁、平汉、京沪、沪杭甬、京赣、浙赣、粤汉、湘桂、叙昆、滇缅各路及首都轮渡的兴建或整理都受到庚款支持⑥。

为保证铁路修筑的顺利进行，利用铁路协款辅助庚款的使用，如南京国民政府曾利用北宁、广韶等铁路协款辅助英庚款建设粤汉铁路。该方法不但协调了款项到账与使用时间错位的矛盾，同时弥补了资金不足的困难。1929年，英庚款未能短期内拨付到账，韶乐一段工程告急，铁道部紧急筹拨比庚款以及北宁广韶等路协款助其完成。因此，粤汉全线得以贯通，"虽以英庚款为大宗，而未尝不兼恃他路协款以为之辅助，然则谓粤汉路筑成之结果，为兼取协款与庚款之两政策可也"⑦。

---

① 浙赣路杭州至玉山段，所用轨道为35镑轻轨，只能行驶15吨车辆。凡各路一般能够通过的35吨及40吨的车辆均不能行使。已完成的玉山南昌段及即将完成的南昌萍乡段均采用京沪、沪杭甬、粤汉各路所用的63镑重轨。若不将杭玉段轻轨换重轨，则各路车辆无法交相利用，对于平时商运乃至战时军运均不利。

② 合约美金140万元，周息6厘，自1937年3月起分15期偿付，至1944年6月偿清。除外债借款外，另有由铁道部向杭州中国银行借180万元，中国农民银行、浙江地方银行各借50万元资助。

③ 1928年底，英国向南京国民政府表示，到期和未到期的英国庚款，英国不再接收，交由中国作为资金，设立中英庚款董事会管理。基金用于整理及建筑中国铁路以及其他生产事业。

④ 南京国民政府铁道部：《铁道公报·铁道部成立一周年纪念特刊》，1929年11月，第43—45页。

⑤ 《庚款三分二，院令铁道部支配》，载《民国日报》1930年5月11日。

⑥ 朱家骅：《管理中英庚款董事会工作报告》，原文发表于1941年11月，载《革命文献》第53辑，(台北)中央文物供应社1971年版，第327页。

⑦ 关赓麟：《痛定思痛之粤汉路》，载《粤汉铁路株韶段通车纪念刊·论文部分》，第23页。

(三) 灵活的使用方式

1. 借款在新路和旧路间的调配

整理铁路艰巨，耗资大，回报慢，因此，修筑新路常伴有整理旧路的工作，以修建新路为名的公债往往同时用于整理旧路。人们"对于运输迟滞及行车事变等时常颇有烦言"①。为此，"在本路中段未完工以前，铁道部即觉两段有整理之必要，迭筹巨款，分期办理"②；"清理过去一切的积弊，使凡足以破坏路誉、影响路收的障碍，一概除去。"③

粤汉铁路修筑工程庞大，施工时间长。湘鄂段和广韶段采用的材料及施工标准与株韶段相差甚远。其中湘鄂段整理需 500 万元，为此，湘鄂局向铁道部申请从株韶段建设费中拨付④。借款款项的移用不是个别现象。交通部在修建叙昆铁路、滇缅铁路过程中也存在移用他路款项的情况。1937 年 7 月 11 日交通部借用中英庚款 55 万元修筑湘桂路衡桂段和桂柳段，实际使用 5 万元建成衡桂段，尚未建成的桂柳段也获得其他资金。经与中英庚款董事会商定，将尚未使用的 50 万元移作叙昆铁路和滇缅铁路用于在英购买钢轨等材料。

2. 外债与内债的联合使用

1936 年 2 月，南京国民政府铁道部为筹筑成都至重庆段铁路，委托中国建设银公司与四川省政府组织成立川黔铁路特许股份有限公司负责筹建及经营⑤。法国因有意扩展在云南的经济势力到四川，因此积极参与修建成渝铁路。为此，由法国银团与中国建设银公司签订供给材料借款 2 322 万元，现金借款 985 万元的合同⑥。

修筑湘黔铁路的资金同样来源内外债。1936 年 4 月 29 日，以整理平汉

---

① 《整理计划的实施现况》，载《湘鄂铁路旬刊》第 3 期，1932 年 9 月 26 日，第 3 页。

② 《粤汉月刊》，第 1 卷，第 1、2 期合订本，第 6 页。

③ 《整理计划的实施现况》，载《湘鄂铁路旬刊》第 4 期，1932 年 9 月 26 日，第 3 页。

④ 屠慰曾对此种调拨的可行性和效益进行分析：一般而言，材料运费占建筑费的 1/10 至 5/10，株韶段若以接通干线为急务，开工后以修建铁路为主，站点设备的完善、无重要关系的桥梁涵洞等暂缓办理，至全线通车以后再行办理，那么材料运费至少约可省数百万元。如将这笔节约所得款项拨归湘鄂段，作为四年整理各项用度，那么整理事务不但能够完成，而且能够弥补期间每年 20 余万元的亏损。《本路四年改进计划》，载《湘鄂铁路旬刊》，第 19 期，第 2 页。

⑤ 股本总额 2 000 万元，商股占 55%，官股占 45%，部、省各认官股 22.5%。姚崧龄：《张公权先生年谱初稿》，(台北)传记文学出版社 1982 年版，第 151 页。

⑥ 由铁道部签订担保合同。所有料款及外资均发期票分期偿还，铁道部以第三期铁路建设公债 1 000 万元附带息票交由银公司保管，以所收本息未偿欠之用。另组织基金保管委员会相助。

路的名义向西门子洋行商订材料借款 3 900 万元[①],以及铁道部以津浦债票连同第三期建设公债作抵押向中央、中国、交通三银行借款 2 200 万元[②],此两笔借款共同用于修筑湘黔铁路。

再如京赣铁路的修筑[③]。1936 年 12 月,铁道部与中英庚款董事会、怡和洋行、汇丰银行及中国银行团[④]共同签订总合同,另由铁道部与怡和、汇丰及中国银团各签订分合同。其中向中英庚款董事会借用料款 45 万镑,向怡和洋行及汇丰银行借用料款 45 万镑,向中国银团借 1 400 万元[⑤]。为使中国银团便于运转,由铁道部发行京赣铁路公债 1 400 万元,年息 6 厘,10 年为期。张公权对此评价道:“此项借款合同的签订是另一方式,可谓无法中之一法。幸有中英庚款会之提倡,怡和与中国银团之协助,否则借款合同几乎无法成立。”[⑥]可见,内外债联合使用更有利于铁路建设的顺利进行。

二、航运航空建设公债——提供有限的资金支持

(一) 基础薄弱的航运

尽管中国航运历史久远,但规模不大、基础薄弱,水上交通以帆船为主,帆船组织仅有官家漕船,船只管理机关和水上交通法令也多疏而不备[⑦]。仅有的基础只有海军部管辖的江南船坞、马尾船坞及招商局。其余民营航运更是受限于资金,几乎没有发展。只有小吨位轮船往来于内河与沿海,与外国轮船公司的跨海越洋贸易无法较量[⑧]。

---

① 款项除一部分用于整理平汉路,大部分用以建设湘黔铁路。

② 1936 年 10 月将此合同修改为湘黔铁路材料借款 3 000 万元。

③ 蒋介石表示一旦战争爆发,京沪路不通,需要有一条自南京退向后方的运输路线。最近路线为利用江南铁路自宣城为起点,向南行经宁国、绩溪、徽州,再东折经威坪、淳安,而达龙游、衢县,与浙赣路衔接,名为“京衢铁路”。此路离海边太近,沿线并没有出产物,缺乏经济价值,因改自徽州经向南行,经休宁、祁门,而入赣境,经浮梁、乐平而达贵溪,成为“京赣铁路”。

④ 包括金城、盐业、中南、大陆、四行储蓄会、浙江兴业、交通、中国农民等银行。

⑤ 铁道部向中英庚款会所借完成粤汉铁路借款还款办法重新规定,每年应由粤汉铁路广韶段及韶关至湘粤两省交界处一段之营业收入项下,提出国币 270 万元,首都轮渡营业收入项下提出国币 50 万元,国有各路客货运加价收入项下提出国币 300 万元,共 620 万元为担保,如收入不敷时,由部方负责于三个月内补足。京赣铁路于 1927 年通车营业,自 1928 年起于其营业收入项下每年优先提出国币 200 万元。

⑥ 姚崧龄:《张公权先生年谱初稿》,(台北)传记文学出版社 1982 年版,第 162—164 页。

⑦ 白寿彝:《中国交通史》,河南人民出版社 1937 年版,第 165 页。

⑧ 至 1925 年 6 月止,外国人在中国经营的航业包括中国航业公司(英国人经营)、印度中国航业公司(英国人经营)、大英轮船公司(英国人经营)、日本邮船会社(日本人经营)、大阪商船会社(日本人经营)、日清气船会社(日本人经营)、大来洋行中国邮船公司(美国人经营)、亨宝公司(德国人经营)、北德意志公司(德国中国邮船公司)、法国邮船公司(法国中国邮船公司)等。

用于航运的公债也非常有限。为较为完整地分析航运建设，本书将水利建设中航道建设工程划入航运建设，将航道建设公债归入航运建设公债。此类公债包括2笔内债和1笔外债，统计航运建设公债共7笔，如表3-3所示。

表3-3　1927—1937年用于航运事业公债的情况

	时　间	借款项目	债务人	债权人	借款金额	用　　途
航运工程	1931年12月	首都轮渡工程及材料借款	铁道部	中英庚款董事会	英金20万	
	1933年2月	增借首都轮渡料款	铁道部	同上	英金1.6万	
	1933年5月	招商局改进航业借款	交通部	同上	英金36万	
	1933年8月	招商局购置海轮借款	交通部	同上	英金16.9万	
航道建设	1937年4月	广东港河工程借款	铁道部	荷兰治港公司	美金200万	广东省黄埔开港
	1937年4月	民国二十六年辟浚广东省港河工程公债	财政部		美金200万	为广东黄埔辟港及疏浚珠江浚河工程
	1929年4月	疏浚河北省海河工程短期公债	财政部		400万元	海河工程费用，买土地费

资料来源：参见附录中附表1、附表2。

（二）对民用航空的鼓励

民用航空是一项最新的空中交通，投资大，利用率相对铁路交通来说较低，因此南京政府并没有对航空事业的发展投入太多精力和资金。受经费的限制，没有华商独资经营航空公司。三家航空公司中西南航空公司完全依靠政府当局力量筹办，其他两家均与外国合资筹建，即与美国合办中国航空

表3-4　1927—1937年用于航空事业公债的情况

时　间	借款项目	债务人	债权人	借款金额	用　途	备　　注
1931.5	交通部汉莎航空公司垫款	交通部	德国汉莎航空公司	德金（马克）78.2万	筹设欧亚航空公司	每年付息一次，本金订5年内分期或一次偿清。1936年3月偿还20万马克，余款自1937年起3年内分6期偿还，改为年息5厘

资料来源：参见附录中附表1、附表2。

公司和与德国合作欧亚航空公司,但中方持有过半股权。10 年间用于航空发展的公债仅 1 笔,共得 78.2 万马克,用于欧亚航空公司的筹备。这 1 笔债务更多的是表现了国民政府的一种对发展新兴交通的鼓励态度。

三、水利建设公债——以导淮为主

南京国民政府成立之初,水利管理分散,内政部分管防治水灾,建设委员会分管水利建设,实业部分管农田水利,交通部分管河道疏浚①。1929 年成立导淮委员会时(隶属于国民政府)全国水利事业管理也未统一②。直到 1934 年南京国民政府颁布《统一水利行政及事业办法纲要》,由全国经济委员统管水利事务③,水利方才统一④。南京国民政府将水利建设分三类:一是防洪工程,如导淮入海工程、筑钱塘江水坝、修堤堵口工程等;二是灌溉工程,如运河、淮河、绥远民生渠、宁夏云亭渠、甘肃洮惠渠、陕西泾惠渠等灌溉系统的兴建⑤;三是航运工程,包括兴建船闸、疏浚航道、开新引河、筑港工程等⑥。

航运工程公债共 3 笔,其中内债 2 笔,即疏浚河北省海河工程短期公债和辟浚广东省港河工程,外债 1 笔,广东港河工程。尽管水利建设包括航运工程,但是为完整分析航运建设,本书将水利建设下的航运工程纳入航运建设,关于航运建设的公债在前面已经论述,此处不再赘述。那么,除航运建设公债外的水利建设公债仅剩 4 笔,即 1931 年 10 月的导淮 2 年施工计划借款 108 万银元,1933 年 12 月的导淮施工续借款 217 万银元,1934 年 7 月的导淮及修建邵伯闸借款 325 万银元,1935 年 1 月的导淮借款 32.8 万英镑。4 笔水利建设公债均用于导淮,可见,导淮是水利建设工作的重心。

---

① 何廉:《"中国农业科学化之开始"评论稿》,《艰苦建国的十年(民国十六年至民国二十六年)》,第 226 页;沈百先等:《中华水利史》,(台湾)商务印书馆 1979 年版,第 582 页。

② 李仪祉:《十年来的中国水利建设》,《十年来的中国》,商务印书馆 1939 年版,第 318 页。

③ 沈百先等:《中华水利史》,第 554—582 页。

④ 统一后的水利行政,采三级制,以全国经济委员会为中央级行政机关,省建设厅指挥各省水利工作,县政府控制各县水利工作。李仪祉:《十年来的中国水利建设》,载《十年来的中国》,第 318 页;何廉:《"中国农业科学化之开始"评论稿》,载《艰苦建国的十年(民国十六年至民国二十六年)》,第 226 页。

⑤ 张玉法:《中国现代史》,第 522—525 页。

⑥ 何廉:《"中国农业科学化之开始"评论稿》,载《艰苦建国的十年(民国十六年至民国二十六年)》,第 226 页。

(一) 淮河水灾的原因

淮河地跨河南省 59 县、安徽省 20 县、山东省 29 县、江苏省 29 县，流域面积达 280 245 平方米①。淮河之所以总出“大乱子”，不能安稳度过汛期，与淮河的地理和历史分不开。

淮河位于华东，从发源地到洪泽湖口仅 845 公里，长度不到黄河、长江的 1/5。淮河发源地桐柏山的海拔只有长江和黄河发源地巴颜喀拉山的 1/5（见图 3-3）。同时，淮河除主河道外，水道分支甚多。运河穿淮水而过，上游有汶水、泗水，东边有沂水、沭水，沂、沭两水的支流又相通，沂涨则侵沭，沭涨则侵沂。沂沭并涨则必积水相持，同时影响淮河②。

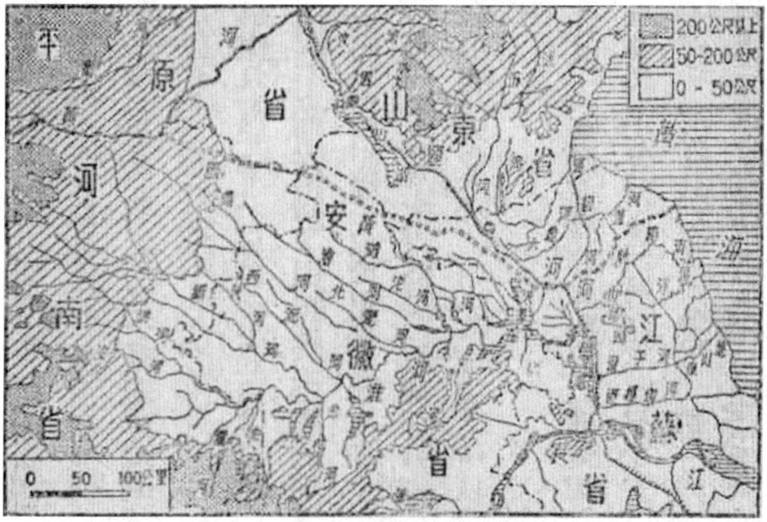

图 3-3　淮河流域地势高低图

资料来源：吉贤：《导淮入海》，开明书店 1954 年版，第 5 页插图。

---

① 黄丽生：《淮河流域的水利事业》，（台北）台湾师范大学历史研究所硕士论文，1985 年 7 月，第 15 页。

② 机关：27-02，宗号：22-3，中央研究院近代史所档案，导淮委员会档案，水利概况，民国二十四年。

沂河源出山东蒙沂诸山，经郯城县入苏境，至邳县的齐村。分为两支，一支由周家口经骆马湖东南行，至大石渡分为南北刘塘河，穿盐河，经武障龙流出灌河入海，并自周家口分流，至窑湾的竹络坝入运河。另一支自齐村卢口坝，分由二道口、沙家口、徐塘口等处，入运河。与运河上游的汶水、泗水汇合向南，经由九龙庙、五花桥、刘老涧等口，分一路水流出刘塘河，入海。沭河源出山东沂山与沂源相隔一岭，并行，而南经红花埠，入苏境至沭阳的新河镇，分为两支。其干流直入青伊湖，经蔷薇河至德洪口入海。其支流又分为前后沭河。前沭河又分为官田河与柴米河。前沭河及官田河均经港河入蔷薇河。柴米河入北刘塘河，至后沭河再合入青伊河。

淮河从桐柏山(海拔 1 127 公尺)发源后,流经不远便是桐柏县(海拔 160 米),继续向东到达河南省东南部的息县(海拔 43 米)。至此距离源头仅 260 公里,海拔高度落差却达 1 084 米,平均每公里落差 4 米,此段淮河水流相当湍急。再继续向东便进入河南、安徽交界的洪河口(河水水面海拔仅 26 米)。从息县到洪泽湖口距离近 600 公里,落差仅 26 米,平均每公里落差 0.04 米。这一段的淮河水流速度极其缓慢,泥沙极易沉积。淮河流域又集中夏季降雨,易发生洪涝灾害,冬季少雨,易造成旱灾。

从历史上寻找淮河下游流通不畅的原因,与黄河脱不了干系。黄河在第五次大改道前从天津入海的北支流基本干涸,南支流侵入淮河入海。导致淮河河床升高,下游入海口逐渐被堵,成为"废河道"。淮河河水流进附近河流,水灾随即不断出现。据史料记载,自秦代起,淮河平均 3 年一小灾,10 年一大灾。自 1194 年至 1855 年的 661 年中,淮河共发生较大规模洪水 268 次,平均每 2 年半一次①。自 1855 年至 1949 年的 94 年中,平均不到 2 年发生一次严重洪涝灾害②。

淮河泛滥起源于黄河改道入侵,所以黄患未除淮灾不已,黄河治本之急要,实为平息淮患之根本③。可是,从政府用于水利建设公债的用途可见,以导淮为主,并没有用于治理黄河的债务④,仅有一次 20 万元的水利经费的调拨⑤。

---

① 机关:27-02,宗号:22-3。中研院近史所档案,导淮委员会档案:《导淮工程》,民国二十五年八月。水利部淮河水利委员会,《淮河志》编纂委员会:《淮河志·综述志》,科学出版社 2000 年版,第 29 页;吉贤:《导淮入海》,开明书店 1954 年 4 月版,第 14 页。

② 期间 1916 年、1921 年、1926 年、1931 年四年灾情相当严重。1932 年全流域受灾被淹农田近 5 000 万亩,受灾人口 760 余万,损失总计 2 亿余元。1931 年灾情更为严重,7 700 万亩农田被淹,占淮河流域耕地面积的 2/5,灾民约 2 000 万,占淮河流域人口的 3/10,按照当时物价水平计算,损失 6 亿银元。

③ 郑肇经:《中国之水利》,商务印书馆 1951 年版,第 65—66 页。

④ 黄河治理与淮河治理同等重要甚至更为重要,因为淮河泛滥的根源在于黄河改道。从中央政府举债情况来看,并没有用于治理黄河的债务。那么南京国民政府是否也在积极地治理黄河?治理黄河的资金的来源?为什么没有像治理淮河一样举借外债治理黄河?此类问题也是非常值得进一步研究的,但是由于本书研究的主题为经济建设公债,因此,这一部分内容没有涉及,有待以后进行研究。

⑤ 1934 年黄河决口,政府定专款黄河赈灾款 400 万元,但能不能如期拨付,该会请借英庚款水利部分积存款项 20 万元。中英庚款会念事态重要,又未违背"水利机关借用英庚款特定办法",决议将水利经费交予黄河水灾委员会办理黄河堵口工程。参见周琇环编:《中英庚款史料汇编》,上册,第 288—292 页。

(二) 导淮工程公债的来源

1. 导淮公债全部来自外债的原因

1927—1937年没有用于导淮的内债，全部来源外债。究其原因，笔者认为主要有两个方面：其一，历史惯性。借外债治理淮河的主张在民初时就曾被张謇提出并给予实施。遗憾的是，在同美国红十字会签署《导堆借款草约》后，受第一次世界大战的影响始终没有签订正式合同，但是此次尝试成为国民政府时期在选择筹措导淮资金方案时的重要参考依据。其二，内债力量有限。导淮是一项庞大的水利工程，所需资金数额巨大且对连贯性的要求较高，单靠国内力量是无法实现的，还需转向国际力量。虽然没有导淮内债，但是，导淮入海工程除了得到中英庚款的支出，同时得到地方政府的支持。1934年11月1日，江苏省政府根据导淮委员会导淮入海工程计划发行水利公债3 400万元，实际所得2 000万元，其中30%用于导淮工程①。

2. 以中英庚款借款为主的导淮借款

用于导淮的外债均由导淮委员会举借，且多数来自中英庚款，合650万元(详见表3-5)。

表3-5　1927—1937年国民政府举借用于导淮的外债

时　间	名　　称	债权方	借款金额	利　息
1931.10	导淮二年施工计划借款	中英庚款董事会	银元108万	年息5厘
1933.12	导淮施工续借款	中英庚款董事会	银元217万	年息5厘
1934.7	导淮及修建邵伯闸借款	中英庚款董事会	银元325万	不明
1935.1	导淮借款	沙逊洋行	英金32.8万	年息6厘

资料来源：参见附录中附表1。

台湾国史馆馆藏《国民政府档案》中明确导淮委员会实借中英庚款1 255万元，年息5厘，于1937年开始还本②。与附表1③的统计相差近一半。如果国史馆档案较为真实，可是受资料所限，笔者除得知导淮委员会实借款总数外，并不能确定相差的600余万的具体情况，是由于实际借款额和规定借

---

① 胡焕庸：《两淮水利》，第69页。

② 档号：1100.26/3830.01，《导淮委员会委员章程暨废田还湖导淮征放船闸费办法》(民国二十五年十二月十日)，行政院呈，《国民政府档案》，国史馆藏。

③ 附录中附表1对各类史料汇编中所涉及的外债进行总结，该表以千家驹、杨格的统计为基本，使用其他史料进行补充，包括《民国史档案资料汇编、财政经济、内外债》、《民国史档案资料丛书——民国外债档案史料》、《财政年鉴(下册)》(财政部财政年鉴编纂处编)以及各类档案等。

款额的差别导致,还是由于并未完全统计借款项目导致。从巨大的差额推测,如果仅为实际数额与规定数额的差别是不合乎逻辑的。一是实际得到的借款额一般来说比协定借款额少,二是因为即便有差额,大多情况下,差额也不至于这么大。

表 3-6　1929—1937 年导淮委员会各项经费情况

年份	经常费		临时费		导淮工程经费		中央水利事业费		备　注
	实领	实支	实领	实支	实领	实支	实领	实支	
1929	300 000	173 984	172 489	338 703	0	0	0	0	其中当年本会拨入 122 488
1930	211 296	128 897	20 407	20 407	0	0	0	0	当年本会拨入 0
1932	216 363	191 160	0	0	1 071 080	1 071 080	0	0	本会拨入 951 469
1933	218 725	218 725	26 852	23 698	878 506	305 570	0	0	本会拨入 29 053 英庚款拨 719 896 用于导淮工程经费
1934	246 487	246 395	0	0	4 546 960	2 009 877	69 733	39 299	本会拨入 3 800 761
1935	261 000	260 970	0	0	2 972 088	1 318 830	不明	不明	本会拨入 292 516
1936	261 000	260 865	0	0	5 277 071	4 686 986	1 065 394	849 815	本会拨入 143 940
1937	189 660	189 611	59 120	53 852	2 326 408	1 719 979	708 948	582 776	本会拨入 460 782

资料来源:机关:27-02,宗号:11-(4),中央研究院近史所档案馆馆藏,国民政府导淮委员会档案,导淮委员会历年各项经费收支清表,民国十八年—二十六年。

另有史料佐证,国史馆馆藏档案《导淮委员会借用中英庚款完成两年施工计划契约》中约定该借款数额为 930 万元①,但是从表 3-5 来看,导淮二年施工计划借款仅 108 万元。那么由于未完全统计借款项目导致数据差异的可能性较大。随着档案的进一步开放,对档案的进一步挖掘,对债务的统计

① 机关:27-04,宗号:156-(5),《导淮委员会借用中英庚款完成 2 年施工计划契约·导淮委员会》,1934 年,(台湾)"国史馆"馆藏。

一定会更加接近实际情况。

根据中研院档案《导淮委员会历年各项经费收支清表》(1929—1937年),各年收支清表中的“实领数”一项包括“财政部拨款”“经常费结余”“临时收入拨入”“普通收入拨入”“英庚借款收入”等项。通过分析可知,“实领数”其实就是用于导淮的包括导淮工程以及日常开支在内的所有支出。现在我们按经常费、导淮工程费进行统计,并且理清资金来源(见表3-6)。

从表3-6可见,1933年导淮工程经费中实领878 506元,来自英庚款借款金额为719 896元。实际支出305 570元,结余158 610元拨入1934年。用于导淮的外债共4笔,借款总额共计银元650万和英金32.6万,远大于表3-5中英庚款借款金额总数。可见表3-6中的资金来源将英庚款借款纳入到“导淮委员会拨款”项目中,并没有将债务资金来源单独列出。

第三节 实业公债——以发展公共事业为主

一、用于发展公共事业——以电气、电政事业为主

南京国民政府实业公债以发展公共事业为主,其中着力发展电气电政事业,1927—1937年成为中国近代电气、电政事业发展的高峰期。除此之外的实业公债并不多①。公共事业内债总额就高达4 000万元,不论在次数上还是在借款总量上均超过对航空、航运、水利建设的债务投入。南京国民政府成立后,各级政府非常重视发展电气电政事业,各地方政府(广东管理局、广西省政府、广州管理局等)纷纷请求中央支持,但是中央政府财力有限,因此,举债发展尤为重要,然而借款实属不易。电气、电政事业对融资的需求

① 就外债而言,前后共举借三次,用于发展国内实业的外债并不仅此三次,但并不是由中央政府举借。以中英庚款退款借款为例,中英庚款委员会先后借款给中央机器制造厂、温溪造纸厂、昆湖电厂、中央电工器材厂赞助经费等。因此,如果加上地方政府对经济建设的财政投入量和经济建设举债总量以及中央政府用于经济建设的财政拨款,那么国民政府时期对经济建设的投资发展要大得多。限于本书研究中央政府经济建设债务,对经济建设投资总量并没有考虑,但是如果通过框定国民政府时期经济建设投资总量,那么可以判断经济建设公债占经济建设投资总量的份额,这对于判断经济建设公债的总规模会有一个更为全面的角度。这也是笔者后续的研究重点。1930年2月财政部举借的中法实业借款提用余额保息、1932年7月实业部举借的中央机器厂开办经费借款以及1937年铁道部举借的株洲机车厂借款,就内债而言,主要集中于发展江浙丝业。参见《朱家骅档案(第4函)·本会会务摘要》(1947年3月6日),附件二《管理中英庚款董事会》,中央研究院近代史研究所藏。

与资金有限的矛盾是制约电气、电政事业发展的主要矛盾，然而在中央政府有限的财力下，仍然对电气、电政事业共提供5笔内债(实际发行4笔)和13笔外债。其中用于发展电气的公债以投资建设电厂为主，包括戚墅堰电厂事业、淮南电厂事业和首都电厂事业等。电政事业公债主要以电话局、电台的建设为主。

(一) 电气事业公债

电力是农业、工业的动力来源，因此，发展电力对于农业工业的发展至关重要。马克思曾指出，电能“是无比的最革命的力量——电气火花”。列宁也认为“电气化，为工农业奠定现代化大工业的技术基础”。公债投向以发展电气事业为重点可以说是抓住了发展问题的关键。

1. 用于发展首都电厂的公债

首都电厂地处南京，以供给城市照明为主，关于电厂的研究，王树槐的研究非常重要。他充分利用台湾中研院馆藏档案对首都电厂和戚墅堰电厂进行研究。对比其他学者的研究成果以及从能够获得的少量史料中发现，王树槐采用的史料的确比较翔实和准确。因此，笔者以王树槐研究中引用的资料为主，用其他来源的资料补充。

表3-7　首都电厂资产表　　单位:元

时　间	总投资	固定资产	流动资金	其　他	合　计
1928年5月	—	213 727	41 604	800	256 131
1928年12月	—	—	—	—	676 464
1929年6月	—	—	—	—	887 123
1930年12月	—	—	—	—	1 747 571
1931年6月	—	1 475 269	—	—	—
1931年12月	—	1 484 527	—	—	—
1932年6月	—	3 962 826	369 530	925 401	5 257 757
1932年10月	3 500 000	—	—	—	5 178 000
1933年12月	3 410 307	5 100 731	—	—	6 585 761
1935年12月	5 391 000	7 504 000	—	—	—
1936年12月	8 013 000	9 587 000			

资料来源:转引自王树槐:《首都电厂的成长，1928—1937》，载《中央研究院近代史研究所集刊》第20期，第332页。

1928—1937年首都电厂[①]的资产状况,见表3-7。再根据表3-7中固定资产的数据制作1928—1937年首都电厂间固定资产变动趋势图(见图3-4)。

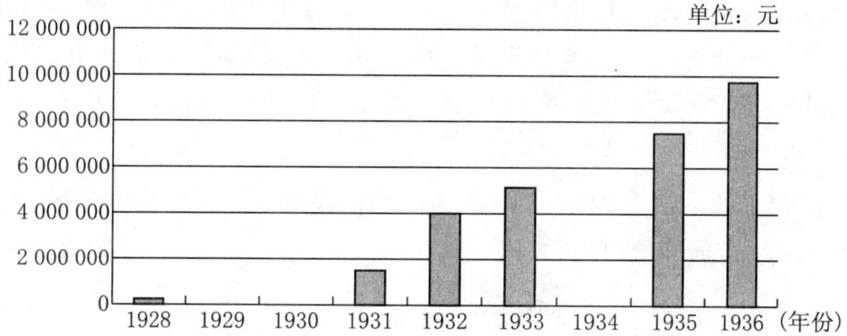

图3-4 1928—1937年首都电厂间固定资产变动趋势图

注:数据均参照表3-4中数据绘制。其中1929年、1930年、1934年缺少数据支持,1928年选择5月份数据,1931年选择12月份数据,1932年选择6月份数据。

1927—1937年,首都电厂固定资产规模始终在扩张,资金来源主要有以下三个渠道[②]:

(1) 中央政府财政拨款。这部分拨款为数甚微,截至1934年底,仅获得政府拨款16万元[③]。

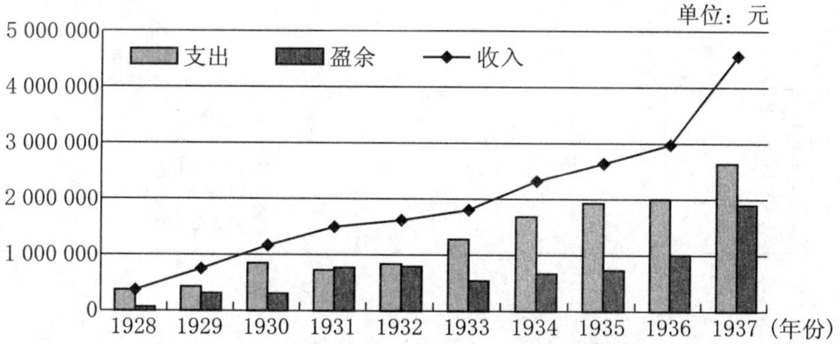

图3-5 1928—1937年首都电厂经营情况

注:1928年、1929年数据根据该年8月数据推算全年数据得出。

资料来源:中华民国统计提要,第1149页。根据王树槐:《首都电厂的成长,1928—1937》中表19-25。

---

① 首都电厂原名"金陵电灯官厂",创设于1909年,位于南京西华门天津桥秦淮河东岸,1911年由江苏省实业厅接收,改称"江苏省立南京电灯厂"。1927年南京国民政府接收后,改称"南京市电灯厂"。1928年4月17日,该厂改由建设委员会管理,改组为"首都电厂"。王树槐:《首都电厂的成长,1928—1937》,见《中央研究院近代史研究所集刊》,第20期,1991年6月,第293—294页。

② 张延祥:《扩充本厂召集资金方法之讨论》,载《中国电界论坛》(电灯),第16页。

③ 档案号:23-04, 8-2,函主计处,1935年1月21日,建设委员会档案,中研院近史所。

注:1934—1937年是否获得中央政府财政支持无资料可查。

(2) 首都电厂盈余。图 3-5 为首都电厂的盈利情况。自 1928—1937 年,首都电厂盈余约 510 万元,由于盈余需支付公债的还本付息以及中英庚款退款的利息,因此几乎所剩无几,盈余对于扩充发展电厂的贡献微乎其微。首都电厂自 1928 年被建设委员会接收以来,每年均有盈利,并呈现不断增加的趋势。这部分盈余是否用于电厂自身的建设还需分析偿债情况。

(3) 借款收入。自 1927—1937 年南京国民政府用于首都电厂的债务包括外债 2 笔,内债 3 笔(见表 3-8)。

表 3-8　1927—1937 年南京国民政府用于首都电厂的债务

	时　间	名　称	借债人	债权人	总　额	利　息	用　　途	担　　保
外债	1931 年 11 月	扩充首都电厂线路借款	建设委员会	中英庚款董事会	银元 10 万	年息 5 厘	为扩充首都电厂	首都电厂现有地基房屋机器,营业盈余
	1934 年 4 月	扩充首都电厂线路续借款	建设委员会	中英庚款董事会	英金 40 万	年息 5 厘	为扩充首都电厂	同上
内债	1930 年 1 月	民国十九年电气事业短期公债	建设委员会		250 万元,十足发行	年息 8 厘	为扩充首都电厂、收办戚墅堰电厂事业	以首都及戚墅堰两电厂现有地基房屋机器,及两厂营业盈余为担保
	1930 年 1 月	民国十九年电气事业长期公债*	建设委员会		150 万元,十足发行	年息 6 厘	为扩充首都电厂、收办戚墅堰电厂事业	同上
	1933 年 9 月	民国二十二年续发电气事业公债	建设委员会		600 万元,十足发行	年息 6 厘	为扩充首都及戚墅堰两电厂,建设淮南电厂事业	同上

资料来源:附录中附录 1。
注:* 下图为民国十九年电气事业长期公债债券百元票票面。

首都电厂从庚款得到了更为充分的资金支持。首都电厂曾先后两次向

中英庚款委员会借款，共2 670余万元①，是建设首都电厂最为重要的资金来源。再来看内债。建设委员会前后三次发行电气公债，首都电厂从1930年的长、短期电气公债中获得250万元，从1933年续发长期电气公债中获得210万元②。这种支持实际上是资金的调剂，并非实际资金的增加。因为首都电厂需要为此付出不小的"代价"。截至1937年6月底，首都电厂偿付公债本息的情况如表3-9所示。

表3-9 首都电厂偿付公债本息情况 单位：元

公 债	共还本	首厂还本	共付息	首厂付息	首厂合计
民国十九年电气事业长期公债	696 000	435 000	549 780	343 613	778 613
民国十九年电气事业短期公债	2 321 480	1 450 925	942 936	589 335	2 040 260
民国二十二年续发电气事业公债	1 080 000	378 000	1 359 000	475 650	853 650
合 计	4 097 480	2 263 925	2 851 716	1 408 598	3 672 523

资料来源：公报，第1期(1930年1月)，第84—88页，第33期(1933年10月)，第120页。

---

① 王树槐在《首都电厂的成长，1928—1937》(见《中央研究院近代史研究所集刊》第20期，1991年6月，第320页)一文中引用建设委员会档案(23-04，12-2)中《建设委员会直接间接负债表》，如下表所示。

首都电厂借入庚款及付息表 单位：元

年份	项 目	原借数	1937年6月尚欠数	共借年数	应付利息
1932	购 料	779 703	639 760	5	159 940
1932	购 料	664 560	664 560	5	166 140
1933	线 路	100 000	100 000	4	20 000
1933	线 路	400 000	326 600	4	65 320
1934	输煤设备	111 567	111 567	3	16 735
1934	购发电机	254 509	254 509	3	38 176
—	输电设备	635 249	635 249	1	31 762
—	输电设备	300 000	300 000	1	15 000
合 计		3 265 588	3 032 245		513 073

该表中的统计数据与依据外债条例的统计数据相差甚远。由于此表的内容并不完全，因此此处采用以及外债条例的统计数据。其中1934年扩充首都电厂线路续借款40万英款已依据1936年币制改革后的汇率计算。

② 戚墅堰电厂分得150万元，淮局分得240万元。以此公债为抵押向银行借款共300万元，首都电厂有分得105万元，戚墅堰电厂分得75万元，淮局分得40万元。参见建设委员会档案，23-04，11-1。

表 3-10 民国十九年电气事业短期公债还本付息表 单位:万元

时　　间	负债数	还本数	付息数	本息总数	每月拨存基金数
1930 年 6 月 30 日	250		10	10	1.666 7
1930 年 12 月 31 日	250		10	10	1.666 7
1931 年 6 月 30 日	250	17.85	10	27.85	4.641 7
1931 年 12 月 31 日	232.15	17.85	9.286	27.136	4.522 7
1932 年 6 月 30 日	214.3	17.85	8.572	26.422	4.403 7
1932 年 12 月 31 日	196.45	17.85	7.858	25.708	4.284 7
1933 年 6 月 30 日	178.6	17.86	7.14	25.004	4.167 3
1933 年 12 月 31 日	160.74	17.86	6.429 6	24.289 6	4.048 3
1934 年 6 月 30 日	142.88	17.86	5.715 2	23.575 2	3.929 2
1934 年 12 月 31 日	125.02	17.86	5.000 8	22.860 8	3.810 1
1935 年 6 月 30 日	107.16	17.86	4.286 4	22.146 4	3.691 1
1935 年 12 月 31 日	89.3	17.86	3.572	21.432 0	3.572 0
1936 年 6 月 30 日	71.44	17.86	2.857 6	20.717 6	3.452 9
1936 年 12 月 31 日	53.58	17.86	2.143 2	20.003 2	3.333 9
1937 年 6 月 30 日	35.72	17.86	1.428 8	19.288 8	3.214 8
1937 年 12 月 31 日	17.86	17.86	0.714 4	18.574 4	3.095 7
合　　计		250.008	95.008	345.008	

资料来源:王树槐:《首都电厂的成长,1928—1937》,载《中央研究院近代史研究所集刊》第 20 期,1991 年 6 月,第 320 页。

从表 3-10 可见,首都电厂为获得 460 万元的公债需先后支付公债本息 367 万元,如果不计库存及担保部分的免息额度,那么首都电厂剩余债款为 92 万元。截至 1934 年首都电厂的盈利为 510 万元,除去公债本息,盈利剩余 145 万元左右,却仍需支付中英庚款借款利息。尽管首都电厂经营盈余部分在支付债务本息后所剩无几,但是首都电厂的盈利能力为能够成功举借内外债提供了可靠地信用保证①。

2. 用于发展戚墅堰电厂的公债

戚墅堰位于武进和无锡之间,沃野千里,在提供工厂用电的同时承担农

① 王树槐:《首都电厂的成长,1928—1937》,《中央研究院近代史研究所集刊》第 20 期,第 332 页。

工业用电负荷①。1928 年建设委员会接收时,该厂的规模、设备以及技术均优于首都电厂②。接收后更是大力发展,于 1930 年将戚墅堰电厂到无锡间的原有线路(1 根)扩建。整体工程共花费 8.6 万余元,1931 年 9 月投入使用。

表 3-11　1930 年扩建戚墅堰电厂至无锡间输电线路各项费用　　单位:元

项　目	费　用	占　比	项　目	费　用	占　比
导线及附件	31 456	36.5	电杆基础	5 412	6.3
碍子及附件	13 145	15.3	工　资	6 468	7.5
钢塔 26 座	4 922	5.7	其　他	4 300	5.0
水泥杆 336 根	20 392	23.7	合　计	86 095	100.0

资料来源:《中国各大电厂纪要》,第 119—120 页。

据 1931 年 8 月的一份报告,戚墅堰电厂现有 33 000 伏线路 137 里,6 600 伏线路 106 里,2 300 伏线路 187 里,380 伏线、220 伏线路 250 公里。钢塔(电杆)77 座,水泥杆 849 根,木杆 7 269 根。输电降低变压器 8 只共 12 000 开维爱。配电降低变压器 168 只共 8 721 开维爱。受资料所限,现将 1929 年和 1930 年两年度戚墅堰电厂的发展情况进行对比(见表 3-12)。

表 3-12　1929 年和 1930 年两年度戚墅堰电厂的发展情况对比表

	1929 年	1930 年	增减(%)
工程情况			
全长总容量(开维爱)	8 000	8 000	
发电量(度)	17 447 000	22 159 970	27
购电量(度)	0	0	
最高负载(基罗瓦特)	3 460	5 110	48
全年负载率(%)	57.7	49.8	−14
电杆总数	7 130	7 680	8

① 1928 年 10 月,建设委员会接收震华电厂并更名为"戚墅堰电厂",12 月戚墅堰电厂收购耀明电灯公司。震华电厂为 1921 年在北京交通部以股份有限公司立案注册的由中德合资建立的商办电厂,资本总额国币银 250 万元,实收 150 万元,其中华股 56 万余元。专主力于供电事业,以为无锡纺织厂和面粉厂供电为主。震华电厂自建成营业后始终处于亏损状态。P.M.Coble, Jr.、蔡静仪译:《金权与政权——浙江财团与国民政府》,第 158—159 页;王树槐:《江苏武进戚墅堰电厂的经营,1928—1937》,见《中央研究院近代史研究所集刊》第 21 期,第 6—7 页。

② 原有西门子克罗伯两厂合造的 3 200 基罗瓦特汽输发电机 2 座,拔柏葛制受热面积 4 500 平方英尺的锅炉 4 座。厂区环境也较为适宜,以炉房为例,电厂炉房温度与室外温度相近,湿度适宜,空气良好。炉房与机房间有联络设备,可供炉房工作者随时知道发电状况。已有东至无锡,西至武进的长约 76 华里 36 000 伏高压线路。《中国各大电厂纪要》,第 117—118 页。

(续表)

	1929年	1930年	增减(%)
架空线路长度(华里)	538.6	644.06	20
地下电缆	0	0	
输电变压器(具)	7	8	14
输电变压器容量(开维爱)	8 500	9 500	12
配电变压器数	138	158	14
配电变压器容量(开维爱)	8 008	8 212	3
营业情况			
电灯售电量(度)	2 434 220	3 133 966	29
电力售电量(度)	10 304 784	13 409 781	30
电灯用户数	8 379	9 291	11
电力用户数	339	384	13
用户电动机容量(马力)	6 334	6 953	10
用户电动机架数	381	433	14
经济状况			
长期电气公债(元)	0	1 500 000	
资产总数(元)	接收后估价确数未定	2 693 908	
全年总收入(元)	880 588	1 047 492	19
电灯收入(元)	407 546	471 607	16
电力收入(元)	395 618	488 424	23
趸水收入(元)	35 622	33 271	−7
路灯收入(元)	5 166	6 450	25
租费收入(元)	20 732	22 961	11
杂项电费收入(元)	9 447	9 526	1
杂项收入(元)	6 457	15 253	136
全年总支出(元)	470 687	803 316	71
盈余(元)	409 901	244 177	−40
折旧准备(元)	0	94 322	
呆账准备(元)	902	464	−49
用保证金(元)	57 722	76 028	32

注:1931年全长总容量增加4 000开维爱。原文中最后一栏“用保证金”项1929年为07 721.55元,又知1929年和1930年相差18 306.4,相减后得出1929年实为57 721.55元,此处原文印刷错误。

资料来源:《中国各大电厂纪要》,第121—123页。

从表 3-12 可见，农业用电尚处在起步阶段，用电量并不大（可以从戽水收入间接看出），但是已有不小的发展。戚墅堰电厂自 1925 年起创办电力灌溉，最初灌溉总面积 9 000 余亩，1930 年扩充至 65 000 余亩。如果每亩按照年平均用电量 10 度计算，每度收费 7 分 5 厘，除去各种经理费用外，厂方实得每度 4 分，那么戚墅堰电厂从灌溉农田一项年获利 26 000 元。如果考虑农忙农闲，那么戚墅堰电厂获得大概只有 10 000 元到 15 000 元①。虽然电厂盈利不多，可是给武进一带农田灌溉、排水等提供了非常便利的用电条件。

工业用电也戚墅堰电厂负载的一部分。电厂紧邻无锡，无锡是江苏工业最发达的地方，但是无锡一处的纱厂、丝厂、面粉厂等工厂购用戚墅堰电力也只占用电量的 1/5②。那么，导致购买戚墅堰电力较少的原因无外乎三个原因：受戚墅堰电厂自身有限的发电能力所制约，销量不畅，价格没有竞争优势。

1931 年加装德国蔼益吉 3 200 基罗瓦特汽输发电机 1 座，借用英庚款添购 1 具锅炉，使全长常用机量增至 6 400 基罗瓦特。又于 1933 年底拟增加 7 500 千瓦发电机一座，1935 年投入使用。1932 年借用庚款新增锅炉一座，每小时蒸发量 2 万公斤到 3 万公斤。于 1935 年 12 月增购一座每小时蒸发量在 8 万至 10 万公斤的锅炉。后又为适应电气需求量的增加，在无锡望亭镇北桥建设一座 15 万千瓦火力发电厂，作为太湖地区电气网中心，1937 年已购地 400 余亩③，但建设被抗战爆发打断。

从图 3-6 戚墅堰电厂资产情况可见，与首都电厂相比，戚墅堰电厂固定资产增幅远远落后。其主要原因有二：其一，戚墅堰电厂在 1928 年接收时的底子比较好，原有设备已相当完善；其二，戚墅堰电厂的重要性不及首都电厂。

---

① 王树槐：《首都电厂的成长，1928—1937》，见《中央研究院近代史研究所集刊》第 20 期，第 332 页。

② 其中自备原动力就 13 400 匹马力之多，3 375 匹马力。

③ 23-03，25-3，建设委员会档案，1937 年 1 月 29 日，陈国钧呈，1937 年 3 月 20 日，函行政院。1936 年 5 月 13 日，戚墅堰电厂函事业处，5 月 27 日，陈中熙呈委员长文。《公报》第 75 期(26，4)，第 136 页。转引自王树槐：《江苏武进戚墅堰电厂的经营，1928—1937》，见《中央研究院近代史研究所集刊》第 21 期，2000 年 6 月，第 9—11 页。

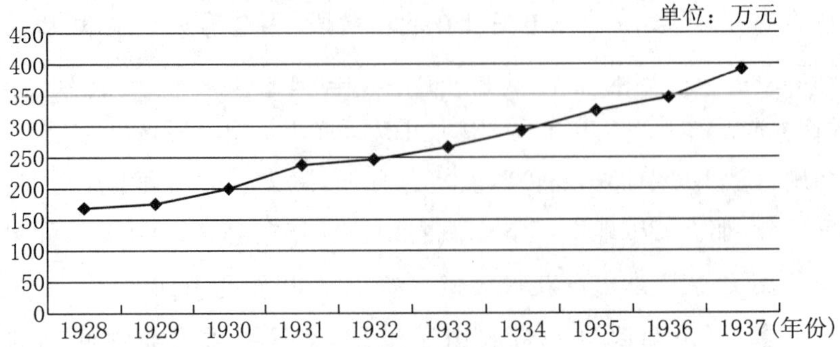

图 3-6　1928—1937 年戚墅堰电厂资产情况

资料来源:《中国各大电厂纪要》,第 122 页。

戚墅堰电厂发展所需资金来源同首都电厂相类似,同样来自三个方面:

(1) 政府财政拨款。1928—1937 年政府财政拨款总量无确实资料可查。已知的数据只有 1928 年 10 月至 1929 年 9 月期间该厂获得政府财政拨款 352 271 元,而当年盈利 512 465 元全额上缴建设委员会。可见,上缴额大于拨款额。电厂并没有得到来自财政补贴的太多好处。

(2) 自身盈余。1928—1937 年,戚墅堰电厂共盈余 3 532 270 元,但是从图 3-5 中盈余的变化趋势可见,并没有同收入一样不断上升,而是呈现上下波动态势。主要原因在于支出的极高不下,究其原因无外乎两个:一是经营成本较高,二是还本付息压力较大。

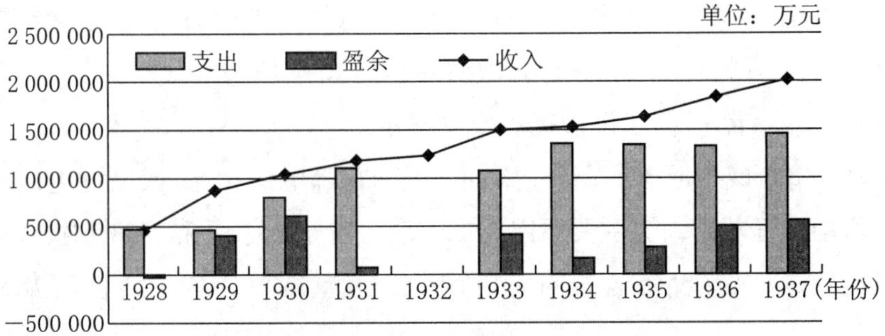

图 3-7　1928—1937 年戚墅堰电厂盈利状况

注:收入=支出+盈余。1928 年数据为预算数,其余年份数据为决算数。

资料来源:王树槐:《江苏武进戚墅堰电厂的经营,1928—1937》,见《中央研究院近代史研究所集刊》第 21 期,2000 年 6 月。第 40 页。1932 年缺少支出、盈余数据,只知道收入为 1 240 000 元。

(3) 债务所得。10 年间中央政府并没有以扩充戚墅堰电厂为名目举借的外债。建设委员会于 1931 年 10 月向中英庚款董事会举借的电气事业购料借款共英金 14 万元。此项借款并没有明确支出是用于戚墅堰电厂。

根据中研院建设委员会档案可知，截至1933年底借庚款总数为121 524元①，截至1937年估计借英庚款总数在50万元以内。确实存在用于戚墅堰电厂建设的中英庚款，那么这笔资金估计是来自1931年10月的电气事业购料借款，1931年借款发生在1933年底统计之前，时间上也比较符合逻辑。

再来看内债。戚墅堰电厂从1930年发行的长短期电气事业公债获得150万元，从1933年续发电气事业公债中获得150万元。

表3-13　1928—1937年戚墅堰电厂所获内债支持

	时　间	名　称	借债人	总　额	利　息	用　途	担　保
内债	1930年1月1日	民国十九年电气事业短期公债	建设委员会	250万元，十足发行	年息8厘	为扩充首都电厂、收办戚墅堰电厂事业	以首都及戚墅堰两电厂现有地基房屋机器，以及两厂营业盈余为担保
	1930年1月1日	民国十九年电气事业长期公债	建设委员会	150万元，十足发行	年息6厘	为扩充首都电厂、收办戚墅堰电厂事业	同上
	1933年9月26日	民国二十二年续发电气事业公债	建设委员会	600万元，十足发行	年息6厘	为扩充首都及戚墅堰两电厂，建设淮南电厂事业	同上

资料来源：参见附录中附表2。

戚墅堰电厂发展的资金来源大致与王树槐的统计基本一致。其中，内债是该厂发展最主要的资金来源。

表3-14　戚墅堰电厂资金来源表　　单位：元

	政府拨款	盈　余	公债(内债)	外债(庚款)	总　计
金额	352 271	3 532 270	3 000 000	500 000	4 384 541
占比%	8.0	—	69.4	11.4	

数据来源：王树槐：《江苏武进戚墅堰电厂的经营，1928—1937》，见《中央研究院近代史研究所集刊》第21期，1992年3月，第39页。

注：盈余部分用于偿还债务本金及利息，因此这一部分资金并没有计算到投入戚墅堰电厂建设资金当中去。

关于偿债的情况，仅获得部分戚墅堰电厂偿还内债的资料。截至1937年6月，戚墅堰电厂对3笔内债需要还本付息230余万元。

① 23-04，8-1，函岁计处，1934年8月9日，建设委员会档案，中研院近史所档案。

表 3-15　1937 年 6 月戚墅堰电厂偿还电气事业公债本息情况　单位:元

	应还本总额	应还息总额	戚墅堰电厂还本额	戚墅堰电厂还息额
民国十九年电气事业短期公债	696 000	549 780	261 000	206 168
民国十九年电气事业长期公债	2 321 480	942 936	870 555	353 601
民国二十二年续发电气事业公债	1 080 000	1 359 000	270 000	339 750
合　计	4 097 410	3 529 636	1 401 555	899 519

资料来源:《公报》第 1 期,第 84—88 页,第 33 期,第 120 页。

对比戚墅堰电厂的营业状况和负债表可见,戚墅堰电厂盈余所得基本全部用于偿还债务本息。

表 3-16　戚墅堰电厂盈余及负债表　单位:元

年　份	1934	1935	1936	1937
盈　余	174 550	287 890	506 070	566 500
还　债	195 000	381 500	302 608	105 000
结　余	－20 450	－93 610	＋203 462	－461 500

资料来源:《中国各大电厂纪要》,第 122 页。

综上所述,抗战前 10 年,中国电气事业发展迅速,得益于资金较为充分。按照中英庚款董事会董事长朱家骅的说法,首都电厂得以改进设备、扩充电路,有长足进步全是仰赖英庚款的帮助。戚墅堰电厂预设在中英庚款帮助下实现提供京沪一带农工业所需电力①。截至 1936 年中国发电总量在世界排名第十四,亚洲排位第二。1937 年全面抗战爆发后,处在发展初期的中国电气事业摧残殆尽。抗战期间,发电容量骤减 91%,发电度数减少 96%②。

除首都电厂、戚墅堰电厂外,南京国民政府用于电气事业的公债仍有少部分用于其他电厂,如淮南电厂事业,但是这部分金额较少,因此不再赘述。

(二) 电政事业公债

电政事业公债主要用于发展电报、电话和无线电事业。其中电政事业内债 2 笔,外债 11 笔。

---

① 朱家骅:《中英庚款十年来管理概况》,载《图书月刊》第 1 卷第 4 期,第 57 页。

② 郑亦芳:《中国电气事业的发展》,第 167、169、178、183 页。

首先，电政内债仅2笔：交通部民国十九年电政公债1 000万元①以及交通部发行民国二十四年电政公债1 000万元②。原因主要有以下两点：其一，间接反映南京国民政府的精力的确有限，不能估计家国发展的方方面面。其二，与政府债信有关。民国十八年电政公债就是因为缺少担保最终未能成形③。

① 按九八折发行。年息8厘，1932年2月改为年息6厘。为扩充、整理电报、电话和无线电事业，以交通部国际电报费收入全部为还本付息基金，如有不敷，由其他电政收入补足。财务科长周友端在1935年交通部电政公债发行后，致交通部的信件中提到：十九年间所印公债票面1 000万元，未曾发行，移交邮政储汇局代为保管，历时多年，亟应提出焚毁以照。由此可见，民国十八年、十九年电政公债虽已颁布公债条例，但并未实际发行。也就是说，除去十九年交通部电政公债，1927—1937年南京国民政府最多发行4笔电气、电政事业内债。

② 案卷号：2104，全宗号：20(2)，二十四年电政公债。

此项公债属抵押借款公债性质，用于清还各项借款及补足各项工程材料款项。公债条例规定发行额为1 000万元，但抵押后实际所得595万元。其中101.3万元用于清还中国银行扩充报话借款本息，100万元用于清还储汇局扩充报话借款，172万元用于清还9省长途透支借款、京沪长途借款、南昌市话借款，110万元用于清还旧债及工料运费等，剩余现款110余万元。

③ 民国十八年九月十二日交通部电政公债条例公布后未能发行。下表为已确定的民国十八年电政公债的还本付息表，供参考。档号：法12・11，宗号49，第0021、0022页。《中华民国十八年九月十三日起二十四年九月三十日止电政公债条例》，(台湾)国史馆档案。

民国十八年电政公债还本付息表　单位：万元

时　间	公债总额	还本数	付息数	本息共计
1930年6月30日	1 000	无	35	35
1930年12月31日	1 000	100	35	135
1931年6月30日	900	无	31.5	31.5
1931年12月31日	900	100	31.5	131.5
1932年6月30日	800	无	28	28
1932年12月31日	800	100	28	128
1933年6月30日	700	无	24.5	24.5
1933年12月31日	700	100	24.5	124.5
1934年6月30日	600	无	21	21
1934年12月31日	600	100	21	121
1935年6月30日	500	无	17.5	17.5
1935年12月31日	500	100	17.5	117.5
1936年6月30日	400	无	14	14
1936年12月31日	400	100	14	114
1937年6月30日	300	无	10.5	10.5
1937年12月31日	300	100	10.5	110.5
1938年6月30日	200	无	7	7
1938年12月31日	200	100	7	107
1939年6月30日	100	无	3.5	3.5
1939年12月31日	100	100	3.5	103.5
总　计		1 000	385	1 385

自1932年整理内债后，政府债信提升，加上1933年以后国际电费收入较为充足，可以提供可靠担保，促成民国二十四年电政公债的顺利发行。但是此次借债国民政府最终选择抵押借款而不是担保借款，一是为了延缓外债还款期限，二是用“哭穷”的方式表达一种对地方电政事业拨款的委婉拒绝之态。

其次，从表3-17可见，电政事业外债不论是借款次数还是借款总额均超过电政事业内债。11笔电政事业外债均由交通部举借，可见，交通部债信尚可。南京国民政府对电政事业的发展也较为重视。

表3-17　11笔电政事业外债的情况

时　间	名　称	借债人	债权人	总　额	利息期限	用　途	还款方式
1928.11	首都自动电话借款	交通部	美国自动电器公司(后改为中国自动电话电器公司)(美)	美金73万元	年息8厘；10年以上	订购首都电话局使用史端乔式自动式电话机器及线路材料	先还款14.6万元，1930年7月话机装竣通后，余款于8月起分期付款。截至1935年1月积欠本息46.3万元。重新规定年息5厘，自8月31日分113期归还，1月1期共计55.1万元。1938年6月第35期后停付
1929.6	上海自动电话借款	交通部	中国自动电话公司(美)	美金57万元	年息7厘；9年以上	订购上海话局用自动电话机器及各项材料	签订合同后先交付5.7万元，12个月内再付2.85万元，余款48.45万元自总机装竣后分批付，年息7厘。实际未能按时交付，截至1935年1月底积欠本息50.34万美金。于1935年2月订立新合同，年息5厘，自2月起分112期归还，1月1期，总额67.91万美金。1938年42期时停付
1929.6	武汉自动电话借款	交通部	美国自动电气公司	美金92.6万元	年息7.5厘；9年以上	订购武汉话局用自动电话机器及各项材料	合同签订后先交付9.26万元，12个月内再交付4.63万元，余款78.71万元自总机装竣后分批付给。1937年8月中断。1938年2月继续，每月还国币3万元，于6月改付每月8 850美金，4期后停付

（续表）

时　间	名　称	借债人	债权人	总　额	利息期限	用　　途	还款方式
1932.12	添购国际电台借款	交通部	中英庚款董事会	英金5万	年息5厘		
1933.8	购办有线电话材料借款	交通部	中英庚款董事会	英金2万	年息5厘		
1933.11	无线报话机材料借款	交通部	中英庚款董事会	英金4.8万元	年息5厘		
1935.1	交通部无线电台机件价款	交通部	英商马可尼无线电公司	英金17 496镑	3年	订购短波无线电发报机(SWB-8)7架	英金17 496镑分36期付款，第一期于合同签订后拨付，1月1期，每期付英金486镑。截至1935年6月底，已付7架短波无线电发报机机价6期，英金2 916镑
1935.5	交通部无线电台机件价款	交通部	英商马可尼无线电公司	英金3 910镑		上述7架中3架改为报话双用设备、加装机件	自1935年6月18日分31期还清，1月1期，每期110镑，加装电话调幅器等设备机价除已付500镑外，付1期英金110镑
1935.2	扩充首都话局南局机价借款	交通部	中国自动电话公司(美)	美金14.2万元	年息6厘；8年	首都话局新设南局扩充机件等设备和材料	先付35 500元，余款及利息分96期付款，1月1期，每期1 399.56元，自合同签订后9个月起付。停付于1938年6月第32期
1935.4	交通部无线电报话机价款	交通部	英商马可尼无线电公司	英金6 000万镑	9个月	购买短波无线电报话收信机14架	签订合同时先付1 500英镑，其余4 500英镑自5月起每月付500英镑
1935.6	扩充首都话局北局机价借款	交通部	中国自动电话公司(美)	美金5.3万元	年息6厘；3年	首都话局新设北局扩充500号机件等设备和材料	合同签订是交付美金13 250元，余款和利息分60期付清。每期美金768元。自合同签订后9个月起付。至1938年7月第29期停付

资料来源：参见附录中附表2。

再次，长期以来，中国国际通信被外商电报公司垄断，外国水线公司把持中国的国际电信通信已成为束缚中国电信发展的桎梏。收回中国国际通信主权,“自操海外通信之权,并绝水线垄断之弊”[①]成为南京国民政府发展国际电信的首要任务。1932 年,为添购国际电台举借的 5 万英镑在投向电台的数笔外债中是数额最大的一笔。足见,南京国民政府对国际电台的重视。

二、用于发展江浙丝业——以改进技术为主

(一) 江浙丝业成长的大环境——深受工业水平较低的影响

1. 中国工业的发展规模和布局

中国的现代工业虽然在 19 世纪 60 年代就已经发轫,但是发展的速度极为缓慢,工业化程度较低。直至 1937 年,中国工业资本也仅占工商业资本总额的 10%左右[②]。1933 年,按照《工厂法》规定的范围普查上海工业。上海工厂共 1 186 家,占到总量的 48.7%。沿海各省[③]工厂总数 2 241 家,占全国的 92%[④]。工业布局呈现向东南沿海集中地态势,尤其是上海工业[⑤]的集中性过大。就工业类别而言,上海最完备,排名第二的工业中心——天津也不能与之媲美。工业的畸形布局不利于全国经济的整体发展。最明显的表现便是,沿海工业直接受战事影响,导致抗战时工厂内迁以及后方工业产品生产的不足。

表 3-18 1931 年和 1933 年普查上海工业情况

名　称	1931 年	1933 年
工厂总数(家)	1 672	1 186
工人总数(人)	214 152	214 736
动力总数(马力)	158 388	179 077
产品总值(元)	439 328 825	557 690 754

资料来源:陈真:《中国近代工业史资料第四辑中国工业的特点、资本、结构等和工业中各行业概况》,生活·读书·新知三联书店 1961 年版,第 18 页。

① 邮电史编辑室:《中国近代邮电史》,人民邮电出版社 1984 年 10 月版,第 174 页。

② 陈真:《中国近代工业史资料第四辑中国工业的特点、资本、结构等和工业中各行业概况》,生活·读书·新知三联书店 1961 年版,第 85 页。

如果用人口数与工厂数相比较,全国平均每 15 万人拥有 1 家工厂(其中包括外商投资的工厂),同期日本每 1 200 人拥有 1 家工厂,相差甚远。如果比较产品总值,中国每人每年消费的国货工业产品不及 2.5 元,美国为 334 美元,英国为 75.8 英镑,俄国为 287 卢布,日本为 347 日元。

③ 沿海各省包括冀、鲁、苏、浙、闽、粤六省。全国工厂总数未包含东北四省在内。

④ 陈真:《中国近代工业史资料第四辑中国工业的特点、资本、结构等和工业中各行业概况》,生活·读书·新知三联书店 1961 年版,第 18 页。

⑤ 普查仅以本国工厂为限,如果加上外商所设的工厂,那么工厂集中于上海的分布格局更加明显。

2. 中国工业的发展水平

总的来讲，上海工业的机械化程度还是很低的，但凡能以手工替代的，虽然改用新式制造方法，但是机器的应用尚为之甚少，最具代表性的是丝业。民国丝厂机器因租用较为普遍，无改良的希望，大半仍沿用意大利式丝车。1927年以来，无锡、杭州开设的数十家丝厂利用新式日本丝车，产品有改进，而上海改进的并不多，其中很大的一个原因是没钱。据陈真的调查，1931年上海工厂总数1 672家，其中符合《工厂法》规定的机械化标准不过710家，仅占40%①。使用电力的工厂占全数原动力的大部分。1931年、1933年两年60%的动力马力均来自租用的电力②。若以工人人数与马力匹数的比率来衡量，面粉业机械化的程度最高；若用各种工业每厂平均所有马力匹数衡量该业机械化程度，则棉纺业局首位，面粉业次之，再次是橡胶业。

3. 中国工业发展的资金薄弱

就连中国工业中心——上海也面临工业资金不甚充足，较为薄弱的问题。创办人仅凑足购置厂地及机器的资金，一切所需流通资本皆借贷以资周转。据中国统计研究所的1931年的调查，工程总数1 672家，资本总额14 233万元，平均每厂8万余元。1933年调查较大规模的厂家共1 186家，资本总额16 268.6万元，每长平均14万元③。丝业的资本更加不足。1929年、1930年的丝厂总数分别为104、107家。65%的丝厂拥有资金10 000至25 000两。1931年因受世界经济危机的影响剩余63家丝厂，其中11家丝厂的资金够1个月的购料成本，其余52家丝厂资金更少，更有甚者资金只够一周的原料成本。如加上员工年薪，能够统计到的58家丝厂中仅有8家的资金能够支付得起此项费用。丝厂的拮据不言而喻，基本靠银钱业的救济④。还有少部分来自政府的救济。财政部于1931年3月、1932年4月、1932年10月连续三次的江浙丝业公债便是专救江苏、浙江两省丝茧业之用的。

尽管如此，但是并不是所有的行业都可以幸运地得到政府的救济，棉纱

① 陈真:《中国近代工业史资料第四辑中国工业的特点、资本、结构等和工业中各行业概况》，生活·读书·新知三联书店1961年版，第27页。

② 陈真:《中国近代工业史资料第四辑中国工业的特点、资本、结构等和工业中各行业概况》，生活·读书·新知三联书店1961年版，第29页。

③ 陈真:《中国近代工业史资料第四辑中国工业的特点、资本、结构等和工业中各行业概况》，生活·读书·新知三联书店1961年版，第24页。

④ 陈真:《中国近代工业史资料第四辑中国工业的特点、资本、结构等和工业中各行业概况》，生活·读书·新知三联书店1961年版，第25页。

业便是其中之一。上海各纱厂大半都欠银行钱庄的巨额款项,其中一些纱厂已经完全由银钱业代为经营或监审纱厂的会计账目,如申新数厂、溥益等。又如大中华纱厂,开办资本300万元,仅够购买厂地和机器,尚未开工资金已经不足。加上由欧战引起中国纱业短暂兴盛的时期已过,大中华纱厂开始向银钱业借款,直至欠款总数超过纱厂本身的价值后被迫停业,遭受拍卖。

(二) 浙江丝业发展的推动——获得公债的有限支持

中国蚕丝的销售以西方国家输出为主,价格深受西方国家经济变化的影响,同时易被洋行操纵,长期面临生产不稳定、缺乏技术投入资金等问题。“农民育蚕,向以世传旧法,不知改良,且不能识别蚕种之优劣,又不明其生理之合否,以致蚕病蔓延,尚托付于鬼神命运,束手无策,于是品质恶劣,成本加重。”[①]为复兴农村经济,南京国民政府自成立后便开始对农业生产进行成体系的技术改良,苏南传统蚕丝业的改良也由此开始。

1928年,江苏省农矿厅要求昆山、吴江、吴县、无锡等8县,每县至少设立6处育蚕指导所[②],指导所全面指导乡村蚕业,引进育蚕技术,提供生产技术指导,对农民进行文化、养蚕技术等培训。同时,引导农民参与合作,主要包括两种:一是乡村蚕农间的内部合作,如在暖种、防治蚕病、稚蚕培育、购买运销、制丝、借贷等方面的合作;二是蚕农与外部的合作,如引导学校和科研机构给蚕农提供技术指导等。

大量的蚕种检验机构、研究所、培训机构、蚕业类学校等应运而生,涉及从培训研究到技术改良再到产品推广的各个环节。1930年,江苏无锡成立蚕丝试验场。1933年,南京中央农业试验所成立的蚕丝系,“主要开展蚕品种选育、蚕病防治研究、蚕的添食、超短波试验、太阳灯试验、蚕品种杂交分离研究以及桑品种比较研究等研究工作”[③]。苏南地区蚕业类学校,如女子蚕业学校、苏州农业学校、淮阴农业学校等开展对蚕业的技术改良[④]。

除浙江丝业公债外,尽管没有专门用于棉业的公债,但是中美棉麦贷款所得有部分间接地被棉业统制委员会所得,这部分是用于棉业发展的。全国经济委员会的经费主要来自1933年5月所签订的中美棉麦贷款协定的5 000万美元。其中80%以美国生产过剩的棉花来折算。实际借款额

---

① 案卷号8.1.2947,《吴江县改良育蚕教育计划书》,吴江县档案,1934。

②④ 胡明:《民国乡村农业科技政策与实践研究——对1927—1937年苏南蚕业技术改良的考察》,载《安徽农业科学》2011年11月,第10页。

③ 李碧君:《近代江苏蚕茧管理机构》,载《江苏蚕业》1997年7月,第63、64页。

缩减为 2 000 万元。这部分资金被全国经济委员会使用，其中棉业统制委员会的部分资金也来源于此。

全国经济委员会成立后，首先成立的机构便是棉业统制委员会①。负责全国棉业及纺织业的指导监督和统制，以改良品质、增加产量、运销为主体，以技术改进、金融调剂、人才培养为手段。按照工作大纲，棉业统制委员会以植棉与纺织并重，但是不久便将工作重心转移至植棉。该会经费由全国经济委员会拨款，自成立以来，1934 年经费 100 万元，自 1935 年至 1937 年每年经费均为 60 万元。主要用于培养人才，通过派遣人员出国深造，自 1934 年秋至 1937 年前后派出胡竞良、陈燕山、郑体华、蒋涤旧出国学习深造。此外有部分用于开办植棉训练班、开办棉业合作训练班、品种改良、两种推广等。

三、用于发展重工业——对重工业发展的有限支持

从上述分析可见，南京国民政府举借的用于实业发展的公债集中于电气电政事业、江浙丝业。对重工业的投入力度不大，同时因受到来自战争的阻力，工厂的损毁严重。可以说，抗战的爆发成为重工业发展的最大遗憾。

---

① 该会的组织系统如下图。

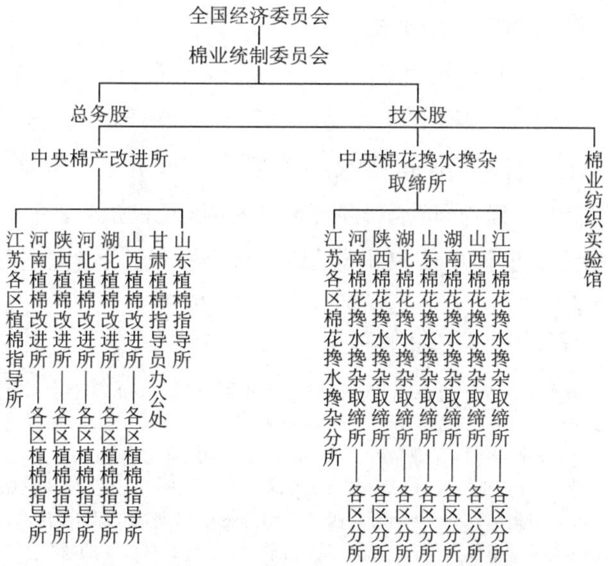

参见王树槐：《棉业统制委员会的工作成效(1933—1937)》，见《抗战前十年国家建设史研讨会论文集(1928—1937)(上册)》，(台湾)“中央研究院近代史研究所”1984 年 12 月，第 713 页。

但是抗战前对重工业有限的发展为中国重工业奠定的微弱基础，却在战时发挥了不小的作用。

(一) 用于发展中央机器制造厂的公债

1931年5月，实业部预算300万元用于在南京创建中央机器制造厂，其中由英庚款项下拨付240万元用于从英国进口机器材料。其余款项由实业部向国货银行商借垫用补齐。该厂规模不大，由若干小厂组成，采用商业化管理方法。预设中央机器制造厂应制钢、铁、麻铁、白口铁、铜合金、铝合金等上等铸件与锻件，甚至能够制造各种精密工具，使出品精良，工程标准统一[①]。中央机器制造厂的建成对于促成建设工程的作用甚大。1936年花费9万余元的机器设备到位后，建成了铸铁、铸钢、机器3厂[②]。后受抗战影响，剩余款项并没有发挥作用，筹建工作停滞，正在筹划的硫酸铔厂、炼钢厂等项目随即停止[③]。

(二) 用于发展株洲机车厂的公债

1937年，铁道部为筹设株洲机厂，与中英庚款会商定借中英庚款伦敦积存基金3万英镑用于购买材料[④]。根据朱家骅的看法，在基本工业方面，中英庚款实际并没有发挥太大的作用[⑤]。这一点，我们从中央机器制造厂实际用中英庚款借款占拟借款总额的不到4%，用于株洲机车厂的中英庚款借款仅3万元便能看出。

(三) 复兴公债对重工业的支持

除成立中央机器制造厂和株洲机车厂外，抗战前国民政府曾两次拨款给资源委员会，即1936年1 000万元，1937年2 000万元。这两笔借款均来自复兴公债[⑥]，用于创办工矿电等及相关事业。有了首笔资金，资源委员会得以开始实施重工业建设计划。至抗战爆发时，新建18个企业，并购11个企业，其中包括上面所讲的中央机器制造厂。截至抗战爆发之时，此29家企业的经营情况见表3-19。

---

① 档号：第115函，《中央机器厂借款》(民国二十年五月二十日)，附件二《管理中英庚款董事会》，《朱家骅档案》，(台湾)中央研究院近代史研究所藏。

② 罗敦伟：《十年来的中国工业》，载《十年来的中国》，第177页。

③ 《中英文教基金董事会概况》(1949年4月)，载《朱家骅先生言论集》，第399—406页。

④ 中国第二历史档案馆、财政科学研究所：《民国外债档案史料》，第12卷，第683—684页。

⑤ 朱家骅：《中英庚款十年来管理概况》，载《图书月刊》第1卷第4期，第57页。

⑥ 档案号：5965，中国第二历史档案馆馆藏，资源委员会档案二十八。翁文灏：《中国经济建设论丛》，资源委员会，1943年，第52—53页。

表 3-19　1936 年、1937 年资源委员会经营企业的情况

经营性质			企业所在地		
分　　类		数　量	地　　区		数　量
自营		19	华中地区	湖南	12
	已完成	5		湖北	2.5
	未完成	14		河南	1
兼购	8			江西	5
合办	2		华东地区	上海	0.5
				安徽	1
			西北地区	甘肃	1
				青海	1
				陕西	1
			西南地区	四川	3
				云南	1

资料来源：陈真：《中国近代工业史资料》，第 3 辑，第 842、843、868—869 页。

从表 3-19 可见，截至抗战爆发，未完成的企业多达 14 家，几乎占到经营企业总数的一半。如果国内外局势稳定，可以推断重工业的发展势头还是可以期许的，至少这未完成的 14 家企业可以有进一步的发展。再看资源委员会对厂址的选择，需要说明的是“数量”一列中的数字出现小数，尽管原资料中未给出解释，但是并不影响对企业总布局的判断。在华中地区经营的企业数量最多，占企业总量的一半，位居第二、第三的是西南地区、西北地区。在华东地区经营的企业数量最少。这种分布格局已经在试图改变中国工业的传统格局，即偏向东南沿海，开始将工业重心从华东等沿海地区向中西部转移。这一明智举措反映了资源委员会已经考虑到战争对工业的影响。

第四节　金融公债——对金融统制的助长

一、四行二局的建立有赖金融公债

南京国民政府于 1927 年召开的全国经济会议和全国财政会议是近代中国首次通过国家权力全面规划财政、金融体系。银行业最直接的变化是：其一，形成了以中央银行为首，由国际汇兑银行、地方银行、专业银行等共同构成的近代中国银行体系；其二，银行业相关法律法规的建立；其三，初步形成

专业领域分工。尽管金融领域的改革尚处在起步阶段,但是已经呈现质的改变。这些变化与金融公债息息相关。同时,由于实行金融垄断是政府行为,因此用于金融领域的公债全部来自内债,无外债。

从1927—1937年南京国民政府金融领域公债的规模和用途便可察觉到国家资本对金融领域的渗透。对中央、中国、交通等银行官股的增加来自民国十七年金融短期公债①的3 000万元和民国二十四年金融公债②的10 000万元(详见表3-20)。

表3-20 1927—1937年南京国民政府用于金融领域的公债 单位:万元

时间	名称	发行额	担保	用途
1928.10	民国十七年金融短期公债	3 000	关税余款	建设金融事业,拨付中央、中国、交通三银行股本
1928.11	民国十七年金融长期公债	4 500	关税余款	整理汉口中央钞,还中交借款
1930.1	民国十九年关税公债	2 000	关税收入	换回湖北整理金融公债
1930.9	民国十九年关税短期库券	8 000	财政部制定关税增加收入项下指拨	调剂金融财政之用
1931.12	民国二十年金融短期公债	8 000	庚子赔款德国部分项下照拨	调剂金融
1935.4	民国二十四年金融公债	10 000	新增关税收入担保	充实银行资金,拨还垫款,巩固金融
1935.8	民国二十四年整理四川金融库券	3 000	四川部分统税、印花、烟酒税月拨55万元	整理四川金融
1936.3	民国二十五年复兴公债	34 000	余关项下除拨付赔款外债及十七年金融长期公债统一公债外	完成法币政策,健全金融组织,扶助生产建设,平衡国库收支及拨存平准债市基金
1936.10	民国二十五年整理广东金融公债	12 000	粤区统税收入	整理广东金融

资料来源:参见附录中附表2。

① 国民政府财政部为建设金融事业,发行短期公债3 000万元。利率为周息8厘,每年付息2次,以3月底和9月底为付息之期。每年3月、9月还本两次。第一年至第三年按年还7%,即每次还3.5%,第四年至第六年还20%,即每次还10%,第七年还19%,至1935年9月底还清,即一次还10%,末次还9%。应还本息由财政部指定以关税内德国退还赔款余额项下为担保。发行价格为实收九二。参见《银行周报》,第12卷第39号,1928年10月9日。

② 按票面十足发行,年息六厘,以新增关税为担保。该金融公债此公债期限为十年,前四年,每年3月31日还本一次,后六年,每年3月31日、9月31日各还本一次。第一年至第四年,每年偿还本金总额1%;第五年、第六年,每年偿还14%,第七年、第八年,每年偿还16%,第九年至第十二年,偿还18%。直至1945年3月31日全部偿清。

作为国家银行的中央银行于1928年11月成立，银行条例第一条就明确规定了中央银行的性质是国家银行，以“统一全国币制，统一全国金库，调剂国内金融为目标”[①]，不以盈利为目的，享有经理国库、铸发国币、经理内外债和管理其他银行存放款等权利[②]。既然作为国家银行，那么银行资本理应来自国家。实际上，其资本来源于财政部于1928年发行的民国十七年金融短期公债3 000万银元中的2 000万银元。另有向上海各银行押借所得的1 000万亿元作为流动资金。1935年增资（官股）到1亿元，由财政部发行公债（民国二十四年金融公债的一部分）抵充[③]。

1935年，又开始对中国银行和交通银行增加官股，直至取得中国银行和交通银行50%和55%的股权为止。增持资金来自民国十七年金融短期公债中的1 000元和民国二十四年金融公债的一部分。

至此，交通银行资本10 000万元，官股100万元，交通银行增官股1 000万元。中国银行资本原2 500万元，内有官股500万元，增加官股2 500万元后，官股占6成。后因李铭以辞职要求只增加1 500万元，使官商占股各半。中国银行增资后由宋子文任董事长就任，由宋汉章兼任总经理。交通银行增资后，官股1 100万元，超过资本总量的1/10，原负责人并没有改变，仍由胡笔江担任董事长，唐寿民任总经理。

对中央、中国和交通银行增加官股，尽管汪精卫比较遮掩：“三行之增加官股，绝无纵横捭阖之意存乎期间。”但是蒋介石却坦言：“三行之增加官股，即统制经济之实施。”[④]孔祥熙给出的理由看似合理：“……窃自世界经济恐慌，绵亘数年，狂流波靡，我国莫能例外，物价跌落，百业衰颓，去岁复受美国提高银价影响，国内存银，巨量流出，益令金融枯竭，市面周转维艰，大有岌岌不可终日之势。……查中央银行资本，本部业于上年底增加10 000万元，但国库缺乏现金，发国库证券3 000万元作为抵付。……中国银行应再增官股2 500万元，交通银行增官股1 000万元。三者共需10 000万以上，由民

① 《银行周报》第12卷第43号，1928年11月6日。

② 具体包括：1.发行本位币及辅币的兑换券。2.经理政府所铸本位币辅币及人民请求代铸本位币的发行。3.经理国库。4.承募内外债并经理还本付息事宜。5.收管各银行法定准备金，办理票据交换，承做重点贴现等。

③ 徐琳：《试论邮政储金汇业局的经营活动——以抗战时期为例》，载《重庆邮电大学学报（社会科学版）》2008年3月，第15页。

④ 经济资料社：《T.V.宋豪门资本内幕》1948年1月。

国二十四年金融公债10 000万元充抵，不敷之数由财政部另筹拨足。此法既巩固金融又救济工商各业，一举两得。”①

此外，南京国民政府又于1935年将1933年成立的豫、鄂、皖、赣四省农民银行改组为中国农民银行，于1930年成立邮政储金汇业局，专营储蓄汇兑，于1935年10月1日成立中央信托局，资本1 000万元，控制各种出口物资的收购业务和经办信托保险业务。通过以上一系列的增资改组，南京国民政府通过公债完成了以四行二局为中心的金融垄断体制。

二、对“小三行”的控制离不开公债

南京国民政府趁“小三行”发行准备空虚之际，陆续注资，使其成为官商合办银行。

首先是中国通商银行。1935年，上海发生挤兑风潮，中国通商银行前董事长傅宗耀坚肯杜月笙出面维持，杜月笙继任该行董事长，由中国、交通等行拨款接济，挤兑形式缓和。1936年，经股东会议决议，改组通商银行为官商合办银行，将原有资本350万元按15%折合商股52.5万元，再由政府加入官股347.5万元，总资本400万元。随后，中国实业银行和四明商业储蓄银行被政府采取类似的方法改组为官商合办银行，即通过增加官股，稀释原有商股。

1937年2月28日，财政部密呈行政院《关于整理中国通商银行、中国实业银行和四明商业储蓄银行补交欠缴发行准备并加官股，贬值旧股》，原定三家银行各增股300万元，而中国通商银行、中国实业银行和四明商业储蓄银行各请求加入官股450万元、500万元和470万元，终拟分别加入347.5万元、347.4万元、366.3万元，共计官股1 061余万元。三行原有商股350万元、350.74万元、250万元，按照15%记为新商股，中国通商银行、中国实业银行和四明商业储蓄银行现存商股52.5万元、52.611万元、33.75万元。改组后的“小三行”官股占绝大比例，政府随即掌握了确定董事长、总经理人选的人事权，由中央银行和财政部指派傅汝霖担任中国通商银行董事长，周守良担任总经理，由胡以庸担任总经理，由吴启鼎担任四明商业储蓄银行董事长，李嘉隆担任总经理②。只有杜月笙担任中国实业银行董事长不是政府指

① 《银行周报》第19卷12期，1935年3月27日。

② 《银行周报》第21卷13期，1937年4月1日。傅汝霖兼任中央银行经济研究处处长，周守良、胡以庸兼任中央银行业务局副局长，吴启鼎兼任财政部统税署署长，李嘉隆兼任中央银行南京分行行长。

派，但是凭杜月笙和政府的关系，由他担任实业银行董事长，政府自然欢喜。至此，“小三行”完全被国家资本控制。

三、币制改革借助金融垄断体制

直接用于法币改革的公债有一笔，即由财政部呈请发行民国二十五年复兴公债，共3.4万元①，明确该笔公债用于完成法币改革，健全金融组织，扶助生产建设，平衡国库收支，拨存平准债市基金，谋求经济复兴。

中国近代金融业向来缺乏系统性，仅就银钱业而言，都因各自厉害往往不通力合作，更多地体现为对立竞争，所以金融垄断对于币制改革的推行具有重大意义，对于调整整个金融系统作用巨大。

除直接用于币值改革的公债外，金融垄断体制的建立为币制改革能够较为顺利地进行提供了制度支持以及比较适宜的金融环境。以四行二局为中心的金融垄断体制的确在一定程度上抑制了民族资本的发展，但在当时却有一定的合理性，符合银行业的发展和国民党独裁统治的利益。1932年和1935年两次重要的币制改革，即实现货币统一的废两改元以及完成用纸币取代金属货币的法币改革，如果不是借助国家金融垄断体系，币值改革之路会更加艰难和漫长，而金融垄断体制的建立又是依靠发行公债实现了官股对银行商股的稀释而完成。可以说发行公债为金融垄断体制的建立创造了条件，间接为币值改革铺平了道路。自1935年法币改革后，中央、中国、交通三银行成为“三位一体”的控制力，垄断钞票发行权。

---

① 按照票面额九八发行，利率为周年6厘，每年2月底及8月底各付息1次。偿还期限为24年。前5年每年2次各抽还5‰，第6年、第7年每次抽还8‰，第9年、第0年每次抽还9‰，第10年至第12年每次抽还18‰，第13年至第15年每次抽还24‰，第16年至第18年每次抽还30‰，第19年至第21年每次抽还36‰，第22年至第24年每次抽还39‰，预计至1950年2月底偿清。参见《申报》1936年2月23日。

第四章
南京国民政府经济建设公债效益的分析

对效益①的研究一般需要用一个统一的“指标”来衡量。关于南京国民政府经济建设公债的效益本应包括两个方面：一方面是关于各行业经济建设公债投入产生的效益的加总，另一方面是关于加总的效益需要用一个诸如货币的标准来衡量，但是这项工作并不容易，至此也未能找到合适的指标。

本章从直接效益和溢出效益两方面分析经济建设公债效益。其中直接效益包括：(1)公债投入建设项目的过程中产生的经济效用，即公债投入项目后，在建设尚未完工形成资本存量之前，以“增加投资—拉动需求—促进就业—经济增长”的经济增长机制实现 GDP 总量的增加；(2)公债投入的经济建设项目产生的直接成果，包括项目本身的建成以及建成后带来的直接收益，如营业利润等，而溢出效应包括经济溢出效益和社会溢出效益两方面。尽管此种分析方法无法用货币形式表示经济建设公债效益，但是可以对经济建设公债的效益有一个总体评估。其次，基于分析的需要，本章对经济建设公债采用与第三章不同的分类标准，分为交通建设公债、电气电政公债、农业水利公债、工业发展公债、金融公债五大类。

第一节　南京国民政府经济建设公债的直接效益

一、交通建设公债

1927—1937 年，南京国民政府依靠交通建设公债大力发展交通事业，形成了中国交通网络的雏形，这十年也成为中国交通建设的“黄金十年”。下

---

① 本书参考夏锦良将经济建设公债的效益定义为公债投入经济建设项目后所带来的有效产出的增加和社会福利条件的改善。夏锦良：《公债经济学》，中国财政经济出版社 1991 年版，第 257 页。

面具体分析经济建设公债对陆海空交通投入的直接产出。

（一）铁路建设公债的直接效益

南京国民政府成立后，尽管较为重视铁路会计整理工作，但是却以明晰会计项目为主，各路预决算报告没有统一的计算、统计方法，在预算执行时也没有有效的监督和纠偏机制，对铁路营运管理的统计工作几乎是空白。政府只管拨钱，少管花钱，不管挣钱。

正是因为客观上存在这种缺陷，要研究当时铁路公债的经济效益困难重重。由于统计资料本身的缺乏以及史料获得的有限，本人只能尽力从可以获得的片段化的史料去分析和推断经济建设公债投到铁路建设后产生的效益。

1. 铁路建设的成果

截至抗战爆发，铁路新增里程由1927年的13 000多公里发展到21 000多公里[①]，新增近8 000公里。比北洋政府时期修筑的3 422.28公里增加了一倍多，同时也比1938年至1945年修筑的3 909.38公里同样多出一倍[②]。其中关内修建铁路近3 400公里。京沪、包成、平汉、陇海、成渝、京赣、粤汉、沪宁、沪杭甬、浙赣等多条铁路相继建成，扩大了经济活动范围，促进了各地的经济交流，提升了沿线地区区位优势，对全国经济发展影响深远。表4-1、图4-1是关于1927—1937年铁路建设情况的不完全统计。

表4-1　1927—1937年铁路建设情况统计　　单位：公里

路　名	开工时间	竣工时间	长　度	线　路	备　注
吉敦铁路	1926	1928	210		
兆昂铁路	1925	1926			
陇海路东段	1931	1931	920	通至潼关	
吉海铁路	1927	1929	200.9		
	1927.6		183.9	吉林至朝阳	
奉海铁路西支线	1927.7	1927.12	66.78	沙河口至西安，为运煤线	
	1927.9	1928.8	16.6	海龙至朝阳镇	
京奉铁路大通支线		1927.10		新立屯至通辽	

① 《民立报》1913年2月28日、9月5日。

② 《中国近代经济史统计资料选辑》，第172—180页，转引自[美]费正清：《剑桥中华民国史，1912—1949(上卷)》中国社会科学出版社1994年版，第93页。

(续表)

路　名	开工时间	竣工时间	长　度	线　路	备　注
陇海铁路		1927.11		陕川至灵宝	
京奉铁路			10.6	潘阳南站至潘阳东站	
齐克铁路	1928	1930	129	通至泰安	
			175.3	齐齐哈尔至克山	黑龙江省以官督商办的方式修筑
	1928.7	1928.12	30.4	三间房至齐齐哈尔	
呼海铁路	1925	1928	220	通车至海伦	
		1927.1	113.3	松浦至绥化	
	1928.3	1928.12	101.9	绥北至海伦	至此呼海铁路全线贯通
吉敦铁路		1928.10			
	1928.10	1929.11	103	蛟河至双子山矿区	由吉林省当局筹款修筑,为运煤线,由煤矿租用
个碧铁路临屏支线		1929.10		鸡街至临安	
杭江铁路	1929	1932	11	通至兰溪	
洮索铁路	1929.8	1931	84.4	洮安至怀远镇	由兴安区屯垦公署筹款,北宁铁路局资助兴建,以便屯垦及开发森林矿产资源
齐克铁路昂榆支线	1929.5		6.4	榆树屯至昂昂溪	
北宁铁路北陵支线			11.8	潘阳至北陵	奉天省改为辽宁省,京奉铁路改成北宁铁路。铁路改归国有,原有商股,由铁道部换发公债
淮南铁路	1930.3	1931.12	214.7	田家庵裕溪口	
杭江铁路江兰段	1930.3		194.6	钱塘江南岸西兴至兰溪	由浙江省地方当局筹款兴建
北宁路葫芦岛段	1930	1931	13		
齐克铁路		1931.6	128.9	齐齐哈尔至泰安	
齐克铁路	1930.6	1930.11	48	宁年至拉哈	
陇海路支线	1930	1935	31	台赵段	
陇海路	1930.11		70.7	灵宝至通关	
粤汉路株韶段	1930		49.8	韶关至昌间	
个碧铁路云南省临屏支线	1931.1		40.7	临安至石屏	
洮索铁路辽宁省				洮安至怀远	后因日军侵占东北停修

（续表）

路　名	开工时间	竣工时间	长　度	线　路	备　注
四洮铁路			4.9		四平街至辽源三江口郑家屯间因辽河水患改线
杭江铁路		1932.3		江兰段	
金玉铁路	1932.11	1933.12	162.9	金华至江西玉山	
江南铁路	1933	1935	65	通至芜湖	
同蒲铁路	1933	1937	860	大同至风陵渡	
正太路榆谷段	1933	1934	2	正大路支线（微水至新井）	
苏嘉铁路	1935	1936	75		
粤汉铁路南北段	1898	1936	1 096	完成全路通车	
包成铁路	1936	1937	111		
京赣线皖赣段	1936	1937	228		
湘黔铁路	1936	1937	175		
浙赣铁路南昌段	1936	1937	11		
粤汉路黄埔支线	1936	1937	15		

资料来源：宓汝成《帝国主义与中国铁路（1847—1949）》，上海人民出版社 1980 年版，第 670—671 页。

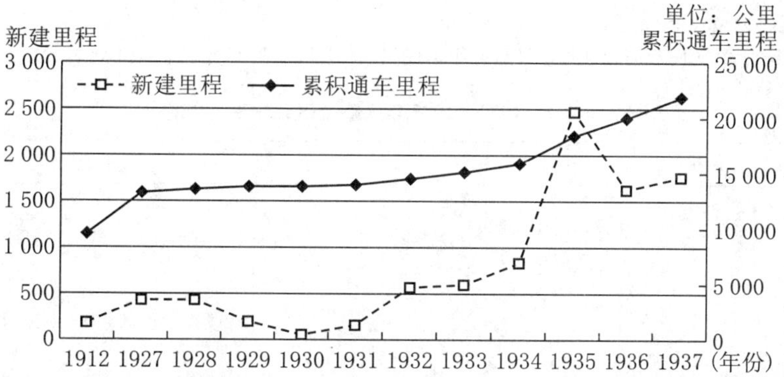

图 4-1　历年新建铁路里程计累积通车里程数（1912、1927—1937）

资料来源：宓汝成《帝国主义与中国铁路（1847—1949）》，上海人民出版社 1980 年版，第 670—671 页。

从表 4-1、图 4-1 可见，1927—1937 年南京国民政府为铁路发展作了不少努力。尤其是自 1932 年起，铁路修筑速度进一步提高，平均每年修筑 1 100 多公里①。战前前三年更是如此，而这三年也正是铁路建设公债举借

① 严中平：《中国近代经济史统计资料选辑》，科学出版社 1955 年版，第 180 页。

数额及次数最多的三年。据统计,1936 年至 1937 年 7 月,南京国民政府共建成铁路 2 030 公里,修筑里程数是 1927 年至 1925 年的 6.5 倍①。各重要干线,如粤汉、浙赣、陇海等铁路的建设也在这一时期加速完成的。1936 年 11 月伦敦路透社以《中国之惊人进步》为题采录张公权在上海《大陆报》刊登的文章《最近中国铁路建设情形》。中国铁路事业的发展已经引起了国外的重视。到 1937 年 7 月,浙赣铁路、黔桂铁路、川黔铁路、湘江大桥等修建项目仍在进行中。初步统计,铁路公债的建设成果见图 4-2、表 4-2。

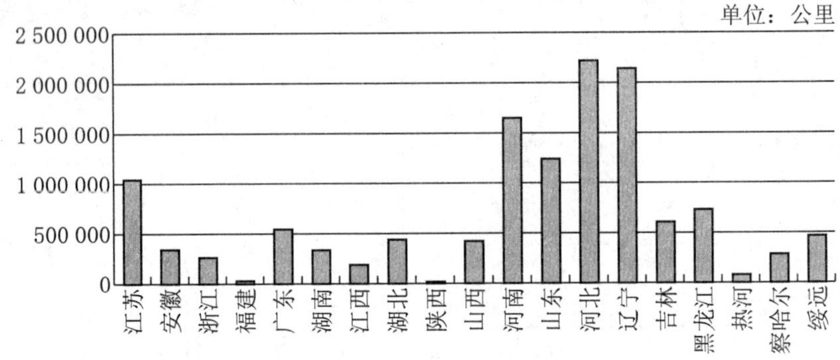

图 4-2　1933 年各省铁路实有里数

注:由铁道部于 1935 年 1 月依式填报。
资料来源:国民政府主计处统计局:《中华民国统计提要》,1935 年,第 1078 页。

表 4-2　1927—1937 年铁路公债实际建设成果

借款时间	借款双方	项　目	借款金额	成果成效
1933 年 12 月	铁道部向中英庚款董事会举借	浙赣路杭州玉山段购料借款	14 万英镑	筑成杭州至玉山段 363 公里的铁路
1936 年 8 月	铁道部向比利时铁路电车公司借款	宝成铁路借款	比金 45 000 万,合约近 5 000 万元	陇海铁路的宝(宝鸡)成(成都)段,全长 935 公里 《上海泰晤士报》评论宝成铁路的重要性不独于经济方面,就全中国交通系统而言,宝成铁路地理位置极其重要。宝成段的开通改善了深受交通阻碍之苦的中国西北、西南各经济落后边区
1933 年 7 月	铁道部借英国退还庚款	粤汉铁路庚款借款	470 万元	于 1936 年 4 月完成韶州至乐昌段,1 095.6 公里

① 陈谦平:《试论抗战以前南京国民政府的交通建设》,《民国档案与民国史学术讨论会论文集》,第 523—524 页。

（续表）

借款时间	借款双方	项　　目	借款金额	成果成效
1930 年	铁道部向法国借款	陇海路西宝段借款	法金 652 万、英金 53 万	陇海铁路灵宝至潼关段于 1931 年 12 月通车；1934 年 2 月潼关—西安段通车；1937 年 3 月西安至咸阳段、咸阳至宝鸡段通车；1935 年 6 月建成新浦旗站至连云港段。共计 403.3 公里
1935 年	法国巴黎工业公司借款	陇海路西宝段借款	1 000 万元	
1936 年 12 月		京赣借款		分皖段和赣段同时开工。皖段 268 公里，赣段修建 60 公里时由于皖南和宣城相继沦陷而停止，未被使用
1933 年 7 月	铁道部借英国退还庚款	粤汉铁路株韶段借款	截至 1936 年底到期应退还中国的庚款 245 万英镑，加上其他铁路应归还的铁路本金共计 290 万英镑，充作基金，发行公债，用于修建粤汉铁路株韶段	完成株韶段 456 公里。 株韶段重新选线，并按施工顺序将其分为七个总段，其区分如下：韶关至乐昌 50 公里为第一总段，乐昌至罗家渡 46.6 公里为第二总段，罗家渡至水头洞 66.7 公里为第三总段，水头洞至高亭司 60 公里为第四总段，高亭司至观音桥 75 公里为第五总段，观音桥至雷溪市 67 公里为第六总段，雷溪市至株洲 90.7 公里为第七总段。每个总段下设两个分段
1929 年		赣铁路杭（州）江（山）段		1930 年正式开工，于 1933 年完成杭江线暨金（华）兰（溪）支线，共 360 公里 浙赣线与长江走向相同，是沪宁杭地区通向腹地的铁路交通要道
1934—1936 年		两度发行公债，并向德国托华尔公司借款		杭江铁路开始向西延伸。1935 年，杭江铁路延伸至江西，1936 年至南昌，1937 年玉（山）萍（乡）线贯通，杭江至玉萍线至此改为浙赣线
1934 年 5 月	铁道部、财政部	第一期铁路建设公债，玉萍铁路公债	一部分是内债，以铁道部 1934 年 5 月发行第一期铁路建设公债 1 200 万元及财政部会同铁道部发行玉萍铁路公债 1 200 万元，共计 2 400 万元为修筑经费基金，发行后交银行团保管。双方订立质押借垫合同后，于 1932 年由铁道部向银行团举借浙赣路玉萍段工程借款 800 万元	1934 年 7 月正式动工，1935 年 12 月完成，1936 年 1 月 15 日正式通车营业。玉（山）南（昌）铁路途经上饶、横峰、弋阳、贵溪、东乡、进贤而达南昌，全长 2 万公里
1934 年	铁道部向德国奥托华尔夫公司举借	浙赣路玉山南昌铁路材料款	800 万元。德国公司供给玉南段铁路所需材料（包括钢轨铁桥、车辆等）	

（续表）

<table>
<tr><th>借款时间</th><th>借款双方</th><th>项　　目</th><th>借款金额</th><th>成果成效</th></tr>
<tr><td>1936年2月1日</td><td>铁道部</td><td>第二期铁路建设公债(南萍线)</td><td>2 700万元</td><td>1936年5月动手兴建,1937年9月建成通车。途经南昌的梁家渡经丰城、清江、新余、分宜、宜春至萍乡,全长263公里</td></tr>
<tr><td>1936年2月1日</td><td>铁道另向银行团举借</td><td>浙赣路南萍段工程借款</td><td>1 200万元。以第二期铁路建设公债为担保</td><td rowspan="2">(续上)该段铁路沟通粤汉干线,建造质量较高。全线共建大小桥梁80余座,其中清江的赣江大铁桥是最长的桥梁,长540米</td></tr>
<tr><td>1936.2月</td><td>铁道部向德国奥托华尔夫公司举借</td><td>浙赣路南萍段借款</td><td>1 000万元作为公司材料垫款,以铁道部第二期铁路建设公债本息及该路购入之建筑设备、动产、地产与完成后之营业权等作担保</td></tr>
<tr><td>1934年7月</td><td colspan="4">按新标准展筑玉山至萍乡段铁路于1937年9月完工。按新标准整理的杭玉段于1937年6月顺利完成。1934年开工,1937年完工通车。沪杭甬铁路的萧山至百官段;钱塘、曹娥两江的江桥工程。钱塘江大桥竣工,浙赣铁路全线顺利贯通。杭州至株洲通车。浙赣路成为东西大干线,南京、上海、浙江、江西、湖南和广东等省市连接更为紧密</td></tr>
<tr><td>1936年</td><td>铁道部向德国借款</td><td>湘黔铁路借款</td><td>3 000万元</td><td></td></tr>
<tr><td>1927年12月8日</td><td>中比</td><td></td><td></td><td></td></tr>
</table>

注:以120万镑的庚款退款为基金发行的公债估计是铁道部于1934年6月举借的民国二十三年六厘英金庚款公债,共150万英镑,用于完成粤汉铁路。

资料来源:《完成粤汉铁路之佳讯》,载《湘鄂铁路旬刊》第13期,(汉口)粤汉铁路湘鄂段管理局,1933年,第20页。秦孝仪《十年来之中国经济建设》,第27—28、第91页。交通部路政司《浙赣铁路简史》,1941年。转引自简笙簧《粤汉铁路全线通车与抗战的关系》,第78页。简笙簧《粤汉铁路全线通车与抗战的关系》,第78页。俞飞鹏《十五年来之交通概况》,第10页。

其中最为重要的成果为贯通南北大动脉粤汉路、东西大动脉陇海线以及连接东南各省的铁路线,以浙赣线为主。尽管铁路建设的成果较为丰富、建设铁路的正外部性也较为突出,但是由于铁路投资大、建设周期长、收效慢,再加上运营管理不善、运输收益率不高等问题,10年间,铁路公债的效益未能充分发挥。

对于铁路建设而言,除中央政府通过举借债务修筑外,地方政府对铁路建设的积极性也比较高,尤其表现为抗战前几年。广西省政府于1936年首先向中央提议修建湘桂铁路。1937年4月,于衡阳设立湘桂铁路工程处,7月开始兴筑,自粤汉铁路衡阳站为起点,图经桂林、柳州、南宁到镇南关。湘桂铁路的建成可以通过与粤汉铁路、浙赣铁路相连,沟通广西、广东、南京及上海等地。同时与越南良港海防相通①，便于中国战略物资的进出口，服务抗战。遗憾的是，受到战事影响，湘桂铁路只修通衡阳至柳州段。地方政府举债修路不在本文的研究范围内，因此不再赘述。

2. 铁路经营的状况

铁路经营状况由运输能力和运输业务两方面决定，其中运输能力主要由铁路的物质设备决定，如路轨、桥梁、枕木、车身等，关系运输的数量、速度、安全与准时的程度等。运输业务主要由铁路的人事与技术管理决定，关系运输成本、效率与便捷程度。铁路经营状况可以量化为营运用款和营运收入两方面。

表 4-3　中美日铁路各项营运用款占总量的百分比
（1927—1937 年的算术平均数）

单位：%

项　目	中　国	美　国	日　本
总务费	24.82	3.99	2.55
车务费	14.57	4.37	32.5
运务费	21.88	47.09	27.60
设备品维持费	19.84	24.77	9.90
工务维持费	18.52	19.78	18.45
车辆互用	0.37		
航务			2.55
其他			6.45
总计	100.00	100.00	100.00

资料来源：陈晖：《中国铁路问题》，生活·读书·新知三联书店 1955 年版，第 107 页。

从表 4-3 可见，中国铁路总务费占铁路营运用款的比重是美国、日本的 6 倍和 9 倍以上，可见，美国、日本两国铁路营运支出分配妥当，相比之下，中国铁路营运支出分配欠妥。这一现象与铁道部顾问门泰尔的实际考察相一致。1929 年国有各路每年用煤浪费达 23%，因购买不适用的枕木所造成的浪费达 35%，冗员达 45%②，对营运业务影响深重。

除浪费外，国有各路行车事故也常有发生，造成的损失不小。截至 1935 年年底，关内铁路共有机车 1 276 辆，其挽力为 10 300 吨。平均车龄超过 20

① 越南属法国殖民地。

② 门泰尔：《调查中国国有铁路总报告》，第 18—27、113 页。

年的占60%。货车15 500余量,可载货44.7万吨,其中损坏待修占25%①。究其原因,铁道部业务司给出了分析。因机务人事和技术导致的事故占50%,因公务人事与技术导致的事故占3%,因车务人事与技术导致的事故占6%,其余40%因责任不明确无法判断(参见表4-4)。先不考虑此种分析的科学性,仅从分析结果可见,事故的原因主要与管理和操作有关。进而可以推断,南京国民政府时期铁路工人的技术水平普遍有限,培训力度不足,对铁路管理缺乏认识。

表4-4　国有各路运行事故统计表　　单位:次

事故种类	1934年上半年	1934年下半年	1935年上半年	1935年下半年
撞车	24	36	23	24
出轨	182	201	176	161
脱钩	71	111	114	98
失火	12	13	17	17
烧毁车辆	504	454	354	400
车辆丢失	2	5	3	2
机车损坏	543	526	627	410
碾压致伤人员	307	319	340	340
碾压致死人员	267	297	286	348
铁轨损坏	27	32	21	28
损坏车钩	151	147	148	136
撞坏栅门	15	17	27	30
其他	96	170	122	112
总计	2 201	2 328	2 258	2 106

资料来源:陈晖《中国铁路问题》,生活·读书·新知三联书店1955年版,第109页。

尽管南京国民政府时期铁路营运面临铁路系统陈旧、路轨和车辆缺失维修、铁路管理适当、实际运行效率不高等问题,但是政府还是能够从铁路运营中得到一些收入。图4-3反映历年国有铁路营运收入。营运收入大致呈现上升趋势,但是上涨幅度并不大。况且,1927—1939年铁路平均营业净

① 翁文灏:《中国经济建设论丛》,资源委员会秘书处,1943年,第68页。

收入的35%用在借款利息的支付，大部分营业净收入，尤其是1926年以后，有一半以上移交中国政府用于一般开支①。所以铁路的经营状况并不理想。

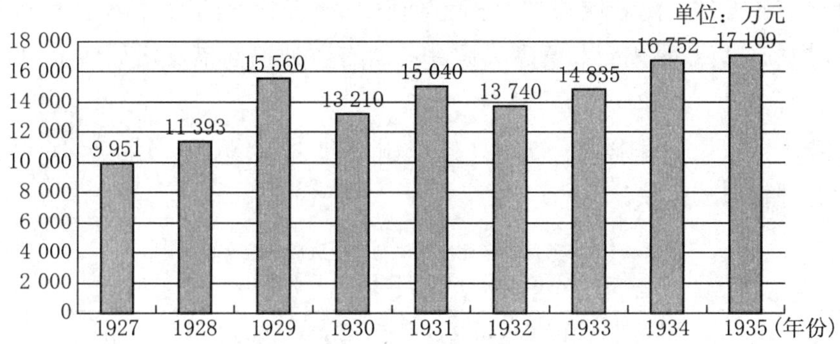

图 4-3　历年国有铁路营运收入统计

资料来源：严中平等编：《中国近代经济史统计资料选辑》，各年《中华国有铁路会计统计总报告》、《中华国有铁路统计总报告》。

再看货运量的变化。如图4-4所示，自1927年起，铁路货运量实现了二级跳，1931年的明显提升是由于铁路的规模效应开始显现，1934年的跨越一是投入铁路建设的力度加大，二是政策诱导。20世纪30年代为保证货物运输的畅通，南京国民政府颁布铁路统一技术新标准，经过整理的铁路，可使货物联运原车过轨，不必更换车身②。

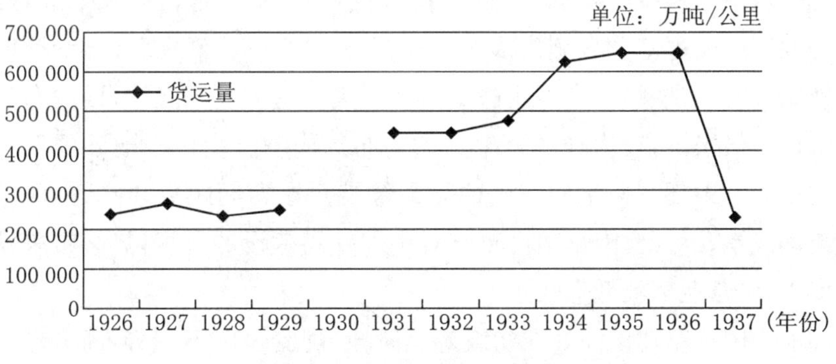

图 4-4　历年铁路货运量变化趋势图(1926—1937)

资料来源：严中平等编《中国近代经济史统计资料选辑》，科学出版社1955年版，第207—208页。

注：缺少1930年数据，1935年和1936年的数据一样，怀疑有误。

---

① 侯继明：《中国的外国投资和经济发展》，第32、39—42页。

② 《第三届第三次国民参政会交通部工作报告》，1944年9月，第6页；转引自简笙簧：《粤汉铁路全线通车与抗战的关系》，第115页。

然而,铁路的经营并不乐观。在路段全面整理之前,全路各处站员工薪水不能按月发放,为"备维持员工火食之用",路局不得不借款并以周转金形式借支与各处站。随着路段的全面整理以及经济状况的改善,员工薪水已能按时发放,以致整委会和管理局颁令:"所有各处以前借支之周转金,自应在发放薪饷时一律扣回缴局"①。

表 4-5 所示为湘鄂段车务处计核课制作的 1932 年 10 月与 1931 年 10 月营业进款增减比较。

表 4-5　湘鄂段车务处计核课制营业进款增减比较

(1932 年 10 月份与 1931 年 10 月份比)　　单位:元

	1931 年 10 月	1932 年 10 月	增　加
客运进款	8 113 740	9 678 535	1 564 795
货运进款	8 647 815	13 095 095	4 447 280
其他营业进款	4 175 80	591 780	174 200
共　计	17 179 135	23 365 410	6 186 275

资料来源:《湘鄂铁路旬刊》第 13 期,第 9 页。

3. 铁路规划的缺陷

截至 1937 年,从南京国民政府铁路的分布便可发现,已通行的铁路线很明显地呈现平行分布的特征,并且多集中在华北、东部地区以及东北地区,中西部地区的交通基础设施发展相对落后。"九一八"事变后,日本攫取了东北铁路,使中国铁路建设事业遭受惨重损失。这种重东轻中、西的布局并不经济。一般来讲,较为经济合理的铁路布局应符合由中心向外围发散的蛛网式布局。中部交通基础设施建设能够缩短东西间距离,降低东西地区要素流动成本。可是,南京国民政府对中部铁路建设的忽视,势必带来铁路利用率不高、营业额较低等问题。

加上中国铁路建设尚处在初级筹建阶段,配套设施不完善,尚未形成综合铁路运输体系,削弱了铁路对沿线地区经济发展的带动作用。交通等基础设施建设对经济增长的作用存在滞后又进一步将这种带动作用拉低,但并不能因此就否定铁路建设对经济发展的长期带动作用。随着铁路运输体系的完善、铁路网的逐步形成,区位优势会逐渐向比较优势转变,铁路的扩

① 《湘鄂段管理局训令第一六四三号》,载《湘鄂铁路旬刊》第 15 期,第 10 页。

散影响力才能深程度的发挥。况且南京国民政府修筑的铁路对沿线地区的溢出效益也是比较明显的。

(二) 航空航运建设公债的直接效益

1. 航空业破冰式的发展

南京国民政府实现了民航事业的从无到有，先后建成中国①、欧亚、西南②三大航空公司，航线数 10 条，里程超过 168 万英里③。南京国民政府对航空的发展提供了有限的支持，具体表现为举债筹备欧亚航空公司。

欧亚航空公司成立于 1931 年 3 月，是中国与德国汉莎航空公司合办。资本初为 300 万元，后增至 510 万元。中国占 2/3，德方占 1/3。该公司主要营运国际航线，主要航线有三条：一是从上海经南京、天津、北平及满洲里，转俄国至欧洲；二是从上海经南京、天津、北平及库伦，转俄国至欧洲；三是从上海经南京、甘肃、新疆，转俄国至欧洲。

至 1934 年底，欧亚航空公司的航程经上海先到塔城，后自塔城与苏俄航线联运，然后经莫斯科到柏林，此航线已经通航。此外，西安到北平一线已经通航，正在增设的支线有一条支线自兰州到西宁、宁夏，一条支线自迪化到伊犁，另一条支线自迪化至喀什干，其他联络各大重要城市的支线在上海至柏林通航后陆续举办。中国航空公司所经营的已经通航的航线有沪蜀

① 中国领空上正式有本国交通源于中国航空公司成立。中国航空公司设立于 1929 年，原为中国独资经营，后依据国民政府颁布的中国航空公司条例第五条的规定，与美国拓展公司签订航空运输与航空邮务合同，依合资公司法规，组成中美合作公司。后改为 1 000 万元资本总额，中国占 55%。美方占 44%。

中国航空公司通航航线

航　线	路　线	航　程	通航时间
沪蜀线	上海至汉口	914 公里	1929 年 10 月 17 日
	汉口至重庆	891 公里	1931 年 4 月 1 日
沪平线	上海至北平	1 427 公里	1933 年 1 月 10 日
沪粤线	上海至广州	1 620 公里	1933 年 10 月 24 日
渝昆线	重庆至昆明		已通航，时间不明
康藏线			筹备困难，不能通航

参见白寿彝《中国交通史》，河南人民出版社 1937 年版，第 193 页。

② 由西南军政当局陈济棠等发起，1933 年 6 月成立筹备处，定资 150 元。

③ 《民立报》，1913 年 2 月 28 日、9 月 5 日。

线,经上海沿长江到重庆,再到成都。另有支线,重庆到贵阳也已通航。正在新建上海到广州的航线,经温州、厦门、汕头、香港①。

由于第一条航线因战事停运,第二条因天气停运,第三条因战事只能通航至西安、兰州。因此,欧亚航空公司开始经营国内航线。主要有平粤线(北平至广州)2 200 公里、包兰线(包头至兰州)。

表 4-6 所示为 1937 年民营航空情况。

表 4-6　1937 年民营航空的情况

飞机数量	航空线路(千公里)	飞行里程(千公里)	航空运输			
			客运(千人)	货运及邮运(千公斤)	客运延人公里(千延人/公里)	货运及邮运延吨/公里(千延吨/公里)
29	9	2673	23	440	17 229	341

资料来源:交通部统计出根据中国航空公司及中央航空公司统计月报之材料编制。参见国民政府主计处统计局(主计长:徐堪):《中华民国统计提要》1947 年,第 84 页。

2. 航运业跨越式的发展

中国轮船总吨位由 1920 年 155 150 吨,增长到 1936 年 576 875 吨②。

自第一、第二次鸦片战争至甲午中日战争,列强逐步取得了中国沿海航行权、主干河流长江的航行权及内港航行权,外洋与其他国家往来运输者几乎全部依赖外轮。在沿海行驶的外国轮船总净吨数共 33 万吨,其中以英船为主,日本次之,美国再次③。长江由海洋直通内地,轮船总吨位为 20 万吨,其中英船依然最多,日本与中国本土船只数量相仿,美国次之④。英美两国轮船总吨位在 1 000 万吨以上,日本约 500 万吨,中国本土船舶吨位和其他国家船舶吨位合计不到 50 万吨⑤。自 1930 年起外国在中国沿海及内河航权订约逐步取消,中国开始兴建航线,发展航运事业,尤其是涉足远洋航线。

经济建设债务中用于与航运相关的共 5 笔,内债 1 笔。其中外债包括铁道部于 1931 年 12 月向中英庚款董事会举借的首都轮渡工程及材料借款,20 万英镑;1933 年 2 月的新增首都轮渡料款 1.6 万英镑;交通部于 1933 年 5 月向中英庚款董事会举借的招商局改进行业借款,36 万英镑;交通部于 1933

① A/215.6, 301-01-01-001,国史馆档案,军事委员会档案,军事委员会参事室稿。

②③④ 高路:《1900—1937 年中国社会精英对城市化与城市现代化道路的探索》,载《华中师范大学博士论文》,2013 年 11 月,第 22 页。

⑤ 翁文灏:《中国经济建设论丛》,资源委员会秘书处,1943 年,第 69 页。

年8月向中英庚款董事会举借的招商局购置海伦借款，16.9万英镑；铁道部于1937年4月向荷兰治港公司举借的广东港河工程借款，200万美元。唯一1笔内债是财政部于1937年4月发行的民国二十六年辟浚广东省港河工程公债，以粤海关附征5%进口税为担保，用于完成广东黄埔辟港及疏浚珠江浚河工程。

财政部于1929年4月发行疏浚河北省海河工程短期公债，以津海关值百抽五税收项下附征8%的收入作抵，至足敷全部偿清为止。用于海河工程费用、购买土地的费用。

海关埠际贸易货值是国内各口岸海关的轮船运输货值，可以反映由轮船运输的区际商品流转情况。

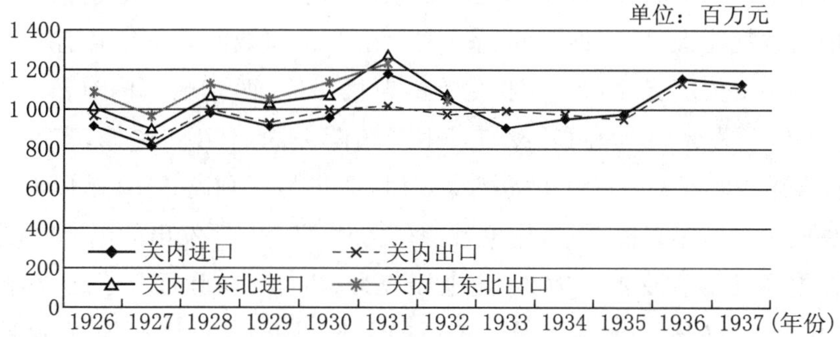

图 4-5　海关埠际贸易货值变化趋势

注：1932年后因东北沦陷，东北各关数据不计入海关统计。
资料来源：根据历年海关贸易统计数据绘制。

1927—1937年，贸易货值在10亿元上下浮动，其中在1931—1932年以及1936—1937年出现两次贸易峰值，正好是债务的峰值，从一个侧面反映出这一时期流转量的变化和全国商业流通规模（见表4-7）。

表 4-7　1937年内河航线里程与船只

航线里程（公里）	船只				客运（千人）	货运（千公吨）
	轮船		帆船			
	艘数	吨数	艘数	吨数		
18 492	1 027	118 484	11 408	372 622	16 388	22 873

资料来源："航线里程"、"船只"由交通部统计出根据各航政局告送的现时行驶轮帆船艘吨数月报表的材料编制。"客运"、"货运"由交通部统计出根据各航政局告送的河水运输的材料编制。参见国民政府主计处统计局（主计长：徐堪）：《中华民国统计提要》，1947年，第82、83页。

粤汉铁路还与航空公司办理陆空联运业务。粤汉铁路竣工后,欧亚、中国两家航空公司立即与其合作,开辟汉口至长沙、汉口经广州至香港的航线①。在抗战初期,这两条陆空联运路线发挥的作用同样相当巨大,贵重或急需物品的抢运,往往由飞机运送至后方的长沙,再由粤汉铁路(或者再转其他运输线路)运送到目的地。只是由于汉口和广州的沦陷,稍有起色的陆空联运不得不宣告停顿。

二、电气电政事业公债

(一) 电气事业公债的直接效益

1. 首都电厂

首都电厂改组后,沈嗣芳立即开展整体考察,发现电厂普遍存在由于设备陈旧导致耗能大、效率低等问题。该厂在下关和城内西华门各有一所发电所。其中下关厂有 1 000 基罗瓦特汽轮机 1 座,西华门厂内有蒸汽机 6 座,共 920 开罗爱。因为两厂没有采用凝汽设备,加上年久失修,实际不过 300 基洛瓦特。下关厂每度电需燃煤 3 磅,西华门厂则高达 10 磅以上。电线、电杆、变压器等老损严重,偷电现象较为严重。电厂发出的电 60%都损耗于偷电及线路消耗上。电灯额定电压应为 220 伏,实际远小于此,最低只有 30 伏。西华门厂发电量不及下关厂的 1/3。以西华门老厂为例,晚间最高可负荷 400 千瓦,电压 3 300 伏特,实际电压 1 500 伏特,发电 4 000 度,耗煤 29 吨②。自 1929 年起对首都电厂进行扩充改造。整理方针一是增加其发电容量,一是废除西华门厂不工作的蒸汽机。1929 年、1930 年两年,首都电厂添置中小型机器,西华门厂装置柴油引擎,其中两周期引擎两部,共 450 匹马力,四周期引擎一部,700 匹马力,小柴油引擎两部,共 185 匹马力,总共添加 1 335 匹马力。下关厂增添 1 600 千瓦及 750 千瓦透平发电机各 1 座,锅炉 3 座。1930 年年底,南京电厂已有显著进步。发电耗煤成本自每度 4 分 2 厘减至 2 分 3 厘。路线损失自 60%减至 30%。用户自 3 000 余家增至 13 000 户。现就下关厂、西华门厂新增设备的情况制作表 4-8。

首都电厂被南京国民政府接收后,发电量和发电容量均有大幅提高。

---

① 龚学遂:《中国战时交通史》,商务印书馆 1947 年版,第 257、262 页。

② 王树槐:《首都电厂的成长,1928—1937》,见《中央研究院近代史研究所集刊》第 20 期,1991 年 6 月。

表 4-8　截至 1930 年下关厂、西华门厂拥有机量

	下关厂		西华门厂
	设　备	详　情	
1	1 000 基洛瓦塔透平发电机 1 座	美国奇异厂制造，三相 60 周波，2 300 伏	魏廷敦公司黑油引擎 270 匹马力 1 座，配奇异厂发电机 175 基洛瓦塔 1 座三相 60 周波 2 300 伏
2	750 基洛瓦塔透平发电机 1 座	同上	魏廷敦公司黑油引擎 180 匹马力 1 座，配奇异厂发电机 120 基洛瓦塔 1 座三相 60 周波 2 300 伏
3	1 600 基洛瓦塔透平发电机 1 座	瑞典 J.M.W.&A.S.E.A. 两厂合制，三相 60 周波，2 300 伏	瑞士机车机器黑油引擎 700 匹马力 1 座，配威斯汀豪斯发电机 460 基洛瓦塔 1 座三相 60 周波 2 300 伏
4	拔柏葛水管式锅炉 2 座	其中一座由 150 磅锅炉改造。受热面积每座 2 531 方尺，气压每方寸 230 磅，超热 160 度	拔柏葛旧锅炉数只，共 300 基洛瓦特，单相 60 周波，2 300 伏
5	拔柏葛水管式锅炉 2 座	受热面积每座 2 531 方尺，气压每方寸 150 磅，超热 120 度	小黑油引擎 2 只，一为 85 开罗爱，一为 50 开维爱，均为三相 60 周波，400 伏
6	美国 Heine 公司造水管式锅炉 2 座	受热面积每座 2 250 方尺，气压每方寸 200 磅，超热 160 度	

资料来源：《中国各大电厂纪要》，第 102—103 页。

表 4-9　首都电厂历年发电量表　　单位：千瓦、千度

年份	发电容量	指　数	发电量	指　数	机量因数
1911	300				
1917	680				
1919	1 680				
1927	1 350				
1928	1 400	100	5 160	100	42.1
1929	2 940	210	7 270	141	28.2
1930	4 540	324	13 208	256	33.2
1931	4 540	324	13 152	255	33.1
1932	14 620	1 044	13 937	270	10.9
1933	13 810	986	19 079	370	15.8
1934	12 600	900	24 000	465	21.7

(续表)

年份	发电容量	指　数	发电量	指　数	机量因数
1935	12 600	900	29 707	576	26.9
1936	20 000	1 429	45 958	890	26.3
1937	30 000	2 143	103 993	2 015	39.6

资料来源:转引自王树槐《首都电厂的成长,1928—1937》,见《中央研究院近代史研究所集刊》第20期,1991年6月。《中国近代工业史资料》,第775页。陈中熙:《解放前中国电力工业的演变》,见《回忆国民党政府资源委员会》,第176页。全国电气事业指导委员会:《十年来之中国电气事业建设》,建设,(20)(调查报告),第50页。《中国各大电厂纪要》,第101页。朱大经:《十年来之电力事业》,见《十年来之中国经济》,第411页。

从表4-9可以看到,首都电厂的前身江苏省立南京电灯厂在民国初年被江苏省实业厅接收后年发电量仅为1928年改组后的首都电厂发电容量的不足1/4,截至抗战前,发展到1928年的21倍,1937年的发电量是1928年的20倍。可见,南京国民政府对首都电厂的投入力度还是比较大的。这一点从1930年国民政府对首都电厂下关厂的计划投入力度便可见一二(见表4-10)。该投入的收效反映在1932年的首都电厂的产能上,比1930年、1931年的发电容量和发电量都增加3倍以上。

表4-10　1930年首都电厂下关厂的扩充计划

项　目		费　用
甲	5 000 KW 发电机两座	188 000 美元
	锅炉两座	147 000 美元
	厂房钢架	27 000 美元
	马达及锅炉控制设备	13 650 美元
	其他设备	18 000 美元
乙	蒸馏器、运煤机及附加设备	8 986 英镑(152 762 银元)
丙	购地	40 000 银元
	建筑费	294 000 银元
丁	建筑期投资利息	160 000 银元
	起卸装机费	50 000 银元
	关税	160 000 银元
	薪工杂费	37 500 银元
合　计		2 586 957 银元

资料来源:《中国各大电厂纪要》,第107—109页。

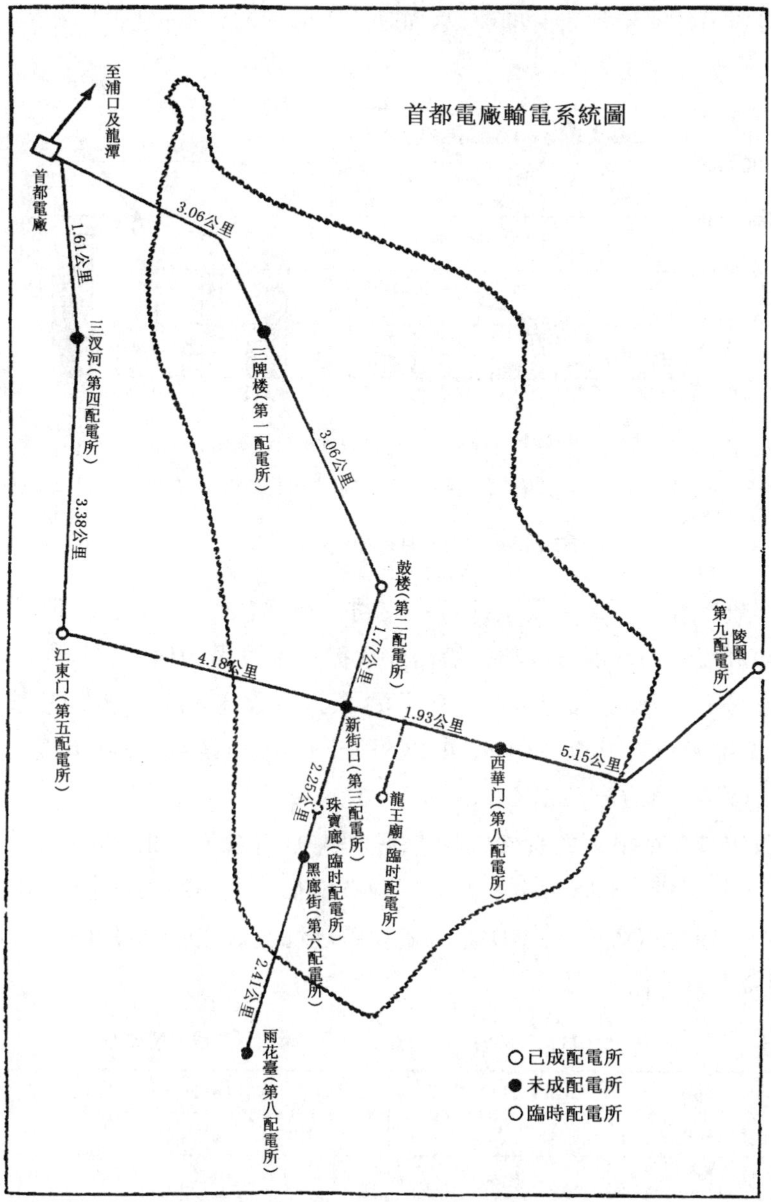

图 4-6　1930 年年底首都电厂下属各配电所建造情况

资料来源：王树槐《首都电厂的成长，1928—1937》，见《中央研究院近代史研究所集刊》第 20 期，第 332 页。

从图 4-7 中关于首都电厂收入支出的盈利情况可见，首都电厂自 1928 年被建设委员会接收以来，每年均有盈利，并呈现不断增加的趋势。这部分盈余并没有用于电厂自身的建设,而是用于公债的还本付息。

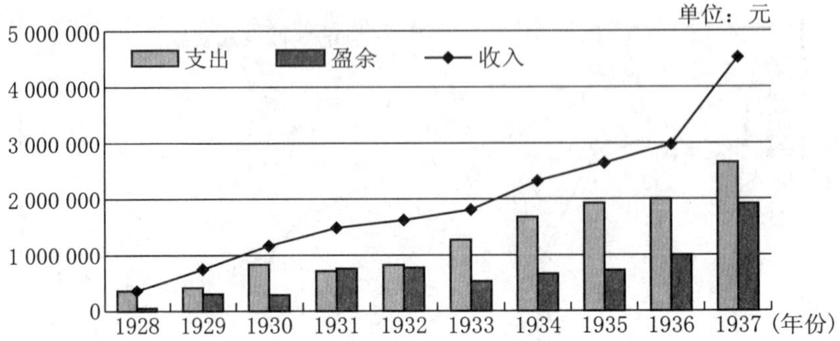

图 4-7　1928—1937 年首都电厂经营情况

资料来源:《中华民国统计提要》,第 1149 页。根据王树槐《首都电厂的成长,1928—1937》中表 19 至表 25 制作。

注:1928 年、1929 年数据根据该年 8 月数据推算全年数据得出。

尽管首都电厂经营盈余部分在支付债务本息后所剩无几,但是首都电厂的盈利能力为其能够成功举借内外债提供了可靠的信用保证①。1933 年资产总额 659 万元,固定资产 510 万元,收入总数 206 万元,费用总数 119 万元,用户总数仅 2 万户,发电容量 13 810 千瓦,发电度数 1 908 万度②。

2. 戚墅堰电厂

发展戚墅堰电厂的直接成果表现为输电线路的增加。从表 4-11 可见,自 1928 年起每年新增输电线路里程均有增加。电杆增加量在 1931 年突破 8 000 根,新增钢塔量在 1931 年也实现跨越性突破,从 1930 年的 26 座陡增至 1931 年 77 座。

表 4-11　1928—1933 年戚墅堰电厂增设输电线路情况

年　份	1928	1929	1930	1931	1932	1933
输电线路(里)	471	538	644	680		
电杆(根)		7 130	7 680	8 118		
钢塔(座)			26	77		79

资料来源:《戚墅堰电厂年刊·工程》,1930 年,第 1—7 页。《中国各大电厂纪要》,第 120—121 页。《戚墅堰电厂事业报告·设备》,1934 年,第 7—8 页。

① 王树槐:《首都电厂的成长,1928—1937》,见《中央研究院近代史研究所集刊》第 20 期,第 332 页。

② 国民政府主计处统计局:《中华民国统计提要》,商务印书馆 1936 年版,第 1149 页。

1936年戚墅堰电厂的发电容量比1928年增加了3倍，发电度数增加2—3倍。依靠该电厂电力抽水灌溉的农田面积15万亩以上，无锡、常州、丹阳等地农村已通电①。1933年资产总额399万元，固定资产262万元，收入总数151万元，费用总数109万元，用户总数1.2万户，发电容量9 600千瓦，发电度数3 226万度②。

表4-12　1928—1937年戚墅堰电厂发电容量及发电量

年份	发电容量（千瓦）	发电量（千度）	最高负荷（千瓦）	机量因数（%）	负荷因数（%）
1928	6 400	16 500	2 960	29.4	63.6
1929	6 400	18 097	3 500	32.3	59.0
1930	6 400	22 160	4 123	39.5	61.4
1931	9 600	25 964	4 491	30.9	66.0
1932	9 600	24 676	5 200	29.3	54.2
1933	9 600	32 261	6 600	38.4	55.8
1934	9 600	37 292	7 330	44.3	58.1
1935	17 350	39 603	7 700	26.1	58.7
1936	17 350	48 380	10 200	31.8	54.2
1937	19 600	57 798	9 900	33.6	66.6

资料来源：转引自王树槐《江苏武进戚墅堰电厂的经营，1928—1937》，见《中央研究院近代史研究所集刊》，第21期，2000年6月，第9—11页。

从图4-8戚墅堰电厂输电系统图可以看出戚墅堰电厂10年间的发展。截至1937年，无锡、武进地区的输电系统已初见规模。

（二）电政事业公债的直接效益

受资料的限制，目前无法得知11笔外债和2笔内债投入电话、电报、电台事业建设后对原有电政事业发展的影响程度，但是从已知的9笔电政事业外债用途可见，电政事业公债的使用相对比较清楚，基本都是用于购买机器设备。

由表4-13可知，交通部于1933年11月举借的无线报话机材料借款为例，该项借款共举借4.8万英镑，用于购买无线电报话机料。其中包括：第二式小无线电报话两用发射台3座，自动电报机2副；第二式短波收音台6座，

① 刘公昭：《张人杰与中国革命建设》，第171—172页；郑亦芳：《中国电气事业的发展》，第136、195页。

② 国民政府主计处统计局：《中华民国统计提要》，商务印书馆1936年版，第1149页。

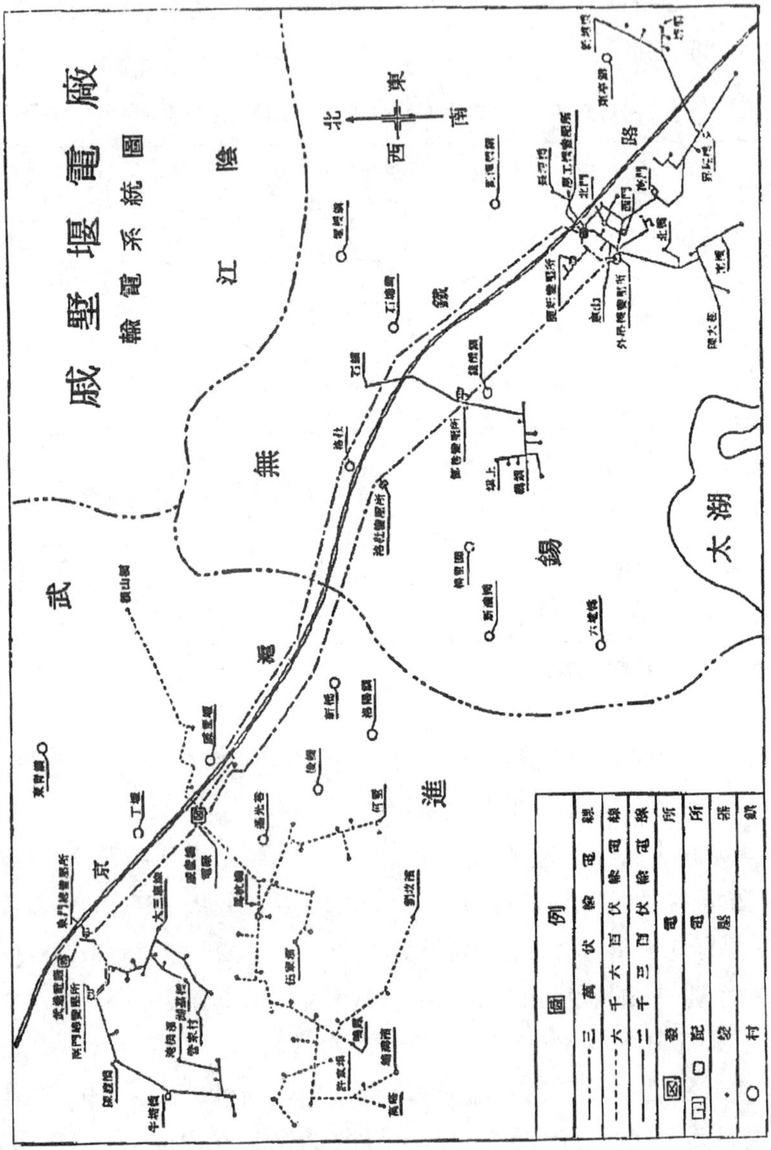

图 4-8 1937 年戚墅堰电厂的规模

资料来源:转引自王树槐《江苏武进戚墅堰电厂的经营,1928—1937》,见《中央研究院近代史研究所集刊》第 21 期,2000 年 6 月,第 9—11 页。

电话连接机 4 架；第三式收音台 2 座，以及天线、真空管、发动机等机件①。借款利息自第一次购料付款之日起照当时所欠实数按周息 5 厘起息，自购毕材料末次付款之日起于未开始还本前每半年给付 1 次，于开始还本后按月给付 1 次。本金在添购国际大电台的 5 万镑借款②以及订购有线电报机、电话机料的 2 万英镑借款③本息清偿后开始偿还。每月偿还 7 万英镑，共 1 年偿清。

表 4-13　1927—1937 年南京国民政府电政事业公债的用途

时　间	名　称	用　途
1928 年 11 月	首都自动电话借款	订购首都电话局使用史端乔式自动式电话机器及线路材料
1929 年 6 月	上海自动电话借款	订购上海话局用自动电话机器及各项材料
1929 年 6 月	武汉自动电话借款	订购武汉话局用自动电话机器及各项材料
1932 年 12 月	添购国际电台借款	购买国际电台
1933 年 8 月	购办有线电话材料借款	购买有线电话材料
1933 年 11 月	无线报话机材料借款	购买无线电报话机料
1935 年 1 月	交通部无线电台机件价款	订购短波无线电发报机(SWB-8)7 架
1935 年 5 月	交通部无线电台机件价款	上述 7 架中 3 架改为报话双用设备、加装机件
1935 年 2 月	扩充首都话局南局机价借款	首都话局新设南局扩充机件等设备和材料
1935 年 4 月	交通部无线电报话机价款	购买短波无线电报话收信机 14 架
1935 年 6 月	扩充首都话局北局机价借款	首都话局新设北局扩充 500 号机件等设备和材料

资料来源：参见附录中附录 1。

据《中华民国统计提要》统计，截至 1937 年，建成电报线路 8.2 万公里，长途电话线路共计 12.6 万公里。此统计数据与《交通部统计年报》关于国营有线电报线路长度的统计 8.9 万公里相差较大，详见表 4-14。由于尚无旁的资料佐证，因此无从得知差距较大的原因，有待进一步考证。

从表 4-15 中可知，有 1 笔外债用于购买国际电台。虽然不曾得知购买的具体内容，但是国际电台的完备对于加强国际间的通讯联系、信息交流和商业往来的作用是不可估量的。

此外，根据台湾中央研究院近史所馆藏交通部档案，交通部于 1934 年

---

① 机关：27-04，宗号 156-(2)，《交通部购买无线电报话机料等四万八千英镑借款草约》，交通部档案，中央研究院近代史所档案馆。

② 指 1932 年 12 月 8 日由交通部向庚款董事会的借款。

③ 指 1933 年 8 月 6 日由交通部向庚款董事会的借款。

表 4-14 1937 年电讯线路

电报线路		长途电话		市内电话线条长度(千对公里)
线路长度(千公里)	线条长度(千条公里)	线路长度(千公里)	线条长度(千对公里)	
82	126	45	80	96

资料来源:交通部统计处根据电信总局报送之材料编制。国民政府主计处统计局(主计长:徐堪):《中华民国统计提要》1947 年,第 85 页。

表 4-15 国营有线电报情况

年份	局所数	职工人数	线路长度万公里	电报机(部)	国内发报(万)		营业收支(万元)			资本支出(万元)
					字数	次数	收入	支出	盈亏	
1932	933	13 127	8.9	1 914	14 806	305	1 575	981	+594	8.0
1933	942	13 157	9.1	2 069	13 354	287	1 411	1 002	+409	21.6

资料来源:根据交通部 1933 年、1934 年《交通部统计年报》编制,第 42、43 页。

2 月 27 日请借 20 万英镑用于建设九省长途干线以及江苏省话线,以实现九省重要都市之间可以相互直接通话,江苏省内各重要城市以及与九省其他城市能够相互通话。从档案中并未找到关于此笔借款的具体内容,在各类史料汇编关于内外债的汇总表中也未发现以建设九省长途为名或为目的的债务,因此,无从判断此笔借款是内债还是外债。然而幸运的是,邮电史编辑室在 1984 年出版的《中国近代邮电史》一书中有关于此 20 万英镑来源的一句简短描述,"修建九省长途电话,工程浩大,所用经费是挪用英国退还的庚子赔款中原来制定作为导淮的经费计 20 万英镑"①。至此,尽管并不清楚是挪用了哪一笔导淮借款,但是我们对九省长途电话建设用款已经有了进一步的认识。由于此笔借款并没有以建设九省长途电话为名,而是挪用导淮借款,因此,本人未将该笔借款列入附录中附表 1"1927—1937 年南京国民政府外债一览表"中。

在档案中,还发现了 20 万英镑用于九省长途电话项目的进展情况。从中可以试图推测,用于建设九省长途干线以及江苏省话线的 20 万英镑的直接效益。九省计划在 1935 年 3 月前完成,江苏省计划将分三期进行,每期 6 个月,于 1935 年 10 月前完成。两项计划除材料税捐外,共需 5 414 950 元,其中 2 187 831 元由交通部自行筹措,其余 3 227 119 元通过举借外债筹得。拟借庚款 20 万英镑。表 4-16、表 4-17 所示为九省及江苏全省长途电话经费核算总表。

① 邮电史编辑室:《中国近代邮电史》,人民邮电出版社 1984 年 10 月版,第 186 页。

表 4-16　九省长途电话经费核算总表

路别	庚款购料项目					自筹经费				共计
	钢铁线	磁隔电子连脚	水线	机械	小计	木杆	木担及零件	工运费	小计	
京汉	369 112	106 920	50 000	183 610	709 642	153 300	118 951	100 736	372 987	1 082 629
京津	495 470	125 280	20 000	322 360	963 110	208 500	131 184	165 683	505 367	1 468 477
青济	94 415	42 760			137 175	71 400	50 086	100 867	302 101	485 560
潍烟	27 834	18 450			46 284	51 000	28 748			
汉长	85 044	22 050	5 000	1 100	113 194	76 500	48 316	40 283	165 099	278 293
徐郑	80 527	14 300		700	95 527	73 100	37 558	57 783	168 441	263 968
上海				20 000	20 000					20 000
共计	1 152 401	329 760	75 000	527 770	2 084 931	633 800	414 844	465 352	1 513 996	3 598 927

资料来源：机关：27-04，宗号 156-(3)，中央研究院近代史所档案馆，交通部档案，请借庚款 20 万英镑建设九省长途干线以及江苏省话线。

表 4-17　江苏全省长途电话经费核算总表

期别	庚款购料项目					自筹经费				共计
	钢铁线	磁隔电子连脚	水线	机械	小计	木杆	木担及零件	工运费	小计	
第一期	148 989	40 875	6 000	94 590	290 814	125 775	19 181	74 100	219 056	509 870
第二期	211 756	86 171		174 56	472 417	72 320	34 823	86 410	193 553	666 030
第三期	210 959	87 088		80 850	378 896	115 730	39 196	106 300	261 226	640 123
共计	571 704	214 134	6 000	350 350	1 142 188	13 825	93 120	266 810	673 835	1 816 023

资料来源：机关：27-04，宗号 156-(3)，中央研究院近代史所档案馆，交通部档案，请借庚款 20 万英镑建设九省长途干线以及江苏省话线。

九省长途电话干线建设项目完成的预期收入情况见表4-18,从中可见,年收益122余万元。

表4-18　九省长途电话营业收入状况预测表　　单位:公里/元/次

互通地点	距　离	拟定每次通话价目		预测每月通话次数		每月花费收入
		普通	加急	普通	加急	
京　汉	808	3.45	10.35	600	30	2 380.5
京　津	1 085	4.30	12.90	600	30	2 967.0
京　平	1 226	4.65	13.95	800	40	4 278.0
京　济	735	3.20	9.60	180	9	662.4
京　徐	380	2.00	6.00	100	5	230.0
京　蚌	190	1.05	3.15	120	6	144.9
京　青	1 135	4.45	13.35	90	5	467.3
京　赣	690	3.05	9.15	450	22	1 573.8
京　浔	515	2.50	7.50	180	9	517.5
京　皖	330	1.75	5.25	90	5	188.8
京　无	90	0.55	1.65	180	9	133.9
沪　汉	1 168	4.55	13.65	2 100	100	10 920.0
沪　赣	1 090	4.35	13.05	210	10	1 044.0
沪　浔	915	3.80	11.40	300	15	1 311.0
沪　皖	730	3.30	9.90	120	6	455.0
沪　无	490	2.40	7.20	240	12	1 142.4
沪　平	1 586	5.55	16.65	900	45	5 744.3
沪　青	1 535	5.45	16.35	2 400	120	15 042.0
皖　蚌	520	2.50	7.50	90	5	262.5
津　青	776	3.20	9.60	600	30	2 028.0
平　青	916	3.80	11.40	250	12	1 086.8
汉　浔	280	1.50	4.50	700	35	1 207.5
汉　赣	452	2.60	7.80	900	45	2 691.0
无　蚌	280	1.50	4.50	60		90.0
沪　津	1 445	5.20	15.60	2 400	120	14 352.0
沪　济	1 135	4.45	13.35	600	30	3 070.5
沪　徐	780	3.40	13.20	300	15	1 218.0
沪　蚌	590	2.75	8.25	120	6	379.5
津　汉	1 893	6.30	18.90	600	30	4 347.0

（续表）

互通地点	距 离	拟定每次通话价目		预测每月通话次数		每月花费收入
		普通	加急	普通	加急	
平 汉	2 037	6.55	19.65	120	6	903.9
青 汉	1 943	6.45	19.35	60		445.1
京津沿线区间各局						6 000.0
京汉沿线区间各局						4 000.0
京 汴	717	3.15	9.45	60		189.0
京 郑	791	3.40	10.20	100	5	401.0
徐 汴	337	1.80	5.40	180	9	372.6
徐 郑	417	2.15	6.45	240	12	693.4
汴 郑	80	0.50	1.50	600	30	345.0
沪 郑	1 191	4.60	13.80	60		276.0
济 郑	795	3.40	10.20	60		204.0
津 郑	1 171	4.55	13.65	90	5	477.8
济 汴	715	3.15	9.45	30		94.5
湘 汉	463	2.25	6.75	1 500	75	3 881.3
京 湘	1 257	4.75	14.25	120	6	655.5
沪 湘	1 657	5.75	17.25	300	15	1 983.8
赣 湘	901	3.50	10.50	180	9	724.5
浔 湘	729	3.20	9.60	60		192.0
总 计	每月收入	101 755.0 元		每年收入	1 221 060.0 元	

资料来源：机关：27-04，宗号 156-(3)，中央研究院近代史所档案馆，交通部档案，请借庚款 20 万英镑建设九省长途干线以及江苏省话线。

三、农业水利公债

中国的农业生产在全国生产总额中占头等地位，出口贸易也是以农产品为大宗。尽管抗战前 10 年是中国从传统的农业国迈向近代工业国的转型期，然而，农业始终是工业发展的基础，开展国家经济建设理应充分考虑对农业的支持。这一点充分反映在经济建设公债的投向上，不论是关于水利建设的公债还是为发展蚕丝业举借的债务或是对戚墅堰电厂的投资，深究到底，都是为了发展农业。

(一) 公债投入水利建设的直接效益

水利建设公债主要集中于导淮。据郑肇经的调查研究,完成导淮整体工程所需资金 2 亿元。预期收效主要有:防范 5 000 万亩土地免受洪灾,其中包括淮河流域、运河两岸、沂泗沭流域等,涸湖增垦土地面积约 245 万亩,输水灌溉 4 100 余万亩土地面积,开通航线 930 公里[①]。综观 1934 至 1937 年间,先后施工完成的导淮工程,使淮河流域每年增收近 330 百万元粮食。论其成效,防洪方面,淮水、沂水、泗水可顺畅入海,不再侵入运河,苏北的灾害得到预防。淮河中上游的堤坝工程确保了中上游的安全,皖北泛滥之祸也祛除过半。航运方面,南自扬子江,经运河北达陇海路,自皖境腹地,沿淮河经运河也可直航长江,直至出海口。灌溉方面,苏北 2 000 余万亩土地不再缺水。淮河流域的农业水利得到发展。

表 4-19　导淮后的成果

可以避免洪水的地面	洪泽湖以上淮河流域	20 000 000 亩
	裹运东西	18 000 000 亩
	沂泗沭水流域	12 000 000 亩
	共计	50 000 000 亩
可以涸湖增垦的地面每亩平均价值以 25 元计,共 60 000 000 元	盱眙五河之间	500 000 亩
	废黄河	950 000 亩
	高宝邵伯等湖	1 000 000 亩
	共计	2 450 000 亩
可以得水灌溉的面积	高宝湖区	2 250 000 亩
每亩征水捐每亩每年以 1 角计,每年共征 4 140 000 元	裹运以东范公堤以西	11 740 000 亩
	沿通扬运河	2 500 000 亩
	范公堤以东沿海	5 000 000 亩
	徽山湖以南	20 000 000 亩
	共计	41 490 000 亩
开辟航路共 913 公里。初办数年每年运输货物以 2 500 兆吨/公里计。每吨/公里平均征货运捐 3 厘,每年可征 7 500 000 元闸捐,码头捐不在其内		

资料来源:机关:27-02,宗号:22-3,中研院近史所档案,导淮委员会档案,导淮工程,民国二十五年八月。

---

① 郑肇经:《中国之水利》,商务印书馆 1951 年版,第 59—62 页。

孙中山在《建国方略》中视导淮为“国民之所最需要”①，并对导淮工程提出标本兼治的构想。1911年起，江淮水利局、江北运河工程局、安徽水利局以及山东运河工程局等积极办理导淮工程的测量。国内的江淮水利局、安徽水利局以及全国水利局等以及国外的美国红十字会工程团、美国工程师费利门等也积极制订导淮计划，但是终由于经费巨大，筹措无门，导淮工程未见成效。

南京国民政府成立后，1928年建设委员会设整理导淮图案委员会，搜罗有关导淮的图表、计划等资料为导淮计划提供参考。1929年成立导淮委员会，蒋介石亲任委员长，全面负责从勘测到计划再到实施。自1930年7月开始勘察全域各河的实况，实地测量入江入海各路线及各重要区域，同时聘用德国汉诺威大学教授方修斯来华任顾问工程师，帮助实地勘测与研究图籍，并初拟计划报告。

导淮委员会在1931年4月公布导淮工程计划，试图从三方面开展导淮工程，即排洪、灌溉及航运②。其中淮河的导治以排洪、分流为原则，利用洪泽湖作为调节枢纽，使淮河洪水在洪泽湖停留，后分两路入江入海③。同时配合农田灌溉，引洪泽湖水增加灌溉水源及灌溉面积，修筑运河两岸堤防，仅通过修筑三河至扬州六闸两岸筑堤，开垦高、宝湖流域成田就增加200万亩良田④。航运的整理则以改良运河航路为主，在邵伯镇、杨庄等地修新式船闸，加深运河水位。有关导淮的收效将在下一章节进行具体论述。

1932年1月“入海水道工程局”在江苏淮阴成立，负责导淮入海水道的开浚工程⑤。导淮入海水道自洪泽湖起，途经张福河、杨庄、废黄河，在套子口入海，全长约200公里⑥。李仪祉在《导淮初步工程计划说明书》中计划开

① 《孙中山全集(第6卷)》，中华书局1985年版，第254页。

② 胡焕庸：《两淮水利》，第62页。

③ 李仪祉：《李仪祉全集》，中华丛书委员会1956年版，第144页。

④ 入江水道路线，由洪泽湖出三河，至金沟，趋东南入高邮湖、唐家湖，再辟新河田南湖达邵伯湖，至六闸穿运河，出归江各引河，取道芒稻河、廖家沟，至三江营入长江，计长153公里。并于洪泽湖口以下，建筑三河活动坝以调节入江水量等。郑肇经：《中国之水利》，第59—60页。

⑤ 档号：27-04/161-(2)，《庚款、筹划工款》(民国22年9月30日)，《导淮委员会档案》，(台湾)“中央研究院近代史研究所”藏。胡焕庸：《两淮水利》，第68页，注：于3月在江苏涟水县属陈家港，成立入海水道工程局。

⑥ 中国国民党中央委员会党史委员会编：《革命文献》第30辑，第902页。

浚地段连湖中航道长约 105 里,需工费 105 万元[①]。初步疏浚工程[②]花费 80 余万,其中有部分来自英庚款料款借款[③],由于资料有限,并不清楚中英庚款料款借款所占份额。1935 年 1 月 30 日,成立"导淮委员会借用中英庚款保管委员会"保管中英庚款借款[④]。

导淮工程是一项整体工程,由多个子工程构成。据郑肇经的调查研究,完成导淮整体工程共需资金 2 亿元。受资料所限,只能根据已获得的资料了解该工程的大致情况。根据李仪祉的研究,导淮入海工程由三闸工程、高邮船闸工程、整理运河西堤工程、三河活动坝工程以及杨庄活动坝工程组成。详见图 4-9、表 4-20。

三闸工程[⑤]是经济委员会为整理航道于 1932 年 1 月提出的两年施工计划的主要内容。此外,另有在高邮运河西岸的越河港建小型船闸一座、整理运河西堤工程、开辟刘老涧闸东岸引河工程[⑥]。

三闸工程共花费 210 万元[⑦]。完工后,自淮河流域交通自长江上游,北达宿迁,西达怀远,可以终年通航 900 吨位大船或 10 艘 40 吨位小船并行过

---

① 档号:27-04/159-(2),《中俄庚款筹划工款》(民国 20 年 2 月 8 日),《导淮委员会档案》,(台湾)"中央研究院近代史研究所"藏;《张謇导淮计划宣告书》,《东方杂志》第 10 卷第 1 号(民国二年七月),第 2 页。

② 档号:27-09/1-(2),《张福河工程实施(一)》(民国廿二年五月三十一日、廿二年七月十四日),《导淮委员会档案》,(台湾)"中央研究院近代史研究所"藏;胡焕庸:《两淮水利》,第 68 页。

注:此工程于 1933 年 1 月 1 日起正式开工,6 月底竣工,7 月开坝通流。

③ 档号:27-04/161-(2),《庚款、筹划工款》(民国 22 年 9 月 30 日),《导淮委员会档案》,(台湾)"中央研究院近代史研究所"藏。

④ 档号:1162.13/3830.01-6,《导淮工程计划》(民国 24 年 2 月 13 日、16 日),《国民政府档案》,国史馆藏。

⑤ 三闸工程在邵伯、淮阴、刘老涧各建一座大船闸,其中邵伯船闸筑于邵伯湖湖滩,江都邵伯镇之西,计自闸顶至闸底共深 12.7 公尺,于 1934 年 3 月开工,同年 10 月完工,1936 年 10 月通航。淮阴船闸闸址位于淮阴县西中码头至杨庄间新开引河的中部,1934 年 3 月开工,于 1936 年 6 月竣工,7 月开放通航。刘老涧船闸在宿迁刘老涧中运河旁,刘老涧船闸部分竣工时间稍晚,于 1937 年 3 月通航。由于山东洪水挟沙较多,为保证航运安全,因此需要在刘老涧船闸上游另外建造一座新式泄水闸,以引山东洪水,经六塘河、灌河以入黄海。三闸闸室各净宽 10 米,净长 100 米,上下游最大水位差,邵伯闸处为 7.7 米,淮阴、刘老涧处各 9.2 米。档号:27-05/8-(1),《借用庚款保管委员会成立案》(民国 25 年 12 月 21 日),《导淮委员会档案》,(台湾)"中央研究院近代史研究所"藏。档号:27-04/151-(2),《借用英庚款现款》(民国 25 年 7 月 7 日),《导淮委员会档案》,(台湾)"中央研究院近代史研究所"藏。郑肇经:《中国之水利》,第 63—64 页。

⑥ 档号:27-04/161-(2),《庚款、筹划工款》(1933 年 9 月 30 日),《导淮委员会档案》,(台湾)"中央研究院近代史研究所"藏。

⑦ 档号:27-04/177-(2),《借款保委会财务杂件》(1935 年 3 月 19 日),《导淮委员会档案》,(台湾)"中央研究院近代史研究所"藏。

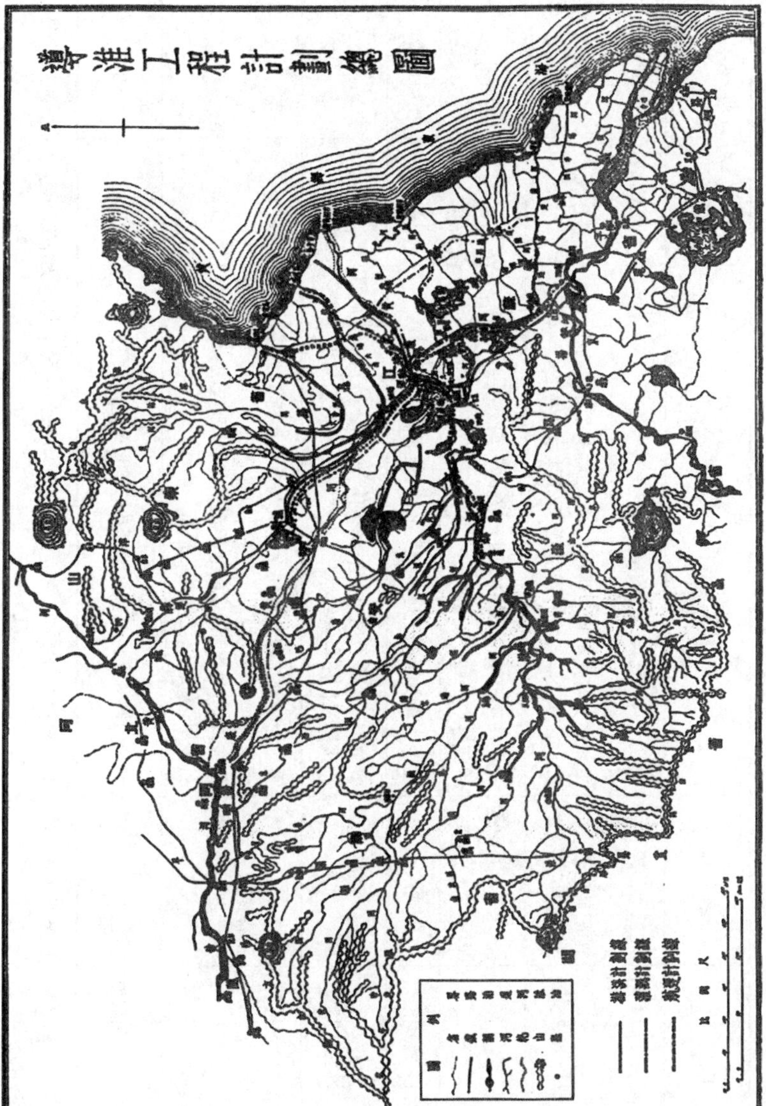

图 4-9　导淮工程计划总图

表 4-20 导淮入海工程各子工程的具体情况

工程名称	工程目的	所在地	工程计划及成绩	工作日期		经费来源及数目(元)
				开工	完工	
建邵伯船	黄河长江间通航	江都邵伯镇	此闸为自长江入运河的第一闸	1934.2	1936	696 000
建淮阴船闸	黄河长江间通航	淮阴城西新引河中	此闸亦为新式重安全通航机阀,结构与邵伯船闸大致相同,自1934年春先开新引河,至8月始兴闸工	1934春	1936秋	750 000
建刘老涧船闸		宿迁刘老涧中运河之旁	此闸结构与淮阴、邵伯二闸大致相同,南自淮阴船闸经此可至陇海铁路	1934.4	1936.7	706 000
建高邮船闸	黄河长江间通航	高邮城西	此闸为高邮诸湖及运河通航之用,较邵伯诸闸为小	1935.6	1936.4	67 000
整理运河西堤	黄河长江间通航	高邮、宝应诸湖东边	此堤旧时闸洞及缺口甚多,湖河绕连,若不分别整理则邵伯淮阴二闸不能操纵水位,故先后进行,以至完工	1934.12	1935.8	243 000
筑三河活动坝		洪泽湖入三河之口。即周门	此坝为导淮工程计划江海分疏与灌溉航行的关键,全坝坝基及坝墩均用混凝土建筑,门系钢制,各自活动,启闭敏捷,足资操纵湖水,免下游水旱,及冲刷入海水道与航行之用,曾分12工区先后进行	1935.6		估算1 000 000
筑杨庄活动坝	黄河长江间通航	淮阴船闸西偏之发黄中	此坝为调节入海水道之泄量及运河水位之用	1935.11	1937.6	3 553亿英镑

资料来源:其中筑杨庄活动坝预计经费3 553亿英镑,此数据有待考证。参见李仪祉《十年来的中国水利建设》,载《十年来的中国》,第319—321页。

闸，实现航运与铁路运输（陇海、津浦两线）的联运。同时，流域可获灌溉之利[①]。

整理运河西堤工程。为维持淮阴、邵伯、运河水位，西堤涵洞缺口需加以修理封堵，防止洪水侵入运河。整理工程与船闸建筑同时进行。共封堵缺口19处，修理涵洞7处，小船闸1座，共花费33万元。于1935年10月完工。

三河活动坝建筑于洪泽湖口的三河头，长750米[②]，联通洪泽湖和三河，用以控制淮水入江水道的流量，并增加洪泽湖水位[③]。增进洪泽湖吐纳淮水的功效。于1935年兴工，预计1937年完成[④]。该坝采用史东奈式设㡓[⑤]门60座，各净宽10公尺，高5.5公尺，支于混凝土坝墩之间，上架机件控制其开合。坝底为混凝土地板，上下游各铺乱石块用以保护。岸墙使用用支撑式钢筋混凝土。坝墩上跨建公路桥，用以联络三河两岸的交通。全部工程于1938年完成。坝工及钢门等共价350万元。

淮阴杨庄活动坝位于淮阴杨庄镇的东边，在导淮入海水道的入海口，调节入海水道泄水量及运河水位而修建。其形式与三河坝相同。1935年冬动工，计划1年完成，建筑费共50万元。

表4-20统计的导淮子工程并不完全外，现进行补充。

"六塘河疏浚工程"。六塘河为入海之道，长约200余公里。每逢淮水涨水，中运[⑥]、张福河、盐河流入六塘河，除此以外诸多河流均汇入六塘河，淮水涨水，六塘河流域必将泛滥[⑦]。1934年1月六塘河疏浚工程开工，于7月完成[⑧]。

"张福河疏浚工程"。自洪泽湖的高良涧到淮阴码头镇运河口，全长约31公里，张福河的疏浚打通了淮水入海的咽喉。船只能够沿淮河东下直至

---

① 中国国民党中央委员会党史委员会编：《革命文献》，第30辑，第901—902页；郑肇经：《中国之水利》，第63—64页。

② 今淮水由洪湖下行者，有二道：一出三河下高宝湖，由六闸三江营入江；一经张福河至淮阴向南仍折入里运河，而三河下泄水大于张福河达15至20倍之多，故三河为现今淮水最重要之出路。胡焕庸：《两淮水利》，第36页。

③ 胡焕庸：《两淮水利》，第36—37页。

④ 郑肇经：《中国之水利》，第65页。

⑤ 注：并未查出"㡓"字的读音及意义，推测是笔误或是通假字，猜测应为"牐"，同闸。根据档案作"闸门"来讲也比较合理。

⑥ 中运河指自夏镇到杨庄一段，全长250公里，流域面积27 928平方公里。胡焕庸：《两淮水利》，第24页。

⑦ 胡焕庸：《两淮水利》，第19页。

⑧ 但胡焕庸称六塘河之疏浚工程始于1933年，江苏省政部征工3万余人，用款35万元，历时5个月完工。郑肇经：《中国之水利》，第65—66页。但依据胡焕庸：《两淮水利》，第19—20页。

运河①。同时,流经地域能够缓解增垦土地和已有农田的灌溉压力。三河活动坝工程亦积极进行。截至1937年抗战爆发之时,导淮委员会举办之淮阴、邵伯、刘老涧三船闸工程亦过半,三河活动坝正在兴建中。江苏省政府举办的导淮入海工程也已经完成②。淮河洪水入江有了节制,对长江下游也有相当利益③。

上述导淮工程分期展开施工④,详细情况见表4-21和表4-22。每一期导淮工程均是按照排洪、灌溉以及航运三方面规划。

表4-21　第一期工程分年经费计算表　　单位:元

	1931—1932年	1932—1933年	1933—1934年	1934—1935年	1935—1936年	总　计
排洪工程	8 218 200	8 218 200	7 718 200	7 818 200	600 000	32 572 800
(1) 建筑蒋坝镇洪泽湖口活动坝及船闸鱼道	1 000 000	1 000 000				2 000 000
(2) 开挖淮河入江水道	7 218 200	7 218 200	7 218 200	7 218 200		28 872 800
(3) 修筑洪泽湖围堤及泄水闸				600 000	600 000	1 200 000
(4) 建筑中运河活动坝三座			500 000			500 000
灌溉工程	150 000	750 000	3 050 000	2 300 000	3 350 000	9 600 000
(1) 添置里运河各闸洞新式闸门	100 000					100 000
(2) 改建通□通运河口闸门	50 000					50 000
(3) 开挖洪泽湖至泾河闸之干渠及建筑淮水闸		750 000	750 000			1 500 000
(4) 兴办□湖区垦辟工程			2 300 000	2 300 000		4 600 000
(5) 开挖□河至串场河之渠					1 110 000	1 110 000
(6) 开挖泾河闸至串场河之渠					2 240 000	2 240 000
航运工程	1 925 200	630 900	1 651 600	2 000 000	160 000	7 367 700
(1) 建筑淮阴邵伯二船闸	750 000					750 000
(2) 自刘老涧至三江营及怀远至蔡工闸航道浚深及筑堤	875 200	800 000			160 000	1 835 200

① 中国国民党中央委员会党史委员会编:《革命文献》第30辑,第902页。

② 胡焕庸:《两淮水利》,第77页。

③ 李仪祉于1938年春离世,故本段所述应为1938年以前之统计。李仪祉:《李仪祉全集》,第145页。

④ 受资料限制,只获得第一、二、三期工程经费的不完全统计数据,至于共有几期工程,目前通过已获得资料来看,不得而知,但是能够间接看出,导淮入海工程是有详细规划的,同时因为导淮入海工程经费主要来源外债收入,受债权国监督,导淮外债所得资金被挪用的可能性不大。

（续表）

	1931—1932年	1932—1933年	1933—1934年	1934—1935年	1935—1936年	总　计
(3) 建筑蔡工新浦龙□三船闸	300 000	600 000				900 000
(4) 建筑龙□活动坝及草坝共三座		200 000				200 000
(5) 自蔡工闸至新浦闸航道浚深及筑堤		30 900				30 900
(6) 建筑刘涧河定得胜三船闸			1 100 000			1 100 000
(7) 自□宁口至刘老涧闸航道□及改建铁路桥			551 600	2 000 000		2 551 600
总　　计	10 293 400	10 599 100	12 419 800	1 118 200	4 110 000	49 510 500

资料来源：蒋中正《导淮工程计划》，中华民国二十二年六月再版，第8页。由于档案模糊不清，个别文字已不能识别，用符号"□"表示（下同）。

表4-22　第二、第三期工程一览表　　单位：元

工程期次	工程项目	工　程　细　目	工费估计
第二期工程	排洪工程	1. 沂河治导工程	9 596 400
		2. 泗河治导工程	372 200
		3. 沭河治导工程	7 759 200
		4. 淮河上游干河治导工程	70 000 000
	灌溉工程	1. 里运河开浚汜水之堤顶	757 600
		2. 建造串场河通海及通扬运河通江诸闸	待估
		3. 中运河不牢河两岸建闸开渠	待估
	航运工程	1. 疏浚山东南运河并建造船闸以连黄河	待估
		2. 淮河怀远建造船闸及活动坝	待估
		3. 临洪日灌河口海桥工程及灌河港埠工程	待估
第三期工程	排洪工程	1. 淮河上游各支流治导工程	待估
		2. 山东南运河湖上游治导工程	待估
	灌溉工程	1. 山东南运河湖各区农田水利	待估
		2. 淮河上游各区农用水利	待估
	航运工程	1. 添筑船闸联运里运河□河与串场河之航道	待估
		2. 浚深各河渠并添筑船闸航行两千吨之船只	待估
	水电工程	1. 将坝洪泽湖口水电工程	待估
		2. 徽山湖口水电工程	待估

资料来源：蒋中正《导淮工程计划》1933年6月，第9页。

据估算，导淮全部工程需款近2亿元，实难一次凑齐，因此导淮委员会根据财力按照轻重缓急、预期成效选择工程逐渐推进。经过筛选，包括邵伯、淮阴、刘老涧三大船闸工程、整理运河西堤工程、三河活动坝工程、杨庄活动坝工程在内的共11项工程作为首批重点项目。现将此4项工程外的7项工程简单介绍。

入海水道工程。此工程自洪泽湖，出张福河至杨庄，经废黄河至套子口入海，全长约200公里。总计工程费约3 400万元，分期施工。入海水道的第一段工程为张福河工程。该河自洪泽湖口高良涧起，至入运河口码头镇止，全长约31公里。该段是淮水入海水道咽喉，也是引淮济运的孔道，所以导淮委员会将张福河作为第一期疏浚工程。工程内容包括将原有河槽扩宽挖深。新河底宽度为32公尺，深度7公尺。自1933年1月开工至7月完工，共挖土220万公方，工费约50万元。张福河工程结束后，后续河段扩宽深挖工程自1934年6月继续，至1936年东入海水道工程全部完工①。

皖淮筑堤浚河工程。自1931年冬开工，为期1年，共修堤1 000公里。后继续淝河浚河工程，长约26公里，新建沿淮涵洞24座。后又陆续对提防加以培修，成效显著。普通大水可以防止，收益农田达1 000万亩②。

疏浚六塘初步工程。六塘河上自宿迁耀徐厂起，经泗阳、淮阴、涟水、沭阳、东海、灌云，经灌水入海。长约200公里。1934年1月开工，7月竣工，共花费35万元。自此以后，沿河数万亩农田再无受灾③。

修建惠济闸工程。惠济闸在淮阴码头镇之东南，是节制洪泽湖水侵入运河的诸多闸口之一。此闸由于日久失修，失去了节制作用，特加以整修。此工程于1936年4月开始10月完工，共花费10万元。

周门活动坝工程。周门活动坝位于阜宁周门，在导淮入海水道中，用于调节淮水入海流量，并可将洪水排入串场河及沿海新运河④，供海滨垦殖灌溉。于1937年开工，1937年完工，共花费60万元。

整理归海各港工程。自1932年起将射阳、新洋、王港、竹港、何垛等港道加以浚拓及截弯取直，以利于水流入海。于门龙、王港、竹港、何垛四港的海口各建大闸一座。至1934年各工程均陆续完工，工款约150万元。

整理安丰塘工程。安丰塘位于安徽寿县以南，原为灌溉水库。由于水源堵塞，塘堤已废弃，于1936年4月开始实施引水入塘工程。该工程惠及沿

①②③ 机关:27-02,宗号:22-3,(台湾)中央研究院近代史研究所档案,导淮委员会档案:《导淮工程》1936年8月。

④ 郑肇经:《中国之水利》,商务印书馆1951年版,第64—65页。

塘40万亩农田。后陆续建造进水闸以及整理塘堤。1937年春全部工程完工,共需15万元。

至1936年8月,此11项工程基本完工。

表4-23所示为导淮入海项目费用明细。

表4-23　导淮入海项目明细

单位:元

总项目	分项目	工程估价	费用明细	施工时间	可获利益
整理运河航道	邵伯、淮阴、刘涧三船闸			1934年2月开工,1935年12月完成	自三江营起可以北接陇海铁路,西达皖北怀远。航线总长500公里。900吨以下船舶可通行无阻。淮域腹部的农矿物产以及外部的货物均可流通
	建筑高邮船闸	10万	引河土方工程1.8万 建筑工程7.2万 管理费及其他1万	1935年6月开工,1936年4月完成	
	修建惠济闸	5万	引河土方工程1万 建筑工程3.7万 管理费及其他0.3万	1936年	
杨庄活动坝		工程总花费在100万以上	1/3工程花费50万元。其中: 建筑工程47.9万 管理费及其他2.1万		入海水量得以控制,运河水位得以维持,与三大水闸相辅为用
三河活动坝		525万	引河土方工程170万 坝基坝墙及基础工程180万 闸门及闸关机件160万 管理费及其他15万		当淮洪初至时,可敞开流水,腾空湖水积蓄,供容纳洪水到来时的一部分洪水,减轻对下游的冲击。在平日里,洪泽湖可用于蓄水,供给航运及灌溉之需
整理濉河		124万	开挖河槽增培堤岸工程104万 改造桥梁修建闸门涵洞工程20万		濉河不再淤塞,两岸农田可免受泛滥之灾并得到灌溉
安徽安丰塘灌溉工程		13万	开挖干渠4.4万 增培环塘堤防3.7万 涵洞开坝4.3万 管理费及其他0.6万		环塘稻田20万亩,每亩增产2石,按每石3元计,每年可增加收入120万元

资料来源:机关:27-02,宗号:22-3。中研院近史所档案,导淮委员会档案:《水利概况》民国二十四年。

依靠中英庚款退款借款完成的导淮水利工程有邵伯、淮阴、刘老涧三闸工程与张福河疏浚工程等。其中三闸工程运用新式设备,创下中国水利史上的一项新记录①。表4-24、表4-25是关于使用庚款购买材料的不完全统计。

---

① 档号:27-04/161-(2),《庚款、筹划工款》,民国22年9月30日,《导淮委员会档案》,中央研究院近代史研究所藏。

表 4-24 导淮委员会托伦敦庚款购料委员会在英购买材料数量价目单

材 料	应用地点	数量、长、吨	价值英镑	到沪日期
钢 筋	邵伯船闸	456	3 390	1934 年 9 月 10 日
	淮阴船闸	523	3 888	
	刘涧船闸	456	3 390	
	总 计	1 435	10 668	
钢板椿	邵伯船闸	448	5 670	1934 年 9 月 20 日
	淮阴船闸	454	5 747	
	刘涧船闸	550	6 962	
	总 计	1 452	18 379	
输水道开关机件	邵伯船闸	4	16	1934 年 9 月 30 日
	淮阴船闸	4	16	
	刘涧船闸	4	16	
	总 计	12	48	
钢铜板等	邵伯船闸	4.1	164	1934 年 9 月 30 日
	淮阴船闸	4.4	176	
	刘涧船闸	4.5	160	
	总 计	12.5	500	
闸门及开关机件	邵伯船闸	80	4 545	1934 年 10 月 10 日
	淮阴船闸	100	5 430	
	刘涧船闸	80	4 545	
	总 计	260	14 520	

资料来源:机关:27-10,宗号:10-(3),中央研究院近代史研究所档案馆馆藏,国民政府导淮委员会档案:《购置仪器材料》1932 年 8 月—1936 年 9 月。

表 4-25 购置仪器材料

(1932 年 8 月—1936 年 9 月)

材料	钢 筋	洋松板	抽水机	钢铁材料、钢板椿	圆筒椿木	钢铁材料	洋松板
用途	杨庄活动坝	杨庄活动坝		高邮船闸		杨庄活动坝	杨庄活动坝
日期	1935 年 12 月起运,1936 年 2 月到沪		1936 年 3 月 2 日	1935 年 4 月 10 日	1935 年 11 月 11 日		1935 年 12 月起运,1936 年 1 月 20 日到沪
总价	10 000 元	110 000 元	3 万元	30 000	10 800 元		1 000 万元

（续表）

材　料	钢　筋	洋松板	抽水机	钢铁材料、钢板椿	圆筒椿木	钢铁材料	洋松板
数　量	100吨	22万平方尺	5架及水管、零件	200吨	380根	钢门开关机件40吨，钢门固定钢件80吨	20万平方尺
购买地	德国	美洲	美国		美国		加拿大

资料来源：机关：27-10，宗号：10-(3)，中央研究院近代史研究所档案馆馆藏，国民政府导淮委员会档案：《购置仪器材料》1932年8月—1936年9月。

随着淮河流域水利工程的展开，淮河航运事业有大幅度的发展。关于淮河运输能力的考察在当时并未有专门机构进行统计，能够获得的资料至导淮委员会于1931年7月起记录邵伯、淮阴及浮山三地上下行船只数量。此统计数据可信度极高。据史料记载，该统计是由导淮委员会派专人逐日蹲点登记上下行船只数量及估计载重吨位①，属一手资料。

表4-26　邵伯、淮阴、浮山航运过载量　　单位：吨

时　　间	地　点	上行过载	下行过载	上下行总过载
1931年6—12月	邵　伯	171 864	180 276	352 140
	淮　阴	47 757	80 655	128 412
	浮　山	85 563	39 900	125 463
	总　计			606 015
1932年	邵　伯	640 527	545 946	1 186 473
	淮　阴	117 429	214 878	332 307
	浮　山	43 299	33 948	77 247
	总　计			1 596 027

资料来源：机关27-02，宗号47-2。中央研究院近代史研究所档案馆馆藏，国民政府导淮委员会档案：《民国二十三年淮运的航运统计》。

1931年下半年洪水泛滥，运堤溃决，因此过载量处于低水平。1932年运堤堵口，运河中断，过载量也受到影响。浮山上下游航道常年不通畅，因

① 对于载重吨位的估计采用分等级的方式，甲等载重按36吨计，乙等载重27吨，丙等载重12吨，丁等载重6吨。登记人员按照经验判断每艘船只的载重等级，并用所规定的各等级吨位数计算当日上行下行船只的总吨位数。资料来源：中央研究院近代史所档案馆馆藏，国民政府导淮委员会档案：《民国二十三年淮运的航运统计》，机关27-02，宗号47-2。

此载量较小,该段运输以铁路为主。如果将淮运航道分为邵伯、淮阴和浮山三段,邵伯段自三江营到宝应,长约150公里。淮阴段自宝应经淮阴,北至泉兴,西至洪泽湖,全长150公里。浮山段自洪泽湖到皖北的怀远,长约200公里。那么计算淮运带来的税收收入每年70余万元①。

在导淮入海工程基本完成之时,整理入江水道及高宝湖垦辟区工程于1937年7月开始规划实施。两工程计划完整详细。两工程如实施完成收效会巨大:增加下游流量并降低水位,消除下游灾害;缩短洪泽湖高水位时期,减轻上游水灾;高宝湖区垦辟后,湖底100万亩区域可成良田。若每亩每年可获10元产量,全部农产品每年约价值1 000万元,下游流域农田也将受益增产②,可是随着抗战的爆发,导淮入江计划的实施受到重创。

(二) 公债投入蚕丝业的直接效益

中国向来有“农桑并举”的传统,种桑养蚕是中国传统农业中重要的组成部分。20世纪初期,生丝的出口值已赶超茶叶,位居首位。南京国民政府对蚕丝业的投入也较为积极。1934年成立的全国经济委员会蚕丝改良委员会积极谋求蚕丝事业的根本改良。

从表4-27可见,浙江省蚕丝业的规模在全国各主要养蚕省份中排位第一,其次是广东省。

表4-27　南京国民政府成立后中国各省生丝产量和茧产量的情况　　单位:担

省　份	茧产量	生丝产量
浙　江	1 140 000	89 000
江　苏	545 000	30 500
安　徽	97 100	5 700
湖　北	122 900	9 200
广　东	1 057 400	66 500
广　西	55 600	3 500
四　川	468 000	35 000
河　南	42 900	3 300

① 1 186 473×150+332 307×150+77 247×200=243 266 400吨公里,如果每吨公里按照0.003元征收货运税,那么每年可征收73万元。机关27-02,宗号47-2,《1934年淮运的航运统计》,中央研究院近代史所档案馆馆藏,国民政府导淮委员会档案。

② 机关:27-07,宗号:4-(3)。中央研究院近代史所档案馆馆藏,国民政府导淮委员会档案:《整理入江水道及垦辟高宝湖区工程计划》,1937年7月。

（续表）

省　份	茧产量	生丝产量
山　东	110 000	7 500
其　他	23 400	1 800
总　计	3 662 300	252 000

注：原图标题为《中国各省茧、生丝的产量估计（1920 年代后期）》，出自上原重美，《支那蚕丝业大观》，东京，冈田日荣堂 1929 年版，第 16 页。既然是 1929 年出版，那么数据估计是 1927 年至 1928 年，即南京国民政府成立之初。尽管不明确数据是某年还是几年之和，但是仍然可知各省茧产量和生丝产量占总量的比例。

资料来源：陈慈玉《近代中国的机械缫丝工业（1860—1945）》，见《中央研究院近代史研究所专刊》1989 年 8 月，第 3 页。

1930 年以前，从华南港口出口的白机械丝占全国总出口量的 56%，从华中港口出口的则为 43%①。可见江浙丝业和广东丝业是主力，而华南港口的出口量比华中港口又高出 7 个百分点，那么，为什么没有用于广东丝业的公债？

上海由于拥有金融、交易等方面优势，所以机械缫丝工厂集中在此，制丝业发展迅速，由此引发对原料的大量需求，无锡成为新型养蚕基地。到抗战前，无锡生产的机械丝占全国生丝总出口量的 1/4②，但是从图 5-10 所显示的战前 10 年生丝出口量变化趋势来看，不论是土丝出口量还是机械丝出口量均呈现下降趋势，尤其是机械丝的下降幅度更为明显。寻找生丝出口量减少的原因可以从生丝产量和质量两方面入手。

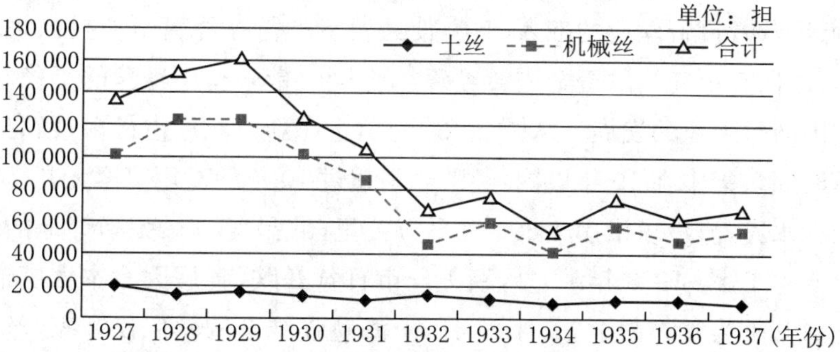

图 4-10　战前 10 年中国生丝出口统计

资料来源：藤本实也：《支那蚕丝业研究》，第 50—55 页。转引自陈慈玉《近代中国的机械缫丝工业（1860—1945）》，见《中央研究院近代史研究所专刊》，1989 年 8 月，第 27 页。

注：合计项中包括除土丝和机械丝以外，还包括再造丝和屑丝。

---

① 华南港口包括广州、江门、三水、九龙出口，华中港口包括上海、南京、镇江、苏州、杭州、宁波各港口。

② 陈慈玉：《近代中国的机械缫丝工业（1860—1945）》，见《中央研究院近代史研究所专刊》1989 年 8 月，第 7 页。

1926年、1931年两年南京土布的出口量分别是40 297担、32 986担，价值2 598千海关两、2 207千海关两。机制棉纱棉布出口量见表4-28。

表4-28　1927—1932年机制棉纱棉布出口量　　单位：千海关两

年份	纱	棉
1926	10 816	9 313
1927	19 770	13 587
1928	21 592	11 890
1929	18 348	12 897
1930	18 968	7 116
1931		8 532
1932		9 481

资料来源：赵冈、陈锺毅《中国棉业史》，(台北)联经出版事业公司1977年7月版，第107、108页。

在资本积累不足的情况下，租厂经营成为当时最常见的经营模式。1927年所调查的93家厂中84家均为租厂经营①。也正因为租厂制度的存在，使丝厂所有者也只求出租设备，只图稳定的租金收入。丝厂经营者出于利润最大化的考虑采取短视行为，追求短期利润，过度使用机器，不进行日常维护，更不愿更新设备、改良技术。租厂制尽管可以减轻经营者的一时负担，降低经营者投资丝业的准入门槛，使经营者不需在经营最初投入大笔固定资本，以便有更充裕的资金周转经营②，但同时带来丝厂经营的不稳定，阻碍了中国缫丝工业的发展。从图5-12可见，上海新设丝厂占最多，已有丝厂的经营时间多集中在10年以内，经营时间超过10年的丝厂寥寥无几。1931年夏长江水灾，淹没了沿岸1 500万平方公里，武昌、汉口、芜湖等地的纱厂也因洪水停工③。1933年11月，欧美丝市日益暴跌，各厂因亏本太巨惜售，华丝出口几乎为零。截至11月27日，上海勉强维系的丝厂仅8家，丝车共2 000部。而1930年时开工丝厂还有130家，丝车25 395部④。

---

① 陈慈玉：《近代中国的机械缫丝工业(1860—1945)》，见《中央研究院近代史研究所专刊》1989年8月，第31页。

② 1927年，93家厂共有流动资本320—350万两，经营主大都以此为保障金，接受金融机构的融资，用于购买春茧。

③ 此前东三省每年从关内贩运棉纱6万包，棉布300万匹。

④ 《新闻报》，1933年11月28日。转引自上海市工商行政管理局、上海市第一机电工业局机器工业史料组：《上海民族机器工业》，中华书局1966年版，第479页。

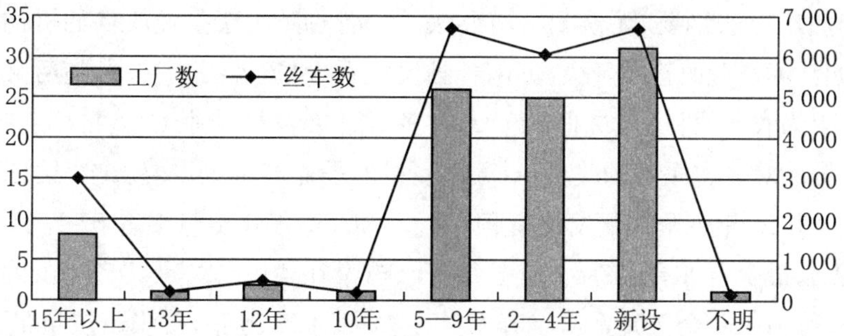

图 4-11　1928 年上海丝厂的经营时间统计

资料来源：根据《支那蚕丝业大观》第 1074—1079 页“上海丝厂的经营年数别分类”表绘制。该表转引自陈慈玉《近代中国的机械缫丝工业(1860—1945)》，见《中央研究院近代史研究所专刊》1989 年 8 月，第 39 页。

用于丝业的公债正是试图帮助蚕丝业改进设备和改良技术。江苏省实行蚕业统制，即蚕种统制和蚕茧统制。蚕种是蚕业改良的中心环节，为规范改良蚕种的制造和供应，实业部 1936 年公布《蚕种条例》《蚕种制造取缔规则》。“凡省境内各制种场所所产普通蚕种，经省立实验场督察检验合格后，均由本会统制管理之”①，同时成立蚕种取缔所，“办理全省种场的调查、生产原蚕种的督察、母蛾检验、省外输入蚕种的检查、土种、劣种与冒牌蚕种的查缉等”②。在乡村中成立官办的育种场，劝导蚕农，推广改良蚕种，以取代传统的土种，在乡村实践中把对技术要求较高的育种环节集中到育种场，由专业人员生产，以降低蚕种感染病菌的几率，在乡村推广新品种，提高蚕的质量。经过这些工作，整个江苏的蚕种感染病菌的几率由 1930 年的 6.42%下降到 1934 年 2.27%，蚕种场蚕种不良的淘汰率也由 1930 年 17.09%下降到 1934 年 6.24%③。到 20 世纪 30 年代中后期，土种基本上在苏南乡村消失④。

1934 年，全国经济委员会成立蚕丝改良委员会，加强行政管理，专门负责管理和改良江苏省蚕业事务。该会公布各项政策性的规章制度，以确保乡村传统蚕业技术改良工作的开展。例如，改良蚕桑模范区暂行组织规程、集团制种场暂行组织规程、提倡改良丝厂机械租用办法和贷款办法、提倡组

---

① 《修正江苏省蚕业改进管理委员会蚕种统制办法》，载《江苏建设月刊》，1935 年 3 月，第 57—58 页。

②③ 郭文韬、曹隆恭：《中国近代农业科技史》，中国农业科技出版社 1989 年版，第 557 页。

④ 胡明：《民国乡村农业科技政策与实践研究——对 1927—1937 年苏南蚕业技术改良的考察》，载《安徽农业科学》2011 年 11 月，第 10 页。

织联合丝厂办法纲要、无偿配给苗办法等。各种致力于蚕业改良的机构相继成立,如江苏蚕业改进委员会,苏南各县设立蚕桑场、养蚕指导所,随后又将蚕桑场改组为农业改良场、农业推广所,在各县开展乡村蚕业改良、推广新技术。政府主导的对乡村蚕种的改良,对苏南乡村的蚕业产生了重要影响,吴县1935年统计:“1935年春季共配发改良种11.3万张,每张收茧量多者57斤(1斤=0.5千克),最少者亦有31斤。全县每张收茧量在40斤以上,共产鲜茧约5万余市担,价值150余万元。本年春季共发春种约17万张,每张产茧量最多60斤,最少30斤,平均每张蚕种收茧量亦达40斤以上。统计全县共产鲜茧约6.8万余市担,价值230余万元,在此农村经济万分竭蹶之秋,在短时期内,得此巨大生产费之收入,亦可稍润鲋矣”。①政府的乡村农业科技政策正是通过这一整套行政体系、科研、推广机构实现的,其中乡村推广机构起着沟通政府和乡村的作用,学校、科研机构在政府引导下面向乡村的农业技术改良对农业技术的发展起着积极的保障作用,政府从发展乡村经济的角度出发,改良农村科技,引导农民合作,对乡村科技的改善起决定作用。

四、工业发展公债

公债收入用于生产性投资,能够扩大生产规模,增加社会财富,形成偿债能力。增加的社会财富能否归还公债本息,就取决于公债投资项目的收益。利用公债发展起来的是株洲机车厂和中央机器厂两厂。

随着株洲交通区位优势的日益显现,国民政府筹划“工业株洲”。1936年,国家资源委员会拟在株洲镇筹建钢铁、铸钢、汽车、化工、电工、兵工、机车工厂。株洲机厂(今株洲电力机车厂)便是在这样的背景下建立,筹建所需资金部分来自1937年由铁道部向四明银行举借的粤汉路株洲机厂建筑费75万元,1938年株洲机厂已初见雏形。遗憾的是,因屡遭日军飞机轰炸,建设被迫停止,“……使田园仍在荒芜,计划仍在纸上”②。

实业部中央机器厂在1931年9月开始筹设,至1935年年底,小型机器房已竣工,处于装置机器阶段。大机制造部厂屋已建筑一部分。制钢厂、铸铁厂和无缝管子厂地基已铸成。该厂所有机器锅炉已分三批抵沪。1936年,机器厂制铁厂、炼钢厂落成开工。至1936年年底,全国共9个工厂设有电力炼钢

① 吴根荣、徐友春:《吴江蚕丝业档案资料汇编》,河海大学出版社1989年版,第157页。

② 《株洲市志·工业(上)》,湖南出版社1996年版,第1页。

炉，电炉共 11 座，容量 13.65 吨。中央机器厂 2 座电炉，2.5 吨容量。

此外，抗战前，南京国民政府曾于 1936 年拨款 1 000 万元、1937 年拨款 2 000 万于资源委员会①，主要源于复兴公债的建设事业部分。资源委员会于 1936 年 3 月拟制“重工业建设五年计划”，共需 27 120 万元②。复兴公债的两次拨款便用于该计划的实施。

五、金融建设公债

金融建设公债对于充实银行资力，整顿金融秩序尤其是国家垄断金融体系的形成作用巨大。于 1936 年 4 月发行的 3.4 亿复兴公债中的 5 000 万元用于债市平准，对公债市场上内债价格的稳定及投机事业的减少发挥了一定作用③。

中央银行成立后，南京国民政府始终是中央银行最大的放款对象。“能与财政以极大之援助，在政府需用紧急时，先由银行垫款，俟后归还，得以避免滥行举债”④，例如，1932 年整理公债过后是财政最困难的时期，1932 年南京国民政府向中央银行借债 8 600 万元，1933 年借债 14 700 万元⑤。

中央银行和政府间相互依靠。中央银行的成立离不开政府资金支持，银行成立后，政府公债又有赖于中央银行承担。对于中央银行来说，经理公债权利，承受公债是义务。中央银行成立前，财政部公债司主管公债事项，外债基金由海关总税务司保管，内债基金主要由江海关二五附税国库券基金保管委员会保管。中央银行成立后，承担经理国库之责，可从事国库证券买卖业务，具有“募集或经理国内外公债事务”特权⑥，包括内债基金的存储权⑦。

通过对中国银行、交通银行的增资改组，两行“操纵全国金融之势力，全

① 中国第二历史档案馆，资源委员会档案二十八，5965；翁文灏：《中国经济建设论丛》，资源委员会，1943 年，第 52、53 页。

② 资源委员会档案二十八，5965，中国第二历史档案馆：《试拟主要重工业建设地址及经费一览表、重工业五年经费来源、重工业建设的说明书》。

③ 《国内经济资料》，《四川经济月刊》第 5 卷第 4 期，1936 年 4 月。

④ 胡善恒：《公债论》，商务印书馆 1936 年版，第 286 页。

⑤ 《中华民国史档案资料汇编》第五辑第一编，财政经济（一），第 537 页。

⑥ 档号：Q53-2-4，《中央银行现制之解剖》，上海市档案馆藏，中央银行上海分行档案。

⑦ 原存于外商银行（汇丰银行）的内债基金，自 1929 年起改存中央银行。汇丰银行一次性将该项基金 600 万两，移存中央银行约 300 万两，移存中交两行共约 300 万两。此后，各项库券公债到期还本付息事宜，均由中央、中国、交通三行分别经理。参见《中央银行扩充业务》，《申报》1928 年 11 月 16 日；《内债基金拨存中央中交三行》，《银行周报》第 12 卷第 45 号，1928 年 11 月。

部予以解除,且其本身之业务亦归由政府管制,使全国金融在国家政策之下,归于统一”①。成为国民政府的金融工具,“中央银行的辅助银行”②。

南京国民政府的金融统制,增强了银行业的整体实力,但同时也从根本上改变了中国银行的实力分布格局。中央银行的资本额位居榜首。中央、中国、交通三行的资本总额远超过其他较大的73家商业银行实收资本总额。中央、中国、交通、农业四家政府银行的实收资本占到了全国银行实收资本的近一半。

上述情况可参见表4-29、表4-30、图4-12。

表4-29　中央银行、中国银行、交通银行资本统计表　　单位:元/%

银　　行	1933年	占比	1934年	占比	1935年	占比
中央银行	20 000 000	7.67	100 000 000	29.17	100 000 000	27.05
中国银行	24 712 200	9.47	25 000 000	7.29	40 000 000	10.82
交通银行	8 715 600	3.34	8 715 650	2.54	19 715 750	5.33
三行合计	53 427 800	20.48	133 715 650	39.00	159 715 750	43.21
中国农民银行	2 500 000	0.96	3 000 000	0.88	7 200 000	1.95
四行合计	55 927 800	21.44	136 715 650	39.88	166 915 750	45.16
其他银行	204 918 532	78.56	206 140 126	60.12	202 703 479	54.84
总　　计	260 846 332	100	342 855 776	100	369 619 229	100

资料来源:《全国银行年鉴》1935年,第F55、F58页;《全国银行年鉴》1936年,第S66-71。

表4-30　1935年底四行握有公债数额估计　　单位:百万元

行　　别		业务部分投资		发行部分保证准备		估计公债总数	
		有价证券数额	估计公债数额	保证准备数额	估计公债数额	数额	占比
共　　计		593.9	475.1	278.8	167.3	642.4	100
四行	合计	352.0	281.6	221.5	132.9	414.5	64.5
	中央	252.9	202.3	60.8	36.5	238.8	
	中国	41.9	33.5	85.1	51.1	84.6	
	交通	47.2	37.8	65.2	37.9	75.7	
	中农	10.0	8.0	12.4	7.4	15.4	
其他银行合计		241.9	193.5	57.3	34.4	227.9	35.5

资料来源:杨荫溥,《民国财政史》,中国财政经济出版社1985年8月版,第67页。

---

① 孔祥熙:《最近之财政金融》,中央党政训练团党政训练班,1944年5月印行,第8页。转引自,蔡志新:《孔祥熙经济思想研究》,第177页。

② 郭荣生:《民国孔庸之先生祥熙年谱》,商务印书馆1981年版,第96页。

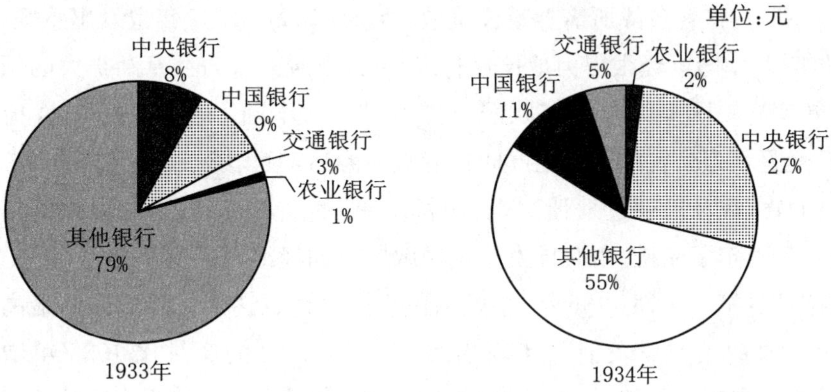

图 4-12　1933 年、1934 年银行资本比例图

资料来源:根据表 4-29 制作。

被政府控制后的"小三行",加上中国国货银行,再加上中央、中国、交通三大银行,就共同形成了一个以中央银行为核心的"官方银行集团",①政府银行在整个银行业中所占地位大幅上升,政府控制金融的力量也进一步加强。

金融统制经济形成后,国民政府开始以此为手段,投资工商业。以中国银行为例,自被增资改组后至 1942 年 7 月,展开了一场对民族工商业的侵蚀和控制,先后兼并、收购、投资 70 家企业。

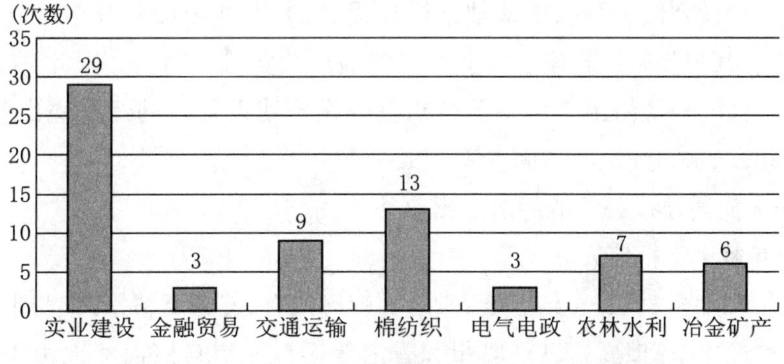

图 4-13　1935 年至 1942 年 7 月中国银行对各行业的投资次数

资料来源:中国银行档案三九七,434,《中国银行董事长宋子文(1935.4.—1944.1.)》,中国第二历史档案馆藏.http://www.caijing.com.cn/2012-01-17/111627820.html。

由图 4-13 可见,中国银行的投入集中在实业、棉纺织业、交通运输以及

① 小科布尔:《上海资本家与国民政府(1927—1937)》,中国社会科学出版社 1988 年版,第 228 页。

农林水利,正符合备战所需。就连伦敦《经济学家》在1937年也发出感慨,自1935年起“中国已经很得力地掉过身来,中央政府的权力在日渐扩大的领域内有效实施。国家财政经济状况显然好转。日本陆军现在想一口吞掉中国,已经是不合时宜的了。在此时挑起战争容易,但收场却难了”①。

南京国民政府通过发债实现“四行二局”的金融统制,为法币改革实现货币统一奠定了基础,由此导发了国民政府时期经济发展的黄金时代②。法币实施后的第二年即1936年,中国国民生产总值就达到有史以来的最高水平,全国农产品产量较前3年高出44%,工业产品的产量比1935年增加70%,商品交易量如棉花、棉纱等也增加30%③,从根本上增强中国抗战的经济力量,为抗战奠定了一定的物质基础。可以说“四行二局”使国家统制经济、统一货币成为可能,而统制经济、统一货币在战时有利于国民经济的统一调动和调整,支持了抗战。这主要是因为在法币得到广泛的流通之后,国家在抗战中能够调度资金,在国际市场上购买军需物资④。

第二节　南京国民政府经济建设公债的溢出效益

一、经济建设公债的经济溢出效益

经济建设公债主要包括基础设施建设公债、实业公债以及金融领域公债三大类,其中基础设施建设公债的经济溢出效益最为明显。因此,关于经济建设公债的经济溢出效益主要分析基础设施建设公债的经济溢出效益,从交通建设、水利建设两方面入手。

(一) 交通建设公债的经济溢出效益

1. 有助于物资的流通

1936年,粤汉铁路全线开通,贯通鄂湘粤三省、连通浙赣铁路,与平汉铁路联运贯通中国南北。汉口、广州和香港等港口城市自然而然地由于粤汉

① 《经济学家》1937年7月24日,第167页,转引自:杨格:《中国财政经济情况　一九二七至一九三七年》,中国社会科学出版社1981年版,第471页。

② 戴建兵:《白银与近代中国经济(1890—1935)》,复旦大学出版社2005年版,第369页。

③ 陈雷:《略论抗战前南京国民政府的经济建设——兼谈对抗日战争的作用》,载《历史档案》2010年2月,第15页。

④ 李春宜:《南京法币政策改革对当时社会经济发展的影响》,载《文教资料》2006年4月上旬刊,第215页。

铁路的贯通而扩大了经济辐射范围。华北、西北地区货物南运，粤港货物可直接北上。就货运量而言，制造品的货运量在 1936 年创历史新高，达 381 万吨①。矿产品的货运量由 1932 年的每公里 203 万吨增至 1936 年的每公里 303 万吨，其他货物的运输量由每公里 160 万吨增至每公里 226 万吨②。

国民政府成立初期，就全国范围来讲，广东省的工业不论在系统性、计划性还是在产品质量等方面都排名首位，甚至某些行业可以同西方国家相竞争③，可是对工业的过分偏重便会对农业产生挤出效应，直接后果就是农产品产量跟不上需求。据 1935 年广东省农林局统计，全省稻谷产量 1.08 亿担，按照折米率 67%计算，产米 0.76 亿担。全省人口 3 295.65 万，以每人每天 12 两消费量计算，年消费 0.9 亿担，缺口高达 0.14 亿担④。因此，解决广东省的粮食问题成为广东省面临的主要问题之一。

1936 年，粤汉铁路通车，实现了湖南米调广东，解决了广东省的缺粮问题，同时解决了湖南省的谷贱伤农问题⑤。当年湖南省外运大米总量高达 10.06 万吨，占全国大米流通总量的 8.2%⑥，其中通过粤汉铁路运往广东省的大米占大米流通总量的 3.3%⑦，1937 年由湖南运往广东的大米总量占全国大米运粤总量的 44.17%⑧。

2. 促进沿线产业的发展

铁路是联系原料地、生产地和消费地的运输纽带。交通运输的发展是大规模商品流转的基础，其发展程度与商品流转及市场规模相辅相成。铁路的建成可以缩短两地间的运输距离，增强沿线区域空间可达性和资源的流动性。对沿线产业发展具有较强的溢出效益。抗战爆发前，铁路运量 404 亿吨/公里，占铁路、轮驳船、汽车总运量的 75%⑨。

---

① 严中平：《中国近代经济史统计资料选辑》，第 211 页。

② 杨格：《中国财政经济情况　一九二七至一九三七年》，中国社会科学出版社 1981 年版，第 449 页。

③ 符泽初：《战前广东之工业》（序），南京中央日报社 1947 年，第 27 页。

④ 霍新宾：《抗战时期广东国统区粮食管理探析》，暨南大学历史系图书馆，2001 年，第 146 页。

⑤ 粤汉铁路开通前，广东大米的外调依靠水运。位于广东之北的湖南水道多流入长江，与南运方向相反。因而北米南运需由湖南先运往上海，再走海运至广东。高额的运输成本，使湖南大米抵粤后失去了价格优势，滞销后回运又造成谷贱伤农。长沙米价 1933 年为每担 6.16 元，1934 年为 6.91 元。参见李振：《湖南省土地利用与粮食问题》，（台北）成文出版社有限公司，第 2827、2831 页。

⑥ 陈先枢：《长沙交通史纲》，载《求索》2000 年第 6 期。

⑦ 南京国民政府铁道部秘书厅研究室：《铁道半月刊》1937 年第 7 期。

⑧ 广东省银行经济研究室：《广州之米业限》1938 年刊，第 29 页。

⑨ 国家统计局：《伟大的十年》，人民出版社 1959 年版，第 131 页。

表 4-31 所示南京国民政府铁路的客运和货运指数。

表 4-31　南京国民政府铁路的客运和货运指数

(1917 年为基准年)

年份	客运(人/英里)	货运(吨/英里)
1927	164.1	109.4
1928	144.8	96.0
1929	196.1	102.7
1931	267.4	183.3
1932	212.6	183.2
1933	248.3	196.1
1934.5	250.0	257.7
1935.6	267.9	266.8
1936.7	128.5	94.9
1937.8	56.3	51.4

资料来源:严中平《中国近代经济史统计资料选辑》,第 207—208、217 页。

铁路的建成使工业分布向铁路沿线位移,以铁路为轴展开分布,提高了空间的聚集程度,工业品产量也随需求量、销售量的增加不断提高,工业生产对铁路的依赖性日益凸显。1937 年实业部登记的 3 935 家工厂集中在浙江、江苏、福建、广东、山东和河北 6 省以及上海、天津、青岛、威海 4 市,6 省 4 市占工厂数的 76%。其中上海、江苏、浙江三地占工厂总数的 56%。仅上海一地占工厂总数的 1/3 以上。此 6 省 4 市也正是铁路较为密集的地区。

3. 利于矿产资源的开发利用

铁路的开通对沿线地区资源的开发及利用意义深远。以粤汉铁路为例,铁路沿线,鄂湘赣粤四省矿产资源丰富。但粤汉铁路开通前,由于交通长期闭塞,资源得不到充分利用。粤汉铁路的修筑对于铁路沿线资源的开发开放"尤可幸……运道一通,销场极畅"①。表 4-32 显示 1927—1937 年煤铁的开采量。其中煤矿开采量由 1927 年的 2 417.2 吨增加到 1937 年的 3 723.1 吨,增幅达 54%,铁矿和生铁开采总量增幅均在 1 倍上。开采量之所以能够大幅提升是因为销售量的提高,而销售量提高的主要原因在于需求的增加和运输的顺畅。

---

① 宓汝成:《中国近代铁路史资料(1863—1911)》,中华书局 1963 年版,第 495 页。

表 4-32　1927—1937 年煤铁的开采量　单位：吨

年份	煤			铁　矿			生　铁		
	合计	机械开采	土法开采	合计	机械	土法	合计	机械	土法
1927	2 417.2	1 769.4	647.9	171.0	118.1	52.9	43.7	25.8	17.9
1928	2 509.2	1 798.0	711.1	200.4	147.5	52.9	47.7	29.8	17.9
1929	2 543.7	1 885.4	658.3	263.0	204.7	58.3	43.6	30.1	13.5
1930	2 603.7	1 989.2	614.4	225.3	177.4	47.9	49.8	37.6	12.2
1931	2 724.5	2 109.3	615.2	233.6	184.0	49.6	47.1	34.5	12.6
1932	2 637.6	2 021.3	616.3	224.9	183.9	41.0	54.8	41.3	13.5
1933	2 837.9	2 207.5	630.4	231.3	190.3	41.0	61.0	47.1	13.9
1934	3 272.5	2 580.1	692.4	254.5	213.5	41.0	65.6	52.1	13.5
1935	3 609.2	3 009.3	599.8	333.2	290.4	42.8	78.7	64.8	13.9
1936	3 990.3	3 379.4	610.9	336.0	292.2	43.8	81.0	67.0	14.0
1937	3 723.1	3 138.7	584.4	382.0	341.0	41.0	95.9	83.1	12.8

资料来源：严中平：《中国近代经济史统计资料选辑》，科学出版社 1955 年版，第 102、103 页。

铁路线的选择和煤矿的分布关系密切。煤炭的运输和销售与交通的发展密不可分。运输主要靠铁路和水运，销售市场又集中在东部沿海地区，这与偏重发展东部的铁路线分布相契合。1935 年，年产量在 20 万吨以上的煤矿共 36 家，其中 34 家都位于铁路附近。1931 年统计，全年煤矿产量 2 725 万吨，煤炭铁路运输量占煤运总运输量的 79.14%，1932 年该比例提升至 81.19%。全国煤矿和沿线铁路情况如表 4-33 所示。由此可见，如果没有铁路，煤矿实难发展，铁路运输成为辅助煤炭发展的重要途径。

表 4-33　1931—1934 年中国煤矿和沿线铁路

沿线铁路	煤　矿
北宁铁路	开滦矿务局、柳江煤矿、长城煤矿、爱商煤矿、北票煤矿、八道壕煤矿、新邱煤矿
京汉铁路	坨里煤矿、长沟峪煤矿、临城煤矿、磁县煤田、六河沟、济众煤矿
京绥铁路	门头沟煤田、斋堂板桥煤矿、宣化鸡鸣山煤矿、大同煤矿、天兴煤矿、宝兴煤矿
道清铁路	中福公司、民有煤矿、华兴煤矿
津浦铁路	宁阳华丰煤矿、华宝煤矿、华东煤矿、烈山煤矿、舜耕山煤矿、中兴煤矿公司、枣庄煤矿
沪杭路	长兴煤矿

(续表)

沿线铁路	煤　　矿
沪宁路	江宁煤矿
陇海铁路	巩县华新煤矿、新安煤矿、孝义公司、义泰公司、义为公司、民生煤矿、邱沟煤矿
胶济铁路	鲁大公司、旭华公司、悦升公司、利兴公司、华东公司、博山公司、振业公司、大同煤矿焦炭
正太铁路	井径煤矿公司、正丰煤矿、平定保晋公司、寿阳保晋公司、建昌公司
粤汉铁路(南段)	富国煤矿、裕兴公司、祥宇源公司
粤汉铁路(湘鄂段)	蒲圻嘉鱼、石门口煤矿、青山铺、萍乡煤矿
沿线铁路	煤矿
滇越铁路	明良煤矿
北川铁路	天府煤矿
同蒲铁路	临汾西山煤田、洪洞西山煤田、赵城煤田、孝义西山煤田
吉敦铁路	奶子山煤矿
吉长铁路	火石岭煤矿

资料来源:中国近代煤矿史编写组《中国近代煤矿史》,煤炭工业出版社1990年版,第256页。

4. 提高农村经济的市场化程度

交通运输设施的完善与否直接关系农产品转化为商品,实现农产品价值的速度,因此,交通建设有助于提高农村经济的商品化和市场化程度,增加农产品的销售量,加快农产品商品化转化速度,进一步促进农业规模化进程。随着铁路的通车,沿线各站成为新兴的农副土特产品的集散地。以湖南为例,粤汉铁路通车前,湖南耒阳的生猪以内销为主,通车后,仅耒阳一站每月便有10个车皮装运货物,发送生猪和粮食转运广州①。1935年《中国实业志》载,耒阳所产生猪17万头,内销7万头,剩余10万头皆由火车运往广州、湘潭销售②。长沙便成为生猪销售的集散地,常设大安祥等6家猪行③。普通农户也将丰收的农产品"拿到香港市场去卖,卖了钱,一头洋面粉,一头洋饼干,挑回家来吃"④。

5. 带动沿线城市的发展

铁路因速度快、运力大,在运输体系中居主导地位,其他运输方式发挥

① 《耒阳市志》,中国社会出版社1993年版,第235页。
② 《耒阳市志》,中国社会出版社1993年版,第358页。
③ 《耒阳市志》,中国社会出版社1993年版,第355页。
④ 宇剑:《中华人民共和国历史纪实——改革扬帆(1976—1984)》,红旗出版社1994年版,第181页。

补充、辅助作用。就铁路对沿线地区的影响而言：其一，铁路促进了沿线地区的城市化进程；其二，使沿线城市迅速发展，加快了城市的工业化、近代化进程；其三，密切了铁路沿线城市之间及沿线城市与腹地的经济联系，对沿线城市的对外贸易、埠际贸易、县际贸易、地方贸易的发展具有促进作用；其四，沿线城市的发展变迁与铁路紧密相连，铁路沿线城市的布局与功能相应作出调整，而远离铁路沿线的城市则日趋衰落。

随着中国南北东西铁路网的初步形成，铁路对沿线城市的发展的溢出效益首先表现为促进沿线城市经济的发展。湖南株洲位于粤汉铁路中端①，“依靠战前和战时建成的铁路，株洲在经济上的重要性日益增强，趋向兴盛”②。再如广州，据统计，1933 年广州人口与商店比为 50∶1，商店资本总额 4 046 万元。1934 年初，新开张商店 3 646 间，同比增长 34.2%③。“外人初到广州游览，常叹广州今年物质之进步。盖高楼大厦，车水马龙，颇足眩人耳目。”④这均得益于粤汉铁路的通车。其次表现为沿线城市规模的扩大，主要包括城区面积的扩张和人口的聚集两方面。广州随着粤汉铁路的通车成为南部各省份进出口货物的集散中心。大量人口迁入广州，1929 年全市人口 81 万人，1932 年 112 万人，增幅高达 38.3%⑤。除广州外，其他铁路沿线城市也出现城市扩张、人口膨胀的发展趋势。

尽管交通的便利有助于沿线城市的发展，但不可忽视沿线城市的经济基础仍然薄弱的实际情况，尚不能充分发挥城市对周边地区的辐射带动作用。

(二) 水利建设公债的经济溢出效益

水利工程具有很强的综合性和系统性。首先，一项庞大的水利工程就是由多个子工程组成的统一系统，每个子工程本身也是完整的，可单独成为子系统，如导淮入海水利工程就是由多个子工程组成。各子工程间既对立又统一，表现为既相符相成又相互制约，因此，子系统间需要相互配合来实现水利工程的总目标。其次，水利工程的综合性主要表现为两个方面：一方

---

① 粤汉铁路通车后株萍路并入浙赣线，粤汉、浙赣、湘黔在株洲交汇，株洲成为全国铁路交通枢纽。

② 宓汝成：《帝国主义与中国铁路 1847—1949》，上海人民出版社 1980 年版，第 746 页。

③ 广州年鉴编辑委员会：《广州年鉴(1935 年)》，广东省档案馆藏，第 359 页。

④ 中国文化书院学术委员会编：《梁漱溟全集》第 5 卷，山东人民出版社 1993 年版，第 633 页。

⑤ 广州年鉴编辑委员会：《广州年鉴(1935 年)》，广东省档案馆藏，第 362 页。

面,影响范围广,一项水利工程对流域范围内的自然环境,包括水质、气候等都有影响;另一方面,水利工程关系国民经济的其他部门,最直接的体现就是对渔业、养殖业、农业的影响。

正因为水利工程具有较强的综合性、系统性,水利工程往往具有较大的外部性,其中包括正外部性和负外部性,所以水利工程的规划设计就需要从全局出发,综合系统地进行考量,将水利工程的负外部性降到最低。

就南京国民政府而言,前后多次举借用于水利工程的公债,主要投向导淮入海工程。此项工程的经济溢出效益较为广泛。其一,便于通航。其二,排水灌溉工程促进了种植业和渔业发展。其三,对流域地区工矿业的发展具有不小的作用。表现为:为工矿业提供用水,为工业原料、产品、矿产资源运送提供便利。例如,导淮疏通水道对煤运有所影响,受益煤矿如表 4-34 所示。

表 4-34　受导淮之益的主要煤矿

水　道	煤　　矿
运　河	开滦矿区、中兴公司、烈山煤矿
淮　河	大通公司、淮南煤矿
太　湖	长兴煤矿

资料来源:郑肇经《中国之水利》,第 59—62 页。

二、经济建设公债的社会溢出效益

除上面探讨的经济溢出效益外,经济建设公债的社会溢出效益也较为突出。下面仅从抗日备战、技术进步以及增加就业三方面进行分析。

(一) 展开抗日备战

经济建设公债涉及交通、工业、金融等方面,可以说南京国民政府的安排、计划还是较为合理的,各项投入也取得了一定的成效,但总起来讲,建设工作进展较为缓慢,大部分建设正处于起步阶段,还没有形成规模收益,便因抗战的爆发中断了。尽管如此,但是各类建设工作对备战抗日具有更为重要的意义。

1. 铁路备战的战略意义

铁路建设对于备战而言具有重大的战略意义。自 1931 年“九一八”事变起,日本侵华形势越发严峻。

南京国民政府对铁路整合国防的作用给予厚望。1927—1937 年南京国民政府为修筑浙赣铁路玉山到南昌段以及南昌到萍乡段，共举借6笔内债，7笔外债。该段铁路的通车对西北和东南地区间的军运作用重大。为修建粤汉铁路，仅在1931—1933年的3年间就举借外债12笔①，足见九一八事变后，南京国民政府加紧抢筑和整理铁路。

铁路的国防整合作用尤其表现在战时铁路的运军能力②。1935年11月，国民党第五次全国代表大会代表李培天代表指出："中日战祸一触即发之秋，沿江沿海，随时有被封锁之虞，交通关系国防至巨，为适应需要，除提早完成滇黔公路外，确有及时修筑川滇线、滇钦线以通江海之必要。一旦中日战事延长，大宗军用品，非来自欧美不可，国际海运途径既欠安全，国际路运的西伯利亚铁道，复以间隔，不能利用，万一法不允我假道越南，则兴筑滇缅线以利运输，益为当务之急。为国防需要计，应请兴筑滇省通江通海通缅铁路者一也。"③第六次会议指出修筑铁路，"应以国防运输及沟通经济中心为原则，使成为全国交通干线"④。同时，由国防设计委员会编写的《全国铁路军事运输能力报告》和《运输动员及统制初步计划》对战时交通建设特别是军事运输进行了筹划。

"粤汉、浙赣等项工程，最后阶段的抢修，都是基于'国防战备'的考虑，有准备抗战的用意。"⑤历史证明，铁路的贯通对战时正面战场而言作用重大。俞飞鹏先生对此评价道："抗战以来，我方交通策略主要有二，一是建设新战争铁路线，敌封锁，我打破封锁，始终维持国际运输路线，输入国外物资；二是建设西南西北大后方的交通网，开发地方经济，增强国家力量。粤汉铁路的作用'两者兼而有之'。"⑥

粤汉、浙赣、沪杭甬之间的联运沟通了华东、华中与华南地区⑦，为战时

---

① 占铁路建设外债举借次数的63.2%，占经济建设外债举借次数的34.3%。

② 张公权：《张公权先生自述注事答客问》，载《传记文学》第30卷第2期，1977年2月，第48页。

③ 中国第二历史档案馆：《中华民国史档案资料汇编（第五辑第一编）·政治（二）》，江苏古籍出版社1997年版，第525页。

④ 张嘉璈：《最近之交通》，中央训练团党政训练班讲演录，1942年10月，第13—21页。

⑤ 李占才：《中国铁路史（1876—1949）》，汕头大学出版社1994年版，第249页。

⑥ 俞飞鹏：《十五年来之交通概况》，国民政府交通部，1946年，中国国家图书馆馆藏资料，第2页。

⑦ 尽管1937年1月，原定的粤汉、浙赣、沪杭甬三路联运工作因抗战爆发而作罢，但三路联运计划战时在部分地方付诸实施。参见《浙赣铁路局呈文》，载《铁道公报》第1716期，1937年3月1日，第5页。

物资运输、部队调动以及人员疏散贡献巨大。华东地区和江西省的米、茶、盐、桐油、锑、钨等物资的内运均由粤汉、浙赣的联运而实现，为后方供应物资以及与外界联系作用巨大①。战时机关、团体、学校和群众也是沿此条铁路线后撤的。

台湾学者简笙簧先生在专著《粤汉铁路全线通车与抗战的关系》中充分引证档案资料，论述粤汉铁路在正面战场所起的作用。为保证铁路战时运输统一调度顺畅，提高行军调度的效率，“七七”事变后，南京国民政府将铁道部和交通处归并交通部，并着手组建铁道运输司令部②。粤汉线、平汉线、平绥线、浙赣线、正太线、津浦线、湘桂线、黔桂线等组成的铁路运输网承担了战时军队和战略物资的运送工作③。仅粤汉线运送士兵，1937 年 69.8 万人次，1938 年 82.5 万人次，1939 年 86.2 万人，1940 年 71 万人，1941 年至 1942 年 85.6 万人次④。粤汉线、广九线运送战略物资，1937 年 12 638 吨⑤，1938 年 267 188 吨⑥，1939 年 71 953 吨，1940 年 113 971 吨⑦。浙赣线自 1937 年 7 月至 1938 年 11 月间，共行驶军车 1 700 列，运送部队 150 万人次，军需物资 23 万吨⑧。1937—1938 年间，全国铁路运送军民 2 939.73 万人，货物2 017.26 万吨⑨。截至广州沦陷，粤汉铁路运送士兵 200 余万人次，物资 54 万吨⑩。除粤汉、浙赣、沪杭甬之间的联运外，粤汉铁路还与黔桂铁路以及战时建成的湘桂铁路、黔桂铁路⑪联运，密切了华中、华南地区与西南各省的联系。

---

① 《铁路大事纪》，1939 年 3 月 1 日；转引自简笙簧：《粤汉铁路全线通车与抗战的关系》。

② 俞飞鹏：《十五年来之交通概况》，国民政府交通部，1946 年，中国国家图书馆馆藏资料，第 5 页。

③ 张嘉璈：《战时交通问题》，中央训练团党政训练班讲演录，1939 年，中国国家图书馆藏资料，第 13 页。

④ 张嘉璈：《战时交通》，1942 年，中国国家图书馆藏资料，第 20 页。

⑤ 张嘉璈：《战时交通》，1942 年，中国国家图书馆藏资料，第 14 页。

⑥ 张嘉璈：《战时交通》，1942 年，中国国家图书馆藏资料，第 15 页。

⑦ 张嘉璈：《战时交通》，1947 年，中国国家图书馆藏资料，第 18 页。

⑧ 张公权：《抗战前后中国铁路建设的奋斗》，(台北)传记文学出版社 1974 年版，第 93—94、114 页。

⑨ 第二历史档案馆：《中华民国史档案资料汇编(第五辑第二编)·财政经济(十)》，江苏古籍出版社 1997 年版，第 150、147、151 页。

⑩ 吴相湘：《第二次中日战争史》上册，(台北)综合月刊社 1973 年版，第 295 页。

⑪ 黔桂铁路的兴筑是国民政府迁往西南之后，为改善西南交通条件、开发西南经济和强化西南各省的政治经济联系以维持长期抗战而兴筑的铁路干线。

可见，依靠铁路建设公债建设起来的铁路交通网络为战时物资的运输和供应提供了保证，对于南京国民政府调集兵力和调配物资也极为重要。

当然，在肯定铁路建设公债的同时，也应当看到铁路发展的局限性。虽然自南京国民政府成立以来，对铁路建设的重视逐步提高，孙中山曾指出："国家之贫富，可以铁路之多寡定之；地方之苦乐，可以铁路之远近计之。"①由于当时中国的经济基础还比较薄弱，经费尚显不足，铁路建设周期较长，影响扩散速度较慢，各条线路完工时间又先后错落，加上抗战前10年给予的建设时间相当短暂，很多建设工作尚处于起步阶段，致使铁路的规模经济远未显现。因此，在1937年尽管形成初具规模的铁路交通体系，但是通行时间较短，全国联运程度不高，还没有实现规模效益。

包括铁路建设在内的其他基础设施建设以及实业建设在1927—1937年取得了有限的发展后，由于均受到来自战争的影响，又惨遭破坏，处于停滞状态。经济建设公债的效果并没有全部发挥出来。因此，分析和评价1927—1937年经济建设公债对抗战的作用时，既要肯定其对抗战所起到的积极作用，同时也不能回避这种积极作用的局限性，应给予客观评价。

2. 工业备战的国防意义

为抗日备战，加强以国防工业为核心的工业建设极为重要。徐庭瑶曾在国民党第五次全国代表大会上发言："国家如无重工业，更不可以言国防。"②1935年6月，王祺、付汝霖等四位委员在国民党中央执行委员会上提出《关于集中全力从事于国防重工业建设》，提出确立国防工业建设五年计划，选定国防工业区域，筹款贷款，集中力量建设国防之设施③。冯玉祥提出："钢铁、机械、煤油、飞机、汽车等重工业，实为经济建设之根本，国防设备之基础，此而不备，无论军事经济永无独立之时。……应请大会，确定原则，积极开发资源，从事兴办，其有为政府财力所不及者，则尽量运用人民经济才力，及筹借外资，积极举办。"④

① 《孙中山全集》第2卷，中华书局1986年版，第383页。

② 中国第二历史档案馆：《中华民国史档案资料汇编（第五辑第一编）·政治（二）》，江苏古籍出版社1997年版，第519页。

③ 张燕萍：《抗战前国民政府经济备战的军事价值初探》，载《民国档案》2003年11月，第25页。

④ 中国第二历史档案馆：《中华民国史档案资料汇编（第五辑第一编）·政治（二）》，江苏古籍出版社1997年版，第614页。

为发展工业，南京国民政府曾多次举债，为电气电政事业、机器厂的发展提供了资金支持，直接奠定了战时国防工业的基础，同时也为战时后方工业的建设和发展提供动力、机械，为战时后方工业基地的建设奠定初步基础。工业备战“促成”了内地建设，内迁工厂数量超过448家，其中迁入四川境内254家，湘境内121家，桂境内23家，陕西境内27家，技术工人12 000余人，运入机械至少12万吨。

3. 经济备战的军事意义

工业是国防的基础，经济是战争的保证。日本曾在抗战爆发前对中国金融体系进行破坏。首先是利用日资银行发行货币，企图掌控中国的货币权。截至1935年，日本横滨正金银行以及日本控制下的朝鲜银行和台湾银行已经在中国较大城市设立了分行，发行纸币。其次，通过各种手段增加日本的白银购买量，企图从根本上通过击溃中国的银本位制实现击溃中国金融体系。美国商务部的一项统计显示，1935年1—9月，日本从中国运出的白银共1.44亿日元。如果加上走私量，数额将更大。

南京国民政府的两次币值改革有效地抵御了日本对中国的金融破坏。1932年的“废两改元”通过废除银两和其他货币形式统一为银元，将各地的铸币权收归中央，实现了铸币权的统一和货币的标准化，为后续的国家金融统治体系的形成和1935年的“法币改革”奠定了基础。通过“法币改革”使白银退出货币流通，彻底击败了日本对中国银本位制的破坏。

金融统治体系的建立以及币值改革都离不开用于金融领域的公债。可以肯定地说，金融领域的公债对于经济备战起到了举足轻重的作用，为持久抗战提供了经济基础，对抗战胜利起到了一定的积极作用。

(二) 技术溢出效应

自1895年甲午中日战争之后的洋务运动起，中国逐渐开始从“传统农业社会”转向“现代工业社会”。南京国民政府时期的工业基础非常薄弱，用于经济发展公债的“产出”，除了诸多项目本身的建成，如铁路的建设、电厂的落地、工厂的发展，最主要的贡献在于引进技术、改进技术，形成技术外溢。

现代社会区别于传统社会，不是靠人力、土地解决经济发展问题，而是靠技术扩散、信息的传播。南京国民政府经济建设公债产生的效益最为明显的就是技术外溢。即便抗战爆发，技术仍然可以快速扩散，形成外部性，产生溢出效应。这种技术外溢并不需要太大的成本,因为技术是不适用传统边际成本递增规律的一项指标,一旦被拥有,其边际成本近乎为零,而边际收益却为无穷大。实际中的表现是,战时大后方工业的快速发展,成为正面战场的后方物资补给区。

自1840年以来,中国工业始终没有独立自主的技术。就技术设备的水平而言,中国是落后的,首先表现在各工厂中所使用的机器大部分来自进口;其次,所进口的机器也多为别国淘汰的,最新设备的引进尚不多见,而引进后又出现使用年限过长,缺乏维护保养等问题。究其根源最主要在于:一是缺乏资金投入;二是工业基础薄弱,无自主研发的能力;三是甚至没有意识到技术独立自主的必要性和重要性。

从经济建设公债的投向上便可看出一二:首先,直接以改进技术为目的的公债只有几笔,用于改良江浙丝业技术;其次,为完成其他经济建设项目,如电气、电政等项目的建设,举借的公债均用来购买设备,并没有用于技术研发。市场上充斥着热衷于投机的游资,对于技术改进却避而远之。

尽管直接用于技术改良的公债并不多,但是经济建设项目在实施过程中涉及对技术人才的培养,对于民族科技人员队伍的不断成熟和壮大以及积累丰富的工程技术和管理经验意义重大。

同时,技术进步与增加就业又仿佛成为悖论。以华成烟草公司为例。该厂有两架包烟机,一部进口,价值5 000元,另一部是由本国工人参照进口机器仿制的,造价1 000元①。仿造包烟机成本小,产量高。可是该厂仅仿制1台。原因在于1部包烟机可以代替100个女工,如果增加机器,便导致失业人口增加。可见,即便是民营工厂,也在帮政府承担着社会责任,可是靠抑制生产力和技术来增加就业的做法实在是阻碍了中国工业发展。究其根本原因,在于中国人口数量的庞大。

（三）增加就业机会

用于经济建设的公债投向指定用途后,为城市劳动力以及农村剩余劳动力提供了就业机会。

就铁路建设而言,1933年各铁路仅在编人员就达12万余人,见图4-14。铁路修筑工人的数量更是远超过在编人员数量。

---

① 吴景超:《中国经济建设之路》,商务印书馆1948年版,第160页。

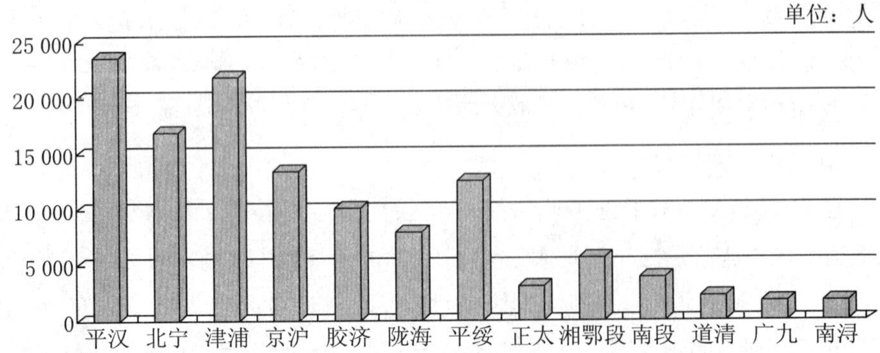

图 4-14 1933 年各路在编人员

资料来源：国民政府主计处统计局：《中华民国统计提要》商务印书馆 1936 年版，第 1080 页。

注：在编人员包括局长或委员长办公室、总稽核室、总务处、车务处、机务处、工务处、会计处、材料处、警务处、其他。京沪铁路在编人员包括沪杭甬铁路，陇海铁路在编人员包括汴洛铁路。

除修建铁路增加了大量劳动力的就业，丝业的发展也带动了种桑养蚕，纺织工厂的建立增加了女工的就业人数。抗战前，中国以农业为主，农业解决了 80%中国就业人口的就业问题。以种桑养蚕为例。种桑养蚕是农民重要的副业，蚕丝业为劳动密集型产业，可以解决劳动力的就业问题。将缫丝工厂设立养蚕密集区，可为该区农村剩余劳动力提供就业机会，利于农村经济的成长。以无锡为例，无锡工业中，制丝业劳工数为总劳工数的一半①。丝厂中主要劳动力为缫丝女工。通常百部丝车的工厂需 250 人以上女工②。1928 年，上海、无锡和浙江有缫车 40 300 多部，女工约 10 万人以上③。

---

① 陈慈玉：《近代中国的机械缫丝工业(1860—1945)》，中央研究院近代史研究所专刊 1989 年 8 月，第 7 页。

② 包括正车(缫丝工)、替车(缫丝补缺工)、盆工(煮茧索绪工)、抄工(选茧工)、剥工(剥茧工)。

③ 陈慈玉：《近代中国的机械缫丝工业(1860—1945)》，中央研究院近代史研究所专刊 1989 年 8 月，第 45 页。

第五章
对南京国民政府经济建设公债效益的补充量化分析

费正清在研究中华民国史时提出:“1912 年至 1949 年间,中国经济增长是很慢的,人均收入没有提高,也没有任何下降的趋势。”①魏德迈通过观察提出:“1927—1937 年南京国民政府对中国经济是有贡献的,在此期间,中国电力平均增加 9.4%,外贸增加 10.2%。”②张玉法同样认为,1927—1937 年,南京国民政府政权尚未稳固,国内政局也未稳定,而南京国民政府从经济、社会、文化等方面展开建设,部分建设成效显著,为八年抗战奠定了经济基础③。在 1927—1937 年间,南京国民政府举借的各项债务中不乏用于经济建设的债务,并取得了一定的成绩。本章试图通过量化历史的分析方法,从宏观上把握经济建设公债对整个国家经济的总体影响。然而,想要科学量化 1927—1937 年南京国民政府经济建设公债对整个国家经济的影响程度是有难度的,因为影响经济建设公债效益的因素是多样的,经济建设公债的实际效益可能低于理论推导值。

第一节　经济建设公债对国家经济的影响

一、模型的建立和变量的选取

在建立模型和选取变量时,考虑到数据链较短,样本期仅 10 年,即

---

① [美]费正清:《剑桥中华民国史——1912—1949 年(上卷)》,中国社会科学出版社 1994 年版,第 31 页。

② 张玉法:《中国现代史》,(台湾)东华书局 1979 年版,第 131 页。李云汉:《中国近代史》,(台湾)三民书局 1985 年版,第 495—496 页,引用《美国第 82 届国会参议院调查太平洋关系学会记录》中魏德迈的说法。

③ 张玉法:《中国现代史》,(台湾)东华书局 1979 年版,第 131 页。李云汉:《中国近代史》,(台湾)三民书局 1985 年版,第 573 页。

1927—1936年,因此,在将GDP作为被解释变量时,仅选择储蓄(S)、财政赤字(FB)和经济建设公债(ECGL)作为解释变量。首先,储蓄是消费和投资的重要来源,储蓄规模可以反映国债的实际和潜在购买力,因此选取储蓄作为一个解释变量。其次,考虑到税收和财政支出同财政赤字可能会产生共线性问题,所以未将税收和财政支出作为解释变量。此外,赤字为财政收入与财政支出的差,因此,可以反映政府财政状况。同时,从赤字的大小也可以间接判断财政压力。当国家财政收支差额较小时,用公债弥补财政赤字的压力就越小,反之则相反。因此,选取财政赤字作为解释变量是合理的。再次,研究经济建设公债对国民经济的影响,理应将经济建设公债作为解释变量。选取这三个影响因素作为解释GDP的变量符合经济规律以及研究需要。

本书采用的样本数据均为年度数据,样本期为1927—1936年。首先对GDP的核算进行简要说明。核算近代中国国民收入是经济史研究中的一个重要问题,相关研究包括对近代中国GDP的整体估算,如巫宝三(1947)、张仲礼(1962)、刘大中、叶孔嘉(1965)等学者的研究,也包括对中国近代某一时间段GDP的核算。经过前辈的努力,从大量社会调查数据中整理出的近代中国GDP数据链实属珍贵。由于近代中国尚未开展全国经济普查,因此此类对GDP的量化研究均为估算。同时,由于社会调查所得数据的质量和统计口径不得而知,因此在使用时仍需甄别。正如何廉先生所说,"调查数据的使用是一个令所有研究中国经济的学者都感觉如同芒刺在背的问题"。①

本书在选取1927—1936年GDP数值时同样也遇到此类问题。刘巍在前人研究的基础上,通过建立计量模型,从不同角度对1927—1936年GDP数据进行验证,可信度较高,因此,书中GDP的数值选取刘巍的估值。解释变量和被解释变量的样本数据见表5-1。

表5-1　解释变量和被解释变量数据表　　单位:亿元

年份	GDP	储蓄 S	财政赤字 FB	经济建设公债 ECGL	经济建设外债	经济建设内债
1927	248.58	2 005.6	0.74	0.06	0.06	0
1928	257.11	2 186.2	0.80	0.81	0.06	0.75
1929	266.26	2 522.0	1.01	0.28	0.08	0.20
1930	276.21	3 059.5	2.17	1.32	0.12	1.20

① 何廉、朱佑慈等译:《何廉回忆录》,中国文史出版社1988年版,第81—83页。

（续表）

年份	GDP	储蓄 S	财政赤字 FB	经济建设公债 ECGL	经济建设外债	经济建设内债
1931	285.70	3 241.7	1.30	1.28	0.42	0.86
1932	294.60	3 507.9	0.86	0.35	0.16	0.19
1933	294.70	3 897.5	1.47	2.04	1.95	0.09
1934	269.00	4 224.7	2.83	1.11	0.38	0.73
1935	290.90	5 044.6	5.76	1.856	0.30	1.56
1936	309.40	5 957.5	9.09	8.25	1.91	6.34

数据来源："GDP"参见刘巍、刘丽伟《1927—1936 年中国柯布—道格拉斯生产函数初探》，载《求是学刊》1998 年第 3 期，第 50—53 页；"税收收入"、"财政赤字"参见杨荫溥：《民国财政史》，中国财政经济出版社 1985 年版，第 43 页；"存款额"参见 Thomas G. Rawsk, Economic Growth in Prewar China, University of California Press, Berkeley LosAngeles, Oxford, 1989。

二、模型的参数估计

以表 5-1 中数据为基础，运用 SPSS 软件画散点图，发现被解释变量 GDP 和解释变量 S，FB，$ECGL$ 之间存在线性相关关系。于是拟确定该模型方程为：

$$GDP = \beta_1 S + \beta_2 FB + \beta_3 ECGL + \mu$$

其中 S 表示储蓄，FB 表示财政赤字，$ECGL$ 表示经济建设公债，β_1、β_2、β_3 是待估参数，μ 为随机误差项，描述除解释变量以外因素对 GDP 的干扰。

1. 平稳性检验

采用 GMM 方法对各变量进行平稳性检验，结果发现在 $\alpha = 0.01$ 的置信水平下各变量都是二阶平稳的。进行回归分析后，对残差项也进行了平稳性检验，发现残差项是平稳序列，表明被解释变量与解释变量间存在着长期的均衡关系（见表 5-2）。

表 5-2　平稳性检验结果

变　量	ADF	Prob
D(GDP, 2)	−2.837	0.013
D(ECGL, 2)	−3.242	0.007
D(FB, 2)	−2.333	0.028
D(S, 2)	−2.794	0.013
Resid	−2.841	0.010

2. 拟合优度和自相关检验

调整的 R-Square 为 0.728，说明模型整体拟合效果较好，解释变量对 GDP 的解释力较强。DW 统计量为 1.916(约等于 2)，在(D_L，D_U)之间，模型不存在自相关现象(见表 5-3)。

表 5-3　部分输出结果

R-squared	0.818 934	Mean dependent var	279.246 0
Adjusted R-squared	0.728 401	S.D.dependent var	19.074 55
S.E. of regression	9.940 735	Sum squared resid	592.909 2
Durbin-Watson stat	1.916 333	J-statistic	0.000 000

3. 异方差检验

从残差的平方和解释变量间的散点图并不能看出有明显的趋势(见图 5-1)。

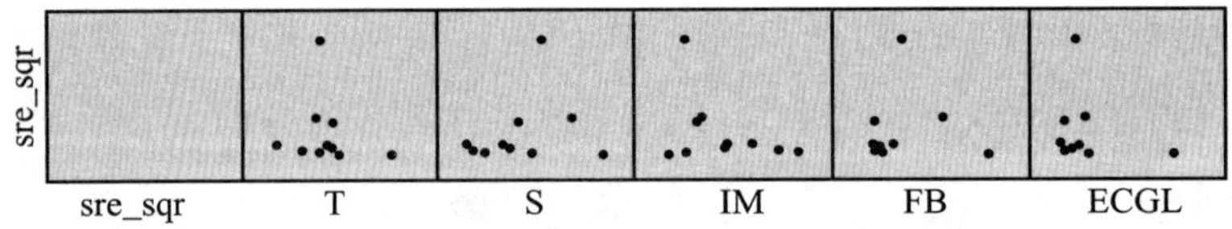

图 5-1　残差的平方与各解释变量的散点图

对残差的绝对值和被解释变量分别取秩后，Spearman 相关系数检验的 Sig 为 0.425，说明不存在异方差现象(见表 5-4)。

表 5-4　Correlations

			R_GDP	R_SRE
Spearman's rho	R_GDP	Correlation Coefficient	1.000	−.285
		Sig. (2-tailed)	.	.425
		N	10	10
	R_SRE	Correlation Coefficient	−.285	1.000
		Sig. (2-tailed)	.425	.
		N	10	10

4. t 检验

经 SPSS 软件测试，VIF 值均小于 10，说明模型不存在多重共线性现象。表 5-5 给出了各变量的系数及 t 检验，结果发现各系数在 $\alpha=0.05$ 的置信水平下都是显著的(见表 5-5)。

表 5-5　回归估计结果

Variable	Coefficient	t-Statistic	Prob.
C	218.561 8	18.332 12	0.000 0
S	0.020 316	3.868 706	0.008 3
FB	−7.857 629	−2.983 064	0.024 5
$ECGL$	5.022 805	3.657 066	0.010 6

对参数估计后，所得结果如下：

$$\mathrm{GDP} = 0.02S - 7.86FB + 5.02ECGL + 218.56$$

三、模型的结果分析

从模型结果可见：(1)储蓄与 GDP 成正相关关系，其 sig 为 0.008，通过了置信水平 $\alpha = 0.01$ 下的显著性检验，但是储蓄对 GDP 的影响力度并不明显，相关系数仅 0.02。南京国民政府时期，银行的商业投资和贷款量远小于投资公债的数额。(2)财政赤字与 GDP 呈负向关系，其 sig 为 0.025，通过了置信水平 $\alpha = 0.01$ 下的显著性检验。(3)经济建设公债与 GDP 正相关，影响比较明显，其 sig 为 0.010，也通过了置信水平 $\alpha = 0.01$ 下的显著性检验。认为影响比较明显，经济建设公债每增加 1%，GDP 增加 5.02%。说明经济建设公债对南京国民政府的经济增长有不小的贡献。

这一点从时人对当时社会经济状况的描述也能够看出。内尔森·T.约翰逊在 1937 年 4 月写道："观察家不会不为中国政府在农业、工业及交通等方面推行经济建设计划的活力而留下深刻印象。"①英国大使馆商务参赞提到："中国人自己及全世界对中国前途的信心都在日渐增长，这种信心的基础是最近几年取得的显著的稳定发展，以及关于政府和私人事务的政治、财政及经济行为都有改进。"②1936 年国民生产总值创历史新高，农产品产量比 1933 年、1934 年、1935 年的总量高出 44%，工业产品产量比 1935 年增加 70%，棉花、棉纱也增加 30%③。

然而以上的建模分析只是一种理论推导数据，在实际经济生活中，由于

① 杨格：《中国的建国成就》，第 419 页。

② 杨格：《中国的建国成就》，第 482 页。

③ 张燕萍：《抗战前国民政府经济备战的军事价值初探》，载《民国档案》2003 年 4 月，第 116—120 页。

各种因素的影响和干扰,经济建设公债对经济的实际影响与理论推导结果一定是有差异,甚至有较大的差异。其一,经济建设公债在公债总量中所占份额在逐年攀升,但经济建设内债占内债总额并不占优。其二,国民经济的发展就政策而言源自经济、财政、金融等各方面的合力,单靠公债单方面政策是远远不够的。其三,多种主客观因素影响经济建设公债的效用,间接影响经济建设公债对 GDP 的影响。这就需要我们进一步分析影响南京国民政府经济建设公债效益的各种因素。

第二节 影响经济建设公债效益的因素

一、影响经济建设公债效益的主观因素

影响经济建设公债效益的诸多因素中"人"的因素至关重要。具体表现为,经济建设公债往往是各方势力博弈的结果。下面将围绕南京国民政府时期各利益集团的博弈分析影响南京国民政府经济建设公债效益的人为因素。

(一)各地方军阀的影响

南京国民政府是在各派系的角逐中诞生的,每个派系均以领袖人物为核心,依靠"关系"组成网络①。当时的中国实际上是在名义上效忠于国民党的军阀所割据的防区的集合体②。以各地方军阀对铁路总工程师③的选择为例。对总工程师的选择除需具备较高的学术素养以及丰富的实践经验外,"举凡金钱时间材料人事之支配,均须有充分之常识与相当之肆应本能,方能应付"④,同时还需得到国民党中央和铁路途经之地方政府的首肯。"铁路之线,首尾两端之选择,与必须经过之重要城市,每非一纯粹铁路问题,而为一政治或军事问题"⑤,所以,总工程师的选择往往表现为各派政治势力的

---

① 比如血亲关系、姻亲关系、师生关系、同乡关系等。齐锡生将这些关系按照从强到弱的的程度研究分析了皖系、直系和奉系三个主要派系。齐锡生:《中国军阀的政治斗争》,第 36—76 页。

② 小科布尔:《江浙财阀与国民政府 1927—1937 年》,南开大学出版社,第 32 页。

③ 国民政府赋予统筹路事的总工程师很大的权限,"假以事权,用其计划,俾于其专门所长有所发挥,不宜掣肘其行动,或外行的强改其计书一致不能贯彻"。凌鸿勋:《株韶段完工与所得筑路之教训》,载《粤汉铁路株韶段通车纪念刊·论文部分》,第 113 页。

④ 凌鸿勋:《株韶段完工与所得筑路之教训》,载《粤汉铁路株韶段通车纪念刊·论文部分》,第 113 页。

⑤ 凌鸿勋:《株韶段完工与所得筑路之教训》,载《粤汉铁路株韶段通车纪念刊·论文部分》,第 118 页。

较量、妥协和让步，而又进一步影响经济建设项目的选择和经济建设公债的效益①。

以粤汉铁路株韶段为例，株韶段途经广东省。自 1931 年两广政府与南京政府分庭抗礼后，尽管双方都认识到修建株韶段铁路对完善全国铁路网络、国家经济的发展以及整合国家军事力量的重要作用，但是为了维护派系利益始终不能达成共识。"九一八"事变后，汪精卫于 1932 年担任国民政府行政院院长，指派顾孟余担任铁道部部长，又由顾孟余选派凌鸿勋任株韶段总工程师②。

凌鸿勋之所以能够得到中央政府和两广政府的认可，一是其过硬的理论素养和丰富的实践经验。更为重要的是，凌鸿勋是广东人，而且曾在北京政府交通部、国民政府铁道部和广西省政府任职③。

（二）江浙财阀的影响

"江浙财阀"一词最早出自于 1928 年 6 月一家日本报纸对南京国民政府的讽刺："革命军北伐成功，得力于江浙财阀之支持。"④南京国民政府成立以前，随着近代资本主义的发展，资本家获得前所未有的自由，特别是上海资

① 早在晚清时期，关于铁路建设人才的培养便已经开始。1907—1911 年，清朝邮传部派往各国学习铁路工程技术的留学生共 800 余人；北洋政府和南京国民政府时期也继续派遣留学生出国学习铁路科技。国内铁路教育方面，截至 1920 年三校归交通部直属以前，北京铁路管理学校（1909 年成创办，初名交通传习所）培养 340 名毕业生，交通部上海工业专门学校（1896 年创办，初名南洋公学）培养 160 名毕业生，唐山铁路学校（1905 年创办，初名路矿学堂）培养 200 名毕业生。归交通部直辖统后三校改名为交通部北京大学、交通部南洋大学、交通部唐山大学。除此以外，铁路学校还有很多，如郑州铁路学堂、浙江铁路学堂、江西铁路专科学校、江苏铁路学堂、湖北铁路学堂、湖南铁路学校、湖南交通铁路学校、正太铁路学堂、京汉铁路学堂、北洋武备学堂铁路工程科、山海关铁路工程学堂等。经过 20 年的发展，铁路人才辈出。参见王晓华、李占才：《艰难延伸的民国铁路》，河南人民出版社 1993 年版，第 149 页。李占才：《中国铁路史（1876—1949）》，汕头大学出版社 1994 年版，第 372、373 页。

② 凌鸿勋出生于广东，1915 年毕业于上海工业专门学校（后改名为南洋大学）土木科并赴美桥梁公司实习；1918 年返国就任京奉铁路公务员，次年转入北京交通部路政司办事；1920 年于上海工业专门学校任教，1921 年，调任为京汉铁路工程师。1923 年返母校授课，于 1924 年任南洋大学校长；1927 年就任梧州工务局长；1929 年任铁道部技正，6 月调任陇海铁路工程局长，主修灵潼段；1931 年任潼西段工程局长兼总工程师。参见凌鸿勋：《悼念顾孟余先生》，第 21 卷，第 2 期，传记文学出版社 1972 年 2 月版，第 26 页。凌鸿勋：《凌鸿勋自定年谱》，第 1—59 页。凌鸿勋：《悼念顾孟余先生》，第 21 卷，第 2 期，传记文学出版社 1972 年 2 月版，第 26 页。

③ 凌鸿勋：《十六年筑路生涯》，（台湾）传记文学出版社 1968 年版，第 28 页。

④ 此时的江浙财阀是指江苏宝山的张公权、江苏镇江的陈辉德、浙江绍兴的李铭、浙江吴兴的钱永铭等人。参见：姚崧龄：《张公权先生年谱初稿》，（台湾）传记文学出版社 1982 年版，第 82 页。

本家不但打破了政府的约束,而且其政治影响力也在不断攀升[1]。其原因主要有四:第一,上海的租界为资本家提供了庇护。1927 年以前开办的中国银行都设在公共租界[2]。第二,第一次世界大战给资本家的发展提供了缝隙。第三,由上海资本家组成的各类行业工会和跨行业公会为其谋求了相当的话语权。如 1915 年成立的上海银行公会、1917 年成立的上海钱业公会以及上海总商会等。第四,包括银行家、钱庄业主、企业家等商界头面人物集结在一起增强了商界的力量。

1927 年前的十几年间,中国资本家始终在民族主义运动、工人运动、外国帝国主义等多方势力间游走,随着第一次世界大战的结束,由于外国企业在资本、技术、进口税率等方面占优,中国资本家处于劣势,逐渐加入民族主义运动。然而,面对 20 世纪 20 年代激进的工人运动和军阀政府,其态度表现为恐惧和不信任,转向对帝国主义的妥协。资本家处在一面将租界视为避难所,一面又要求归还公共租界的矛盾中。

1927 年 3 月国民党北伐抵达上海,时值共产党组织 15 万工人总罢工,上海陷入瘫痪[3]。上海资本家深感震惊担忧,转而联合国民党温和派,把自己的命运系到国家机器上去[4]。3 月底,蒋介石一到上海便急于同商界代表“叙旧”,求得经济支持。以虞洽卿、王震为首的商业联合会表示如果蒋介石同共产党决裂,“立即恢复和平与秩序”“迅即调整劳资关系”[5],那么便给予经济援助。此提议获得蒋介石首肯,并于 1927 年 4 月 1 日获得第一笔 300 万元的短期借款[6]。蒋介石为履行承诺,发动“四一二”政变,兑现承诺。随后于 4 月 25 日,获得上海资本家的第二笔贷款 700 万元[7]。这两笔借款并不是用于经济建设,也并不是由中央一级政府机构出面举借,因此并不在内

---

① 早在宋朝,中国商业经济和城市就已经获得了不小的发展,但是直至 20 世纪初,中国商人不论在经济上、社会上还是政治上,都不曾有过像近代欧洲早期商人那种举足轻重的作用,也远不及日本三井、安田等家族。中国商人受到来自政府官方的种种约束和控制,这种控制最直接的表现是中国近代企业是由官办、官督商办发展而来。参见:小科布尔:《江浙财阀与国民政府 1927—1937 年》,南开大学出版社 1987 年版,第 5 页。

② 《密勒氏评论报》,1931 年 4 月 4 日,第 185 页;费唐:《费唐法官致上海公共租界工部局报告》,第 1 卷,1931 年,第 301 页。

③ 小科布尔:《江浙财阀与国民政府 1927—1937 年》,南开大学出版社 1987 年版,第 13 页。

④ [美]费正清:《剑桥中国史》,中国社会科学出版社 1994 年版,第 795 页。

⑤ 《申报》1927 年 3 月 28 日,第 11 版。

⑥ 中国人民银行上海分行编:《上海钱庄史料》,上海人民出版社 1960 年版,第 206、207 页。

⑦ 中国人民银行上海分行编:《上海钱庄史料》,上海人民出版社 1960 年版,第 207 页。

债统计表中,但是这 2 笔借款透露了一个信息,即江浙财阀与蒋介石之间千丝万缕的联系由此开始。

1. 银行业对经济建设公债效益的影响

银行作为债权人,通过影响经济建设公债的认购量影响公债的发行和效益。在经济建设项目初期,经济建设公债的发行量很大程度上决定了项目能否开展。在项目建设过程中,经济建设公债的顺利认购决定了项目是否能够连贯顺利进行。

1928 年国民政府接管首都电厂之时,该厂固定资产仅 21 万元,到 1936 年该厂固定资产就发展到近 960 万元,总投资达 800 余万元。首都电厂发展之快与资金筹措相对顺利密不可分。由前述可知,中英庚款的支持在首都长电厂发展过程中起到了关键作用。同时,用于首都电厂的 3 笔公债能够十足发行是难能可贵的,即便少量未能售出的公债,也能够向银行抵押,顺利筹得抵押借款。一方面与首都电厂自身的盈利能力为借债提供了可靠的保证,同时,与张仁杰与银行的良好关系密不可分。

在与政府的"合作"中取得了不小的利益,同时对南京国民政府也形成了一定的牵制。1927—1937 年,政府所借多达 10 亿元的内债中,50%—75%是上海银行家提供的①。尤其是自 1935 年对银行的大规模改组后,银行便成为政府的银行。在这一过程中,银行家与蒋介石建立了盘根错节的关系,甚至有些银行家转变为公务员。

自 1896—1937 年的 40 余年,华资银行的数量由清末的不到 10 家增长至 1937 年的 160 多家。经历了两个发展高峰,即 1917—1923 年的高峰期以及 1928—1935 年的高峰期。如果说前一个高峰是由于西方国家受第一次世界大战影响间接给中国资本家带来了发展机遇,那么第二个高峰则一定与经营内债密切相关。对此,《全国银行年鉴》在 1937 年分析战前 10 年的银行业发展时总结:"在此十年中,新设的银行达 137 家,其中已停业者仅 31 家,现存 106 家,占现有银行 2/3 强,易言之,现有银行 164 家,其中 2/3 均成立于最近十年之内。可见,此短短十年为我国银行史上的重要阶段。"②

为了更清楚的比较三者的增幅变化,将表 5-2 中三项增幅数据绘制图 5-2。

① [美]费正清:《剑桥中国史》,中国社会科学出版社 1994 年版,第 801 页。

② 《全国银行年鉴》1937 年,A5 页。

表 5-6　银行利润额、财政收入、GDP 增幅的比较　单位:百万元

年份	银行利润额		财政收入(除债务收入)		GDP	
	总量	增幅(%)	总量	增幅(%)	总量	增幅(%)
1927					248.58	
1928	12.8		334.3		257.11	3.4
1929	19.0	48.4	438.1	31.0	266.26	3.6
1930	19.1	0.5	497.7	13.6	276.21	3.7
1931	20.8	8.9	553.0	11.1	285.70	3.4
1932	26.3	26.4	559.3	1.1	294.60	3.1
1933	26.9	2.3	621.7	11.2	294.70	0.0
1934	31.2	16.0	920.2	48.0	269.00	−8.7
1935			761.4	−17.3	290.90	8.1
1936			984.6	29.3	309.40	6.4

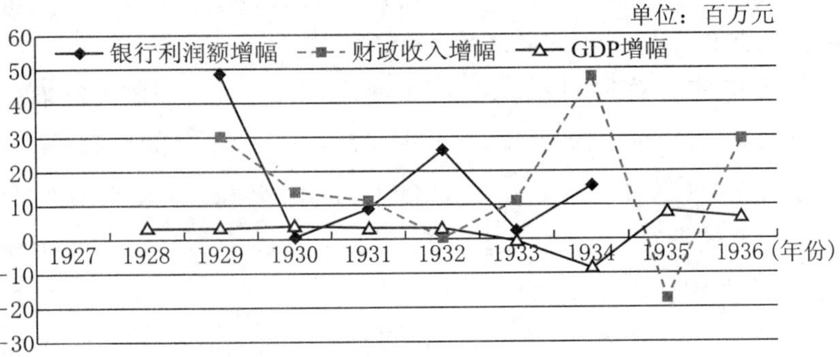

图 5-2　银行利润额、财政收入、GDP 增幅的比较

从图 5-2 可见，银行利润额增幅的变动大致与财政收入增幅、GDP 增幅的变动相反。首先看 1929 年，增幅较大，原因在于国民政府成立之初的两年财政基础薄弱，而不是因为 1929 年财政收入盘子很大，财政赤字依靠内债弥补。同年银行利润额的增幅更大，而 GDP 总量增幅较小，似乎可以推断银行利润很可能来自对公债的经营。再来分析其他年份。1932 年整理内债之年，财政收入较前几年相比大幅下降，GDP 受由于世界银价上涨、1931 年长江流域的特大水灾、“九一八”事变、淞沪战争的爆发等的影响在有 0.3 个百分点的跌幅，银行利润额的增加来自对公债的经营。再看 1934 年，银行利润增幅又一次增长，当年 GDP 总量却下降。我们又知道，“重要银行”中有不少银行除了经营公债外，在 1934 年、1935 年经济萧条时

并没有其他业务[①]，相反，有经营除公债外其他业务的银行该年反而亏损或利润减少[②]。这便印证了前面的推断，银行业繁荣的基础不是来自于产业经济的繁荣，而在于对公债的经营[③]。

两段时期相比，第二个银行业发展高峰期在发展性和稳定性上均优于第一个高峰期。1917—1923 年成立银行 131 家，停业 95 家，停业率高达 72.5%；1928—1935 年成立银行 129 家，停业 31 家，停业率仅有 24%，明显低于 1917—1923 年（见表 5-7）。

表 5-7　1896—1937 年中国银行设立、停业统计表

年度	设立数	停业数	现存数	年度	设立数	停业数	现存数
1896	1	0	1	1927	2	1	58
1902	1	1	1	1928	16	5	69
1905	1	1	1	1929	11	3	77
1908	4	3	5	1930	18	6	89
1911	3	2	7	1931	16	6	99
1913	2	1	12	1932	13	4	108
1915	7	5	16	1933	15	3	120
1917	10	9	18	1934	22	4	138
1920	16	14	31	1935	18	0	156
1923	25	20	53	1936	5	0	161
1926	7	7	57	1937	3	0	164

资料来源：中国银行经济研究室《全国银行年鉴》1937 年，第 7、8 页。现存数一栏由朱荫贵计算所得，参见朱荫贵的《两次世界大战间的中国银行业》一文。

注：表中的中国银行指除在华外国银行以外的本国银行。表中将 1897 年定为初始年份，原因在于清政府于 1896 年批准成立中国第一家银行即中国通商银行，改行 1897 年正式开业。唐传泗和黄汉民对曾对 1927 年前银行数量的估计与《银行年鉴》统计的数量趋同，对 1927 年后银行数量的估计比《银行年鉴》的统计数量要多。参见：《试论 1927 年以前的中国银行业》，《中国近代经济史研究资料》（第 4 辑）。

政府债券成为上海银行界重要的投资项目，公债投资对银行贷款的比例不断增加[④]。多位学者对上海银行界持有政府债券的数额进行评估，据学者吴承禧估计，1932 年财政年度，52 家商业银行持有近半数的政府债券[⑤]。

---

① 叶作舟：《中国金融之危机及其当前问题》，载《东方杂志》第 31 卷第 6 号，1934 年 3 月。

② 吴承禧：《民国二十四年度的中国银行界》，载《东方杂志》第 33 卷第 7 号，1936 年 4 月。

③ 莫湮：《上海金融恐慌的回顾与前瞻》，载《东方杂志》第 33 卷第 22 号，1936 年 11 月。

④ 吴承禧：《中国的银行》，第 25 页。

⑤ 据吴承禧估计若 2/3 的银行有价证券是政府债券，那么银行持有 4.18 万元债券，若按票面价值计算略少于已发行的公债总额 8.59 万元的半数。参见吴承禧：《中国的银行》，第 69、70 页。

学者吴大琨、千家驹对"上海银行持有将近半数的债券"这一论断也持肯定态度。另有一些学者对上海银行持有的债券份额的估计稍高,例如章乃器认为银行持有的有价证券 80%都是政府债券,银行掌握了 2/3 左右的政府债券①。不论何种推断,可以肯定的是银行业是吸收政府公债的一大主体,"证券交易差不多全部是公债"②。截至 1936 年 2 月,银行持有总额 2/3 的未偿还债券。中国金融资产阶级便与南京政权的命运相结合。任何一项给南京政府带来威胁的重大事件或头条新闻都可以使公债行情一落千丈③。1931 年 9 月下旬当传言宋子文即将辞职时,便引发债券行情的暴跌④。

因此,银行家与政府官员来往密切,通过获取内部消息判断公债市场动向。政府也乐意与银行业交往,以期银行吸收更多的政府公债。于是南京国民政府为获得资金而发债,金融资本家为追求高额利润而购买,形成了一种政府与金融界"藤盘树"似的态势,两者的利益紧紧交织在一起。正因为如此,经济建设公债的承购受银行的影响很大。

1932 年以前,宋子文与银行家合作的政策对于银行来说是极其有利的,银行按照大折扣的价格吸纳公债,却得到了按照票面价值的还本付息。银行在公债交易的过程中获得了可观的利润,增加了总资产。

以上所述,可参见图 5-3、图 5-4、表 5-8。

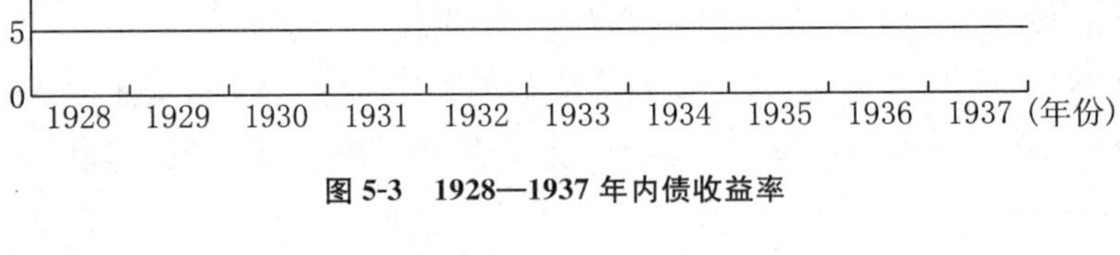

图 5-3 1928—1937 年内债收益率

---

① 章乃器:《中国货币金融问题》,1936 年,第 68、69 页。

② 朱斯煌主编:《民国经济史》,1947 年,第 143 页。

③ 小科布尔:《江浙财阀与国民政府(1927—1937)》,南开大学出版社 1987 年版,第 47 页。

④ 《中国评论周报》,1935 年 10 月 15 日,第 28 页。

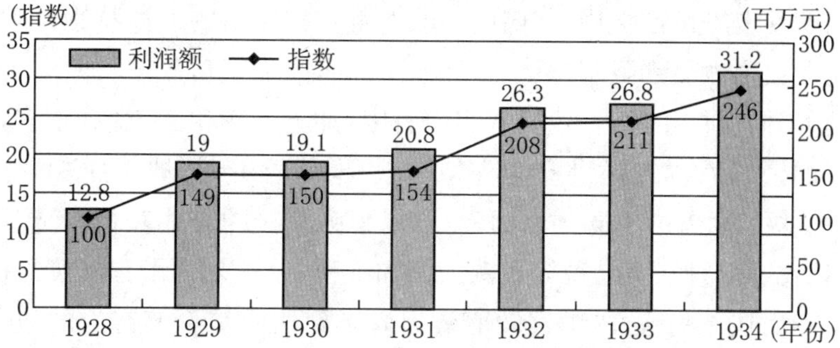

图 5-4　上海重要银行(上海银行公会成员银行、中央银行、四行储蓄会)利润额

资料来源:沈祖杭《吾国银行与政府内债》,载《银行周报》第 20 卷第 7 号,1936 年 2 月。

表 5-8　1926—1931 年 28 家重要银行资产的变化　　单位:百万元

年份	总资产	贷款贴现和存款	期票周转
1926	1 391.0	887.3	229.0
1929	1 942.1	1 221.9	350.2
1931	2 569.6	1 603.9	393.4

资料来源:中国银行总管理处经济研究室编《中国重要银行最初十年营业概况研究》,上海,1933 年,第 2 页。

与此同时,两者还有存在矛盾的一面。对于银行而言,南京国民政府内债过滥势必影响还本付息的履行,而损害金融集团的既得利益。对于政府而言,大折扣发公债的方法对扩充政府财源确是有所成效,但是由于公债收入远低于公债面值,代价也是巨大的。对于经济建设项目的开展而言,巨额的还本付息给项目带来巨大的压力。具有高回报的公债对追求利润最大化的银行来讲极具吸引力,“使股份公司、各种有价证券的交易、冒险活动、投机买卖,总之,使交易所投机和现代的银行统治兴盛起来”①。同时,南京政府和银行业也存在冲突。尤其是 1927 年、1928 年政府曾采取恐吓、敲诈等极端暴力的筹款手段,银行业对政府的态度是“又怕又离不开”。

2. 企业对经济建设公债效益的影响

1927—1932 年间,南京国民政府通过建立新机构、改组或取消原有机构的方式分化牵制各商业组织。1927 年,国民政府成立上海商民协会,将其作为上海市政府的一个“齿轮”②,控制商界。同年 7 月颁布法令,规定上海市

① 马克思:《资本论》第 1 卷,中国社会科学出版社 1983 年版,第 817 页。

② 雪莉·加勒特:《商会》。转引自伊懋可、施坚雅:《两种社会之间的中国城市》,第 227—238 页;小科布尔:《国民党政权》,第 23 页。

商业组织受上海市社会局(归属中央政府直接控制下的上海特别市政府)监督。企业自主性受到限制。

此外,同银行相比,企业资本实力有限,加上高额税率,盈利不多,因此,通过承购公债为政府提供资金支持有限,也就得不到“被拉拢”的“机会”。图5-5反映了两者的不同。然而,政府以更为直接的方式获得资金,即征收关税、租税、商品税、贸易税等税款。例如统税,原本是为了弥补废除厘金的损失。然而在一些地方(国民政府势力尚未到达或是不够有力的地方),不论什么货物仍然需要缴纳和厘金相仿的税[①],成为一种额外负担。

以上海为中心的现代经济部门成为南京国民政府的税源[②]。这种“索要”对企业来说是负担。1932—1935年工商业萧条之初,政府非但不能给予工商业帮助,而且通过偏“强制”的借款方式从企业获得资金支持。

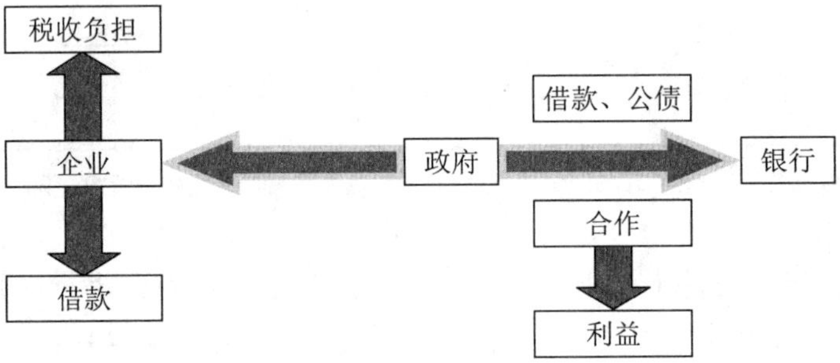

图5-5　政府和银行的关系与政府和企业的关系对比

以对烟草实行等级税率为例。国产卷烟也集中于生产低档卷烟,而差别卷烟税明显倾向高档卷烟,高档卷烟税率被压低,低档卷烟税率提高,这样以生产高档卷烟为主的英美烟草公司坐拥比中国本土烟草公司强的竞争力,从烟草等级税率中获益,以南阳烟草公司为例,1934年的销售额不到1927年的一半,其他中国烟草公司和南阳烟草公司一样,“在1929年国民党的苛重的卷烟等级税收和英美烟草公司倾销的攻势下无法生存”。[③]

(三) 管理体制、机制、制度的影响

管理体制、机制、制度的科学、规范与否是经济建设项目能否顺利开展

① 《密勒氏评论报》1935年4月6日,第186页。

② 帕乌:《国民党和经济停滞,1928—1937》,《亚洲研究季刊》第16卷,1957年,第217页。

③ 科克拉姆:《在中国的大公司,中外烟草工业的对抗,1890—1930年》,耶鲁大学博士学位论文,第350—351页。

的先决条件之一。以铁路管理体系为例。南京国民政府的成立可以说是地方军阀财阀的集成，地方势力支配其统辖范围的铁路，使得铁路中枢管理机构始终未能实现统一管理。就平汉铁路而言，因受 1929 年中原大战影响，被分为三段，南段由铁道部管辖，中断被冯玉祥管辖，北段则由阎锡山管辖。运输受分段管辖影响，营利收入损失惨重，甚至员工薪水都不能按时发放[①]。

中国铁路中枢管理机构本身在组织结构上也有诸多弱点，最明显的是多头领导。1928 年，国民政府成立铁道部，设总务、理财、管理及建设四局，管理全国铁路。又于 1931 年在国民政府下设立主计处，凡与路政有关的会计、统计的机构和人员均改由主计处统辖[②]，尽管规定此类人员受铁路首长监督指挥，但是由于管理职权分散，易出现多头领导，权责不明，反而使管理效能降低。

尽管铁道部成立后，铁路建设工作有所加强，但是对各路运营，包括行车、调度、电务、车辆的维护修理以及管理工作等略显懈怠。借款合同不严谨，对合同不重视，逾期文件不依法注销。利用外债修路的确付出了昂贵的代价，使得铁路修筑成本增加。对铁路的发展重建设而轻经营管理，正如张瑞德所言："政府对于铁路事业的管理重点在于防弊，而未重视其营业发展。"因此，铁路的盈利受其影响很大。

二、影响经济建设公债效益的客观因素

除主观因素影响经济建设公债效用外，不以主观意志为转移的客观因素对经济建设公债效用的影响表现得更为直观。

(一) 经济大环境的影响

自 20 世纪 30 年代起，随着南京国民政府财政、金融政策的展开，上海逐渐成为中国的金融中心。在中国经济融入世界经济的过程中，开始受到世界经济格局变化的影响。随着世界各国纷纷摒弃银本位，各国剩银流入中国市场汇集上海，而国内因为没有合适的投资项目，工业收益率不高，农业不景气，再加上投资环境恶劣，安全得不到保障，以致投资低迷。有学者指

---

① 熊亨灵、何德川：《中国国民党与中国铁路》，(台北)中国国民党台湾区铁路党部文员会，1965 年，第 443 页。

② 铁道部铁道年鉴编纂委员会：《铁道年鉴》第 1 卷，1933 年，第 55 页。转引自张瑞德：《中国近代铁路事业管理的研究——政治层面的分析(1876—1937)》，见《中央研究院近代史研究所专刊》1991 年 2 月，第 82 页。

出,当时全国约有6亿元的流动资金,其中一半游资聚集到上海①,为能够持续承购南京国民政府的巨额内债提供支持。自1934年美国通过《白银收购法案》后,银价大幅上升,白银外流,进而通货紧缩。然而有限的资金投入内债较多,投入工商业较少。

图5-6所示为1927—1937年南京国民政府内债借债额。

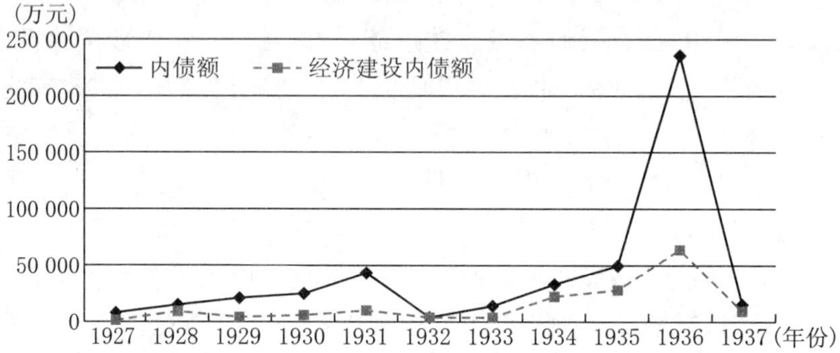

图5-6　1927—1937年南京国民政府内债借债额

数据来源:参见附录中附表2。

(二) 战争对经济建设的阻碍

对于南京国民政府来说,自成立以来到1937年,战乱总是不断,在时断时续的和平间隙,经济还是在不断地向前发展(见图5-7)。宋子文也有所感慨:维持和平与稳定,政府就能把相当数目的资金投入建设和恢复国家信用②。

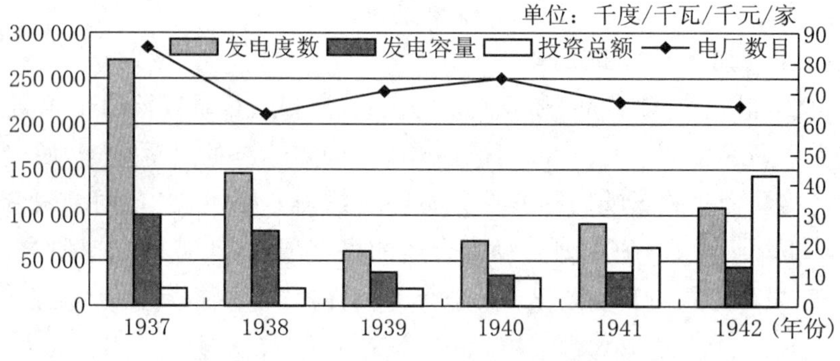

图5-7　1937—1942年电气事业发展情况

资料来源:国民政府主计处统计局(主计长:徐堪)《中华民国统计提要》1947年,第56页。

---

① 岩井茂树著,付勇译:《中国近代财政史研究》,社会科学文献出版社2011年版,第387页。

② 《财政部报告》,1928—1929年,第3页。

1. 战争对铁路经济效应的"稀释"

南京国民政府时期交通基础设施对经济增长的贡献被很多因素"稀释",其中至少包括战争的破坏,规模经济尚未显现,铁路建设分布不平衡。表5-9所列1927年多条铁路车辆破损情况。

表5-9　1927年多条铁路线车辆破损情况

铁道名	客车		货车		机车	
	总数	破损数	总数	破损数	总数	破损数
京汉	223	42	3 977	197	229	42
京绥	145	21	1 534	202	122	64
津浦	254	54	686	315	136	48
胶济	208	66	1 674	168	108	24
京奉	333	41	4 106	434	224	37
合计	1 163	224	11 977	1 317	819	215

资料来源:长野郎《支那资本主义发达史》,(东京)诚光堂书店昭和六年版,第174—175页。

此后,战争对铁路的破坏接连不断。1929年,西北军将领孙良诚不服中央调度,又怕受中央军压迫,撤退到山东,由津浦路至徐州转入陇海路,为防中央军追赶,将沿线多座铁路桥炸毁,其中包括郑州以西的洛河桥①。

1930年中原大战爆发,各路再遭损失。涉及包括津浦、平汉、陇海、北宁、胶济、平绥、正太、京沪、沪杭甬、湘鄂、广九、广韶、南浔道清等路,其中陇海、平汉、津浦三路损失最为严重②。估计1929年、1930年两年仅津浦一路资产便损失近1 500万元③。

铁路建设以轨道建设为主,而忽视了铁路配套设施的建设,导致运输效能降低。主要体现在桥梁负荷能力有限,机车、车辆数量不足且破损严重。1933年,国有各路拥有机车576辆,客车1 217辆,货车10 939辆,比1924年在总量上少7 000余辆。至1937年时,中国平均每6.3公里有1辆机车,每3.3公里1辆客车,每0.49公里1辆货车。同期德国每2.5公里1辆机车,每0.9公里1辆客车,每0.09公里1辆货车。中国与之相比,差距甚大,运输能力极为落后。因国内局势政治不安定而导致铁路延缓或停止建设的

---

① 凌鸿勋:《陇海粤汉湘桂筑路回忆》,(台北)畅流半月刊社1953年版,第2—4页。

② 凌鸿勋:《凌鸿勋先生访问记录》,(台北)中央研究院近代史研究所,1982年,第67页。

③ 《大公报》,(天津)1930年11月16日。

例子很多。

1937年前,中国铁路事业发展是乐观的。1931年,杨格开始对铁路债务的结构进行调查,于1937年形成报告书,提出关于铁路债务的整理、清偿以及担保等多项可行性较高的方案。遗憾的是,南京国民政府尚未来得及采取行动,战争便打断了中国铁路事业的发展道路。

2. 战争对工业的损毁

战争不光对铁路的破坏严重,给工业也带来了近乎毁灭性的损毁。上海丝织工业,在"一二八"事变后,闸北一带大小20余工厂均受损严重。有动力装置的477家中247家休业,丝织业元气大伤①。战前共31家华商纱厂,纱锭超过110万枚,战后只剩了8家残留在租界内,纱锭总数不到34万枚②。

机器厂也在劫难逃。1937年,上海民族资本机器厂570家,除少数小型工厂设于租界外,其余工厂基本设在虹口、闸北、南市、浦东等地。战时,各厂多被损毁,严重者360余厂,损失1 400万元。在公共租界的各厂由于受租界保护损毁相对较轻。

战前几年,经济各部门的发展都较为乐观,1936年海关报关对当年经济的描绘如下:"汇市稳定,物价上腾,币制改革政策经一年的试验进行顺利,小麦种子改良,种茶制丝新法的提倡,足以促进农业技术,使农业日见增进。关于工业建设,机器制造厂、化学产品炼制长、制糖厂、炼油厂等纷纷兴办。交通建设更是突飞猛进。此外中国对舶来物品需要减少,尤其是对食料和消耗物品的进口。进口集中于机器、金属、矿砂、车辆等生产物品。"然而战争对于中国经济的发展影响巨大,尤其是沿江沿海各大都市工商业遭受破坏严重,恰巧中国新式工业大多集中在此,因此对中国的打击甚大。

(三) 还本付息对经济建设项目发展的制约

费正清在《剑桥中国史》中评论中国政府的外债是否有利于中国经济是值得怀疑的。除了铁路建设和工业借款外,这些外债给中国带来的好处极少,而其还本付息的费用(利息、贴现、佣金)却是很高的③。由前面分析可知,经济建设公债对发展经济、搞建设的确具有一定的成效,不论是直接效

① 《工商半月刊》,7卷12号,1935年6月15日。
② 吴景超:《中国经济建设之路》,商务印书馆1948年7月版,第14页。
③ [美]费正清:《剑桥中国史》,中国社会科学出版社1994年版,第119页。

用还是间接效用都较为显著，但是借债搞建设同时具有较高的经济成本，还本付息也的确成为经营的负担。与此同时，还需清楚地认识到，如果没有举借债务，那么各项经济建设的启动资金便得不到保障，更何谈经济建设项目建成后的经营负担和收益？

表 5-10　1928—1936 年南京国民政府外债收支统计

年份	外债实收数	外债付本息	外债收支相抵
1928	10.7	29.1	－18.4
1929	4.4	38.3	－38.3
1930	1.5	50.2	－50.2
1931	33.7	62.5	－38.8
1932	10.3	33.0	－22.7
1933	82.3	29.5	52.8
1934	11.6	65.0	－53.4
1935	19.4	70.1	－50.7
1936	35.0	67.8	－32.8

资料来源：陈正平《1895—1936 年中国国际收支研究》，中国社会科学出版社 2007 年版，第 5 页。

从表 5-10 可见，自 1928 年以来到 1936 年止，仅一年外债实收数超过了还本付息额，其余年份的外债还本付息额均大于外债实收数，其中 5 年均超过 2 倍以上，1930 年，外债还本付息甚至额超过外债实收数的 33 倍。可见，还本付息所带来的压力势必对经济建设项目造成影响。

以 1935 年年度正太铁路为例。正太铁路是由法国投资修建，截至 1935 年，外债借款已经偿还完毕，余留的利息负担极轻，该年度账面余短期债款利息 90 万元和政府官利 139 万元。尽管正太铁路的工作效率在国有 16 条铁路中并未位居首位（列车密度名列第三，运输密度名列第十，全员劳动生产率名列第五），然而正是因为没有太高的利息负担，其利润却位列首位（每万吨/公里平均营业总收入和盈余、人均盈余、每公里最后盈余、人均净产值、成本收益率均名列第一，资产收益率名列第二）。

为完成粤汉铁路补充建筑基金举借民国二十三年六厘英金庚款公债，规定自发行之日起至 1935 年 11 月为第一次还本之期，以后每 6 个月还本一次，分 25 期，至 1947 年 1 月 1 日还完。具体还本付息方法见表 5-12。

表 5-11 1927—1931 年南京国民政府公债发行情况 单位:百万元

年份	发债次数	发行定额	实际发行额	偿还本息总额	内债实收数占债款收入比重*	债款收入*
1927	2	70	61.4	26.5	83.5%	73.532 93
1928	6	150	68.6	57	71.0%	96.619 72
1929	6	198	90.5	90.7	94.7%	95.564 94
1930	4	174	102.8	117.3	85.6%	120.093 5
1931	7	446	125.5	181.1	97.6%	128.586 1
合计	25	1 058	538.8	472.6		

资料来源:盛超明:《简明中国近代财政史》,电子工业出版社 1991 年版,第 244 页。

注:原表中最后一栏截止内债实收数占债款收入比重,表中涉及的"借款收入"没有明确支出与内债实收的区别,如果按照内债实收数占债款收入的比重反推借款收入额,那么得到上表的最后一栏"债款收入"。由此判断,此处的"债款收入"也并不是内外债借款收入的总和,同时可以发现,"借款收入"栏数值介于"发行定额"与"实际发行额"数值之间。

表 5-12 民国二十三年六厘英金庚款公债还本付息表 单位:英镑

日　期	基金及滚存	现付数	付　息	还　本	滚　存
1934.7.1	7 500	1 500 000	7 500	不还本	无存
1935.1.1	97 000	1 500 000	45 000	52 000	无存
1935.7.1	97 000	1 448 000	43 440	53 000	560
1936.1.1	97 560	1 395 000	41 850	55 000	710
1936.7.1	97 710	1 340 000	40 200	57 000	510
1937.1.1	97 510	1 293 000	38 490	59 000	20
1937.7.1	97 020	1 224 000	36 720	60 000	300
1938.1.1	97 300	1 164 000	34 920	62 000	380
1938.7.1	97 380	1 102 000	33 060	64 000	320
1939.1.1	97 320	1 038 000	31 140	66 000	180
1939.7.1	97 180	972 000	29 160	68 000	20
1940.1.1	97 020	904 000	27 120	69 000	900
1940.7.1	97 900	835 000	25 050	72 000	850
1941.1.1	97 850	763 000	22 890	74 000	960
1941.7.1	65 960	689 000	20 670	45 000	290
1942.1.1	65 290	644 000	19 320	45 000	970
1942.7.1	65 970	599 000	17 970	48 000	无存
1943.1.1	65 000	550 000	16 530	48 000	470
1943.7.1	65 470	503 000	15 090	50 000	380

（续表）

日　期	基金及滚存	现付数	付　息	还　本	滚　存
1944.1.1	65 380	453 000	13 590	51 000	790
1944.7.1	65 790	402 000	12 060	53 000	730
1945.1.1	65 730	349 000	10 470	55 000	260
1945.7.1	65 260	294 000	8 820	56 000	440
1946.1.1	65 440	238 000	7 140	58 000	300
1946.7.1	95 300	180 000	5 400	59 000	900
1947.1.1	95 900	91 000	2 730	91 000	2 170

资料来源：目录统一编号：274，案卷编号：1070，044000001092A，民国二十四年电政公债条例，财政部档案，国史馆档案。

注：民国二十三年六厘英金庚款公债共举借英金 150 万，由财政部、铁道部会同发行。

由表 5-12 可见，将还本付息额加总，共需支付 206.9 万英镑本息，其中利息 60 万英镑，给铁路运营带来了不小的负担。铁道部于 1930 年 1 月 1 日发行的收回广东粤汉铁路公债专作收换广东粤汉铁路民有股票之用，年息 2 厘，以每年 6 月 30 日、12 月 31 日为给付期。还本付息以广东粤汉铁路余利为基金按照还本付息表所载数目每月由该铁路拨交中央银行专款存储，由铁道部债票持有人及当地商会各派代表 2 人、审计机关 1 人组织基金保管委员会负责保管公债基金及监督。自公债发行第一年起至第五年底止，支付利息，自第六年起每年抽签还本 100 万元，直至还清为止。具体还本付息数额表。

表 5-13　铁道部收回广东粤汉铁路公债付息还本　　单位：元

年份	次数	期	还本数目	付息数目	尚欠债本数目
1930	1	上 下	无 无		
1931	2	上 下	无 无		
1932	3	上 下	无 无		
1933	4	上 下	无 无		
1934	5	上 下	无 无		
1935	6	上 下	无 1 000 000	 200 000	20 000 000 19 000 000
1936	7	上 下	无 1 000 000	190 000 190 000	19 000 000 18 000 000

(续表)

年份	次数	期	还本数目	付息数目	尚欠债本数目
1937	8	上 下	无 1 000 000	180 000 180 000	18 000 000 17 000 000
1938	9	上 下	无 1 000 000	170 000 170 000	17 000 000 16 000 000
1939	10	上 下	无 1 000 000	160 000 160 000	16 000 000 15 000 000
1940	11	上 下	无 1 000 000	150 000 150 000	15 000 000 14 000 000
1941	12	上 下	无 1 000 000	140 000 140 000	14 000 000 13 000 000
1942	13	上 下	无 1 000 000	130 000 130 000	13 000 000 12 000 000
1943	14	上 下	无 1 000 000	120 000 120 000	12 000 000 11 000 000
1944	15	上 下	无 1 000 000	110 000 110 000	11 000 000 10 000 000
1945	16	上 下	无 1 000 000	100 000 100 000	10 000 000 9 000 000
1946	17	上 下	无 1 000 000	90 000 90 000	9 000 000 8 000 000
1947	18	上 下	无 1 000 000	80 000 80 000	8 000 000 7 000 000
1948	19	上 下	无 1 000 000	70 000 70 000	7 000 000 6 000 000
1949	20	上 下	无 1 000 000	60 000 60 000	6 000 000 5 000 000
1950	21	上 下	无 1 000 000	50 000 50 000	5 000 000 4 000 000
1951	22	上 下	无 1 000 000	40 000 40 000	4 000 000 3 000 000
1952	23	上 下	无 1 000 000	30 000 30 000	3 000 000 2 000 000
1953	24	上 下	无 1 000 000	20 000 20 000	2 000 000 1 000 000
1954	25	上 下	无 1 000 000	10 000 10 000	1 000 000

资料来源:档案编号:00112125000115a,铁道部收回广东粤汉铁路公债条例,铁道部档案,国史馆档案。

再如1935年为整理及扩张电报、电话及无线电事务由财政部举借共计1 000万元的民国二十四年电政公债，该项借款仅付息就高达2 433万元，超过借款总额1倍多，给电政发展带来了不小的压力(参见表5-14)。

表5-14　民国二十四年电政公债还本付息表　　单位:元

时　　间	现付债额	还本数	付息数	本息合计
1935年12月31日	10 000 000	300 000	150 000	450 000
1936年3月31日	9 700 000	300 000	145 500	445 500
1936年6月30日	9 400 000	300 000	141 000	441 000
1936年9月30日	9 100 000	300 000	136 500	436 500
1936年12月31日	8 800 000	300 000	132 000	432 000
1937年3月31日	8 500 000	300 000	127 500	427 500
1937年6月30日	8 200 000	300 000	123 000	423 000
1937年9月30日	7 900 000	300 000	118 500	418 500
1937年12月31日	7 600 000	300 000	114 000	414 000
1938年3月31日	7 300 000	300 000	109 500	409 500
1938年6月30日	7 000 000	300 000	105 000	405 000
1938年9月30日	6 700 000	300 000	100 500	400 500
1938年12月31日	6 400 000	300 000	96 000	396 000
1939年3月31日	6 100 000	400 000	91 500	491 500
1939年6月30日	5 700 000	300 000	85 500	385 500
1939年9月30日	5 400 000	400 000	81 000	481 000
1939年12月31日	5 000 000	300 000	75 000	375 000
1940年3月31日	4 700 000	400 000	70 500	470 500
1940年6月30日	4 300 000	300 000	64 500	364 500
1940年9月30日	4 000 000	400 000	60 000	460 000
1940年12月31日	3 600 000	300 000	54 000	354 000
1941年3月31日	3 300 000	400 000	49 500	449 500
1941年6月30日	2 900 000	300 000	43 500	343 500
1941年9月30日	2 600 000	400 000	39 000	439 000
1941年12月31日	2 200 000	300 000	33 000	333 000
1942年3月31日	1 900 000	400 000	28 500	428 500
1942年6月30日	1 500 000	300 000	22 500	322 500

(续表)

时　间	现付债额	还本数	付息数	本息合计
1942年9月30日	1 200 000	400 000	18 000	418 000
1942年12月31日	800 000	400 000	12 000	412 000
1943年3月31日	400 000	400 000	6 000	406 000
总　计		10 000 000	2 433 000	12 433 000

资料来源:目录统一编号:274,案卷编号:1070,044000001092A,民国二十四年电政公债条例,财政部档案,国史馆档案。

可见,支付债务利息给经济建设项目的确带来了相当的负担。然而当累积的还本付息额较大时会对经济建设项目的发展产生抑制作用,尤其是在战争期间将导致财政崩溃。1927—1934年间,共发行公债面值12亿元,实现金约是面值的60%—75%①。名义利息是8.4%—9.6%,财政部的实际负担是12%—16%。如果利息和本金如期偿还,债券方一年约得20%—30%的利息。然而,对于债务方来说,偿还利息成为影响经济建设项目发展的因素之一②。

---

① 杨格:《中国的建国成就》,第509—510页。

② 杨格:《中国的建国成就》,第98、99页。

结　　论

在对1927—1937年南京国民政府经济建设公债的规模、结构、投向行业的分布、效益以及经济建设公债对经济的影响进行分析之后，对南京国民政府经济建设公债的认识似乎更加谨慎。

一、对南京国民政府公债和经济建设公债的总体认识

其一，南京国民政府成立之初，为巩固政权、确立在国际市场上的信用，继承了清政府和北洋政府遗留巨额债务。关于继承债务总额的统计，学界尚无定论。杨格的统计为13.47亿元，费正清的统计为2.41亿元，财政科学研究院和中国第二历史档案馆统计截至1928年7月1日的遗留外债为2.98亿元。造成这种丛林式的统计主要由于：一是晚清政府、北洋政府财政本身比较混乱；二是档案资料的保存不妥，损坏、遗失严重；三是档案分布在大陆和台湾地区，为研究带来不便；四是档案整理工作尚在进行中，受档案公开程度限制。尽管统计不同，但是可以肯定的是，继承遗留债务，在一定程度上减少了与西方国家的冲突，有助于稳固政权，也为举借新债提供了可能。同时，庞大的遗留债务成为南京国民政府沉重的财政负担，也成为南京国民政府后续制定财政政策、举借债务的历史起点。

其二，南京国民政府战前10年的公债结构呈现内债化趋势，尽管内债借款共76笔，少于外债借款106笔，但是内债借款总额45.03亿元却是外债借款总额8.76亿元的5倍。主要原因至少包括以下三点：第一，北洋政府外债的遗留问题严重影响南京国民政府的国际债信。第二，1935年中国废除银本位制以前，受银价下跌的影响，增加了举借外债的成本。第三，一方面南京国民政府为发行内债提供较大的折扣优惠，另一方面银行业的发展使其具备承担政府债务的能力，再加上两次整理内债使南京国民政府重建债信，使内债的发行能较为顺利进行，因此也可以说，内债一定程度上弥补了外债

的空缺。

其三,就内外债用途而言,经济建设外债不论在借款总额还是借款次数上均呈现压倒性优势,远超过用于弥补财政、文化教育以及军事的外债。经济建设内债的举借次数,尽管远超用于弥补财政、军政以及赈灾善后的内债,但是在总量上却少于弥补财政支出的内债,位居第二。内外债借款次数的时间分布具有一定的规律性。自 1927 年以来,内外债借款次数在两次整理债务前达到峰值,在次年明显回落,而后经历小幅反弹后逐渐走高。

二、对南京国民政府经济建设公债结构的认识

其一,南京国民政府举借的 76 笔内债和 106 笔外债中有 42 笔内债和 96 笔外债用于经济建设。经济建设公债的借款次数占公债总次数的 75.82%,经济建设公债的总额占公债总额的 40%。足见,南京国民政府成立后,在统一政治的同时致力于发展经济,对中国社会经济的发展具有积极作用。就南京国民政府经济建设公债的借款次数和总额而言,尽管经济建设外债的借款 96 次多于经济建设内债的借款 42 次,但是经济建设外债的借款总额 6.63 亿元却远少于经济建设内债的借款总额 14.79 亿元。

其二,就南京国民政府经济建设外债的结构而言,外债中经济建设外债占主导。经济建设外债的借款次数占外债借款总次数的 91%,经济建设外债的借款总额占外债借款总额的 75.68%。具体结构如下:第一,债务人以铁道部、交通部为主,债权人则以英美德等老牌资本主义国家为主。第二,经济建设外债的借款方式多样,主要表现在:一是经济建设外债借款渠道多样,除包括外国政府贷款、外国金融组织贷款和外国股份公司外还包括银行透支、信用贷款以及短期垫款,后三种政府欠款虽然不以对外借款为名,但实则具有外债的性质。二是不论是借款次数还是借款数额,英庚退款是外债来源的第一大宗。三是就用途而言,经济建设外债设计内容较为丰富,包括铁路、电讯、电气、电厂、实业、航空、航运、河道工程等领域,但是以投向交通建设为主,而交通建设又以建设铁路为主。尤其是 1935 年以后,几乎所有外债都用于铁路建设。四是就币种结构而言,南京国民政府经济建设外债的借款币种较为丰富,以英镑和美元为主的币种结构与进出口贸易主要以美国和英国为主相一致,但是南京国民政府能够获得的外汇有限,债款已经折成货款和料款,并被指定供应厂商。而还款时又需折成外币,所以,由还

款带来的外汇储备压力还是不小的。五是关于外债的期限结构。一方面，南京国民政府外债以中长期借款为主，对政府而言，还款压力和风险都大大减少。另一方面，南京国民政府当年到期债务的次数增长赶不上当年新增的债务次数。南京国民政府的还款压力在逐年上升，庆幸的是，当年需要还款的债务次数较为平稳，到期年限分布相对分散。六是南京国民政府经济建设外债比内债担保更为可靠，且担保形式多样，如以较为有保障的关税、盐税、统税为担保，以项目盈余为担保，以已发行的内债为担保。

其三，就南京国民政府经济建设内债的结构而言，经济建设内债的借款次数占内债借款总次数的 55%，经济建设内债的借款总额占内债借款总额的 33%。经济建设内债尽管没有用于弥补财政开支和军政开支总和多，但是在总量上也是吸引眼球的。具体结构如下：第一，债务人以财政部、铁道部为主。债权人多是银行。第二，借款种类“名称丰富”，如债券、公债、垫款、库券等，但是发行方式、利率的确定原则等方面并无实质性差别，因而借款方式比较单调。第三，经济建设内债主要用于铁路、金融事业、疏浚海河、实业以及电气、电政等五大类。就借款次数而言，铁路内债位居首位。但是就借款总额而言，铁路借款总额少于金融借款总额。第四，尽管政府内债平均年息比银行贷款平均利率略低，但是由于“折扣”的存在，银行得到了比给企业贷款更大的收益。就借款期限而言，经济建设内债借款期限集中在 5—15 年，短期借款并不占多数，借款期限分布比较合理。第五，经济建设内债本以关税担保为主，但是自 1930 年以后，随着盐税的增加，盐税成为内债主要担保品。

三、对南京国民政府经济建设公债投入行业的认识

其一，1927 年以来，经济建设公债的投向呈现“一边倒”，交通建设公债不论在借款次数还是借款总量上均远远超过其他经济建设公债。其次是金融事业，而后是公共事业，其中包括电气电政事业和水利事业等，再次是实业建设。可见，基础设施建设投入首当其冲。南京国民政府之所以如此安排是有一定道理的。近代中国基础设施严重不足，已然成为制约国民经济发展的瓶颈。用于基础设施建设的公债能够产生乘数效应，诱发投资和生产，因此南京国民政府通过举债扩大了公共投资，为经济的发展提供必要的基础。金融事业的公债投入对于形成金融垄断体制具有决定性作用，进一

步对南京国民政府法币改革的顺利进行起到了至关重要的作用。再看对实业建设的投入,公债对实业建设的投入尽管远少于对基础设施和金融事业的投入,但是却起到了雪中送炭般的作用,体现了南京国民政府对实业发展的重视。

其二,交通建设公债又以投向铁路建设为主。铁路建设公债不论在借款次数还是借款总量上均远远超过其他经济建设公债。用于航运和航空的公债非常有限。这种对铁路建设的倾斜,一是由于中国航空航运事业起步较晚,受益面较窄;二是由于铁路运输投入的边际效益和规模效应均较大。南京国民政府公债对民用航空的投入更多的是为传达一种态度,即政府支持发展新兴交通。

其三,南京国民政府实业公债以发展公共事业为主,其中着力发展电气电政事业。对江浙丝业的投入主要以改进技术为主。经济建设公债对重工业的投入力度相对不大,中央机器制造厂和株洲机车厂均接受过公债的资助,但是受战争影响,损毁严重,筹建中断。

其四,历史上,中国向来是农业大国,农业生产在国民经济总量中占头等重要地位,出口贸易也以农产品为大宗。1927—1937 年,中国经济正处于从传统农业国向近代工业国的转变,而农业又是工业的基础,南京国民政府理应利用经济建设公债积极发展农业,其中主要包括对水利事业的投入和对蚕丝业的投入。水利建设公债主要集中在导淮。导淮工程从排洪、灌溉、航运三方面进行,对防灾增产作用巨大。

其五,依靠金融公债,通过对银行的增资改组,南京国民政府实现了以四行二局为中心的金融垄断体制。金融垄断体制的建立为币制改革提供了制度支持以及比较适宜的金融环境。

四、对南京国民政府经济建设公债效益的认识

南京国民政府经济建设公债投入交通运输、金融业、公共事业、实业等经济建设项目后产生了直接效益和溢出效益双重效益。

其一,经济建设公债的直接效益。依靠公债投入,贯通南北大动脉粤汉铁路、东西大动脉陇海铁路以及东南各省的铁路线,初步形成铁路运输网。但是铁路的经营仍然存在一些问题,如重投入轻经营,路轨和车辆失修,铁路分布不经济、铁路运行效率不高等。依靠经济建设公债的投入,建成欧亚

航空公司，民航事业实现了从无到有的突破。航运事业也实现了跨越发展。首都电厂、戚墅堰电厂依靠南京国民政府的公债投入扩大了电厂规模，增加了输电线路里程、发电容量和发电量。

其二，经济建设公债的经济溢出效益。交通建设公债的经济溢出效应第一，表现在便利物资流通。第二，促进沿线产业的发展，增强了沿线区域空间的可达性和资源的流动性，形成了工业沿铁路线分布的空间布局。第三，利于矿产资源的开发利用。第四，提高农村经济的市场化程度。第五，带动沿线城市的发展。导淮入海工程的经济溢出效益较为广泛。一是便于通航。二是利于种植业和渔业的发展。三是为工矿业提供用水，便利工业原料、产品运输、矿产资源的运输。经济建设公债对电气电政事业的投入所产生的溢出经济效益是不可估量的。首都电厂和戚墅堰电厂为农业、工业提供电力，发展电话电报业及建立国际电台，对于信息交流、商业往来等意义非凡。

其三，经济建设公债的社会溢出效益。主要表现在备战抗日、促进技术进步、增加就业机会三方面。就备战抗日而言，依靠铁路建设公债建设起来的铁路交通网为战时物资的运输和供应提供了保证，对南京国民政府调集兵力和调配物资也极为重要。南京国民政府举债发展电气电政事业、机器厂，直接奠定了抗战时国防工业的基础，同时也为抗战时后方工业的建设和发展提供动力、机械，为抗战时后方工业基地的建设奠定初步基础①。依靠公债实现的金融垄断体制对币制改革具有决定性作用，进而成功抵御了日本对中国的金融破坏，对经济备战起到了举足轻重的作用，为持久抗战提供了经济基础，对抗战胜利起到了一定的积极作用。

五、南京国民政府经济建设公债对经济的影响

抗战前，南京国民政府经济建设公债用于交通、工业、金融等诸多领域，各项工作取得了一些成效。通过模型得到经济建设公债与 GDP 呈正相关，经济建设公债对 GDP 的影响较为明显，经济建设公债每增加 1%，GDP 增加 5%。同期财政赤字与 GDP 呈负相关，经济建设公债对国民经济的积极影响一定程度上抵消了财政赤字的消极影响。可见，1927—1937 年，南京国民政府经济建设公债对国民经济的发展有一定的促进作用。

---

① 陈雷：《略论抗战前南京国民政府的经济建设——兼谈对抗日战争的作用》，载《历史档案》2010 年 2 月，第 15 页。

然而经济建设公债对经济的影响毕竟有限。第一,经济建设公债在公债总量中所占份额在逐年攀升,但经济建设内债占内债总额并不占优;第二,一国经济的发展是经济、社会、财政、政治等多方合力产生的结果,单靠经济建设公债发展国民经济是远远不够的;第三,多种主客观因素影响经济建设公债的效用,进一步影响经济建设公债对国民经济的影响程度。其中主观因素包括各地方军阀的影响,江浙财阀的影响,管理体制、机制、制度的影响。客观因素包括经济大环境的影响、战争的影响以及还本付息对经济建设项目发展的制约。

关于1927—1937年南京国民政府经济建设公债的研究,以下问题仍然值得进一步思考,并成为日后研究此问题的关注点。

其一,稳定是发展的前提条件。南京国民政府从建立到陷入长达8年的抗战仅被给予10年可供发展的时间。正如杨格所言:"中国在自力求发展的进程中遭遇战争是中国历史上最大的悲剧之一。"[①]"10年"对于一个初成立的政府来讲,即便是内、外部条件理想,但无论是巩固统一,还是规范制度、落实政策,或是发展经济、搞建设都实在是太短了,更何况是一个战争频发、尚未实现实质性统一的军阀割据的国家。战争对经济建设公债效益的影响程度仍然值得研究。

其二,经济建设公债受益的公平性问题。南京国民政府时期城乡二元经济的不平衡问题比较明显。但是,就经济建设公债而言,体现了南京国民政府对农业的重视,例如对戚墅堰电厂的投入就是以农业用电为主,受益农田面积达15万亩以上。另有以导淮为主的水利建设公债和用于江浙蚕丝业发展的公债。经济建设公债投入的第一大宗铁路建设在便利城市经济的同时,对于农村经济的发展、农产品的流通也大有裨益。可以说,尽管存在城乡二元经济的不平衡,但是就经济建设公债的投入和产出而言,农村基本同等地享受了经济建设带来的好处。这实属不易,因为客观来讲,要求南京国民政府在1937年以前关注农村经济实在勉为其难。一是时间太短。二是问题太严重。三是内债不停,抗战接踵而至。四是世界经济环境并不理想。政府只能遵循缓慢的、渐进的政策,以避免国家出现太大的动乱[②]。

---

① 杨格:《中国财政的进步》,载(纽约)对外政策学会《对外政策报告丛刊》,1938年4月15日,第35页。

② W.L.霍兰德、凯特·L.米切尔:《太平洋诸问题,1936年:太平洋国家社会经济政策的目的和成果》,第166页。

其三，1927—1937年，南京国民政府举借的以经济建设为名的公债中存在被挪用的情况。然而由于资料有限，书中对挪用部分并没有涉及。经济建设外债由于存在经理外债机构及受到债权方的监督，因此被挪用的可能性小于经济建设内债。尤其是随着史料的逐步开放，以及研究的继续深入，经济建设公债的挪用问题值得进一步研究，从而更为真实客观地判断南京国民政府经济建设公债的效益。

其四，本书根据公债发行条例统计经济建设公债，但是实际发行情况和公债条例规定有时是有出入的。遗憾的是，书中尽管对经济建设债务的整体结构和效益进行了深入分析，但是资料有限，没能对经济建设内外债逐个分析，只对已掌握的数笔经济建设公债进行具体研究，作为案例在书中出现。经济建设公债的实际发行状况关系到对经济建设公债的评价，因此这方面的研究非常重要，研究空间较大。

附　录

附表 1　1927—1937 年南京国民政府外债一览表

	时间	名称	借债人	债权人	总额	折合法币（万元）	利息	期限	用途	担保	还款方式
1	1927 年 5 月 30 日	吉长铁路垫款	交通部	日本南满洲铁道株式会社	日金 40 万	53.2	年息 9 厘	1 年	协济军政各费	吉长铁路余利	自 1927 年 5 月 30 日起 1928 年 5 月 30 日止按月平均偿还。实际未履行，延期 2 年，至 1930 年 5 月 30 日止
2	1927 年 6 月 1 日	财政部正金银行暂借款	财政部	正金银行	银元 3 500 元	0.35					于同年 6 月底善后借款利息特别账余款扣还本息
3	1927 年 6 月 18 日	财政部正金银行暂借款	财政部	正金银行	银元 1 000 元	0.1	周息 1 分				于同年 6 月底善后借款利息特别账余款扣还本息
4	1927 年	平汉铁路三井洋行煤价欠款	铁道部	三井洋行	银两 2 425.8 两	0.3	年息 8 厘	10 年	因路款艰窘，订购煤所欠尾款久悬未清		自 1927 年 4 月 13 日至 1935 年 10 月 13 日结欠本息共计银两 4 075.34 两。后商定按银元 3 495.39 元一次归还
5	1927 年	吉敦铁路续借款	铁道部	日本	日金 600 万	798	年息 9 厘				

（续表）

	时间	名称	借债人	债权人	总额	折合法币（万元）	利息	期限	用途	担保	还款方式
6	1928年2月	吉长铁路钢轨垫款	交通部	日本南满洲铁道株式会社	日金90.97万	121	年息9厘	9年以上	满铁垫付钢轨价款及试验费，更换80磅钢轨，由南满铁路换下旧钢轨		利息截止1931年10月2日积欠本息共日金123.76万元。九一八事变后，垫款停止
7	1928年7月	中比庚款借款	财政部	中比庚款委员会	美金500万	1 665	年息6厘				
8	1928年	北宁路垫款	铁道部	英资开滦煤矿	银元3万	3					
9	1928年	洮昂铁路车辆垫款	铁道部	日资南满铁道株式会社	日金285万	379.1					
10	1928年7月1日	洮昂铁道借款	铁道部	日资南满洲铁道株式会社	日金82.9万	110.3	年息9厘	3年	合并此前的两笔借款，洮昂铁道所余材料以及所用煤炭	洮昂铁道的财产及收入	期满不能偿还时，延长期限
11	1928年	京沪铁路蒸汽机车价款	铁道部	英商祥泰洋行	英金2.1万	34.4					
12	1928年11月7日	首都自动电话借款	交通部	美国自动电器公司（后改为中国自动电话电器公司）（美）	美金73万	243.1	年息8厘	10年以上	订购首都电话局使用史端乔式自动式电话机器及线路材料		先还款14.6万元，1930年7月话机装竣通后，余款于8月起分期付款。截止1935年1月积欠本息46.3万元。重新规定年息5厘，自8月起分113期归还，1月1期共计55.1万元。1938年6月第35期后停付
13	1928年12月	京沪铁路蒸汽车价款	铁道部	祥泰洋行	英金22 450镑	36	年息7厘	1年半	订购蒸汽车底架及骨壳5辆		每6个月付1/4。货物起运时先付1/4。第4次改分5次，终于1932年9月付清

（续表）

	时间	名称	借债人	债权人	总额	折合法币（万元）	利息	期限	用途	担保	还款方式
14	1929年6月	上海自动电话借款	交通部	中国自动电话公司(美)	美金57万	189.8	年息7厘	9年以上	订购上海话局用自动电话机器及各项材料		签订合同后先交付5.7万元,12个月内再付2.85万元,余款48.45万元自总机装竣后分批付,年息7厘。实际未能按时交付,截止1935年1月底积欠本息50.34万美金。于1935年2月订立新合同,年息5厘,自2月起分112期归还,1月1期,总额67.91万美金。1938年42期时停付
15	1929年6月	武汉自动电话借款	交通部	美国自动电气公司,合同签订后,转让给德国西门子电机厂	美金92.6万	308.4	年息7.5厘	9年以上	订购武汉话局用自动电话机器及各项材料		合同签订后先交付9.26万元,12个月内再交付4.63万元,余款78.71万元自总机装竣后分批付给。1937年8月中断。1938年2月继续,每月还国币3万元,于6月改付每月8 850美金,4期后停付
16	1929年6月	沪宁路购车垫款	铁道部	中英银公司	英金15.6万	255.5	年息8厘	3年3个月	增购车辆供沪宁铁路使用。购买太平洋式机车9辆,40吨钢,100辆货车		自末批机车交到吴淞一个月后开始归还还本息,自1931年1月起每月拨付9 000镑,分20期摊还
17	1930年2月	中法实业借款提用余额保息	财政部	中法工商银行	法金233.36万91.5万	39.7	年息5厘				
18	1930年4月	中法教育基金委员会借款	财政部	中法工商银行	美金26.5万	88.2	年息6厘				
19	1930年	南京铁路轮渡借款		英国	英金26万	425.9					

（续表）

	时　间	名　称	借债人	债权人	总　额	折合法币（万元）	利　息	期　限	用　途	担　保	还　款　方　式
20	1930年	西安宝鸡段料款借款		法国	法金652万英金53万	978.9					
21	1931年2月3日	故宫博物院借款	财政部	中法工商银行	银元7.5万	7.5	年息8厘	3年			于1932年、1933年、1934年分三次拨付博物院
22	1931年9月	美麦借款	财政部	美国米谷平价委员会	美金1 000万	3 330	年息4厘	5年	订购美麦、美粉45万吨救全国水灾		1931年9月—1932年3月分批起运，计价美金921.28元，自1934—1936分3期偿还。最终于1944年底本息全部偿清
23	1931年5月1日	交通部汉莎航空公司垫款	交通部	德国汉莎航空公司	德金78.2万	83.7	年息7厘	5年	筹设欧亚航空公司		每年付息一次，本金订5年内分期或1次偿清。1936年3月偿还20万马克，余款自1937年起3年内分6期偿还，改为年息5厘
24	1931年1月	导淮二年施工计划借款	导淮委员会		银元108万	108	年息5厘				
25	1931年1月	电气事业购料借款	建设委员会	中英庚款董事会	英金14万	229.3	年息5厘				
26	1931年11月	扩充首都电厂线路借款	建设委员会	中英庚款董事会	银元10万	10	年息5厘				
27	1931年12月	首都轮渡工程及材料借款	铁道部	中英庚款董事会	英金20万	327.6	年息5厘				
28	1931年	平汉铁路短期借款	铁道部	法国东方汇理银行	银元17.5万	17.5					

(续表)

	时间	名称	借债人	债权人	总额	折合法币(万元)	利息	期限	用途	担保	还款方式
29	1931年	平汉路透支	铁道部	英国麦加利银行	银元11.97万	11.97					
30	1931年	平汉路透支	铁道部	比利时华比银行	银元8.1万	8.1					
31	1931年	粤汉铁路广韶段借款	铁道部	美国慎昌洋行	港元2.7万毫洋1.10万	3.58					
32	1931年	粤汉铁路广韶段借款	铁道部	日本台湾银行	日金6万	8					
33	1931年	粤汉铁路广韶段借款	铁道部	日本华南银行	毫洋2.3万	1.8					
34	1931年	粤汉铁路广韶段借款	铁道部	英国华商银行	港元4.2万	4.2					
35	1932年1月25日	财政部汇丰银行借款	财政部	英国汇丰银行	银洋250万元	250	年息7厘	1个月	弥补国库需款	余关项下仅先归还	1932年2月9日将本息拨还,共250.79万元
36	1932年2月9日	财政部汇丰银行短期借款	财政部	英国汇丰银行	银圆300万	300	年息7厘	6个月	弥补国库需款	以银行所收关税汇款担保	自3月起每月拨还4次,分6个月偿清。本息共306.63万元
37	1932年3月	胶济铁路购料垫款	铁道部	中英庚款董事会	英金35万	573.3	年息5厘				
38	1932年7月	中央机器厂开办经费借款	实业部	中英庚款董事会	英金12.3万	201.5	年息5厘				
39	1932年7月	粤汉铁路株韶段测量借款	铁道部	中英庚款董事会	银元17.6万元	17.6	年息5厘				

（续表）

	时　间	名　称	借债人	债权人	总　额	折合法币（万元）	利　息	期　限	用　途	担　保	还款方式
40	1932年8月	粤汉铁路韶乐分段工程借款	铁道部	中英庚款董事会	银元70万	70	年息5厘				
41	1932年1月	津浦铁路购料借款	铁道部	中英庚款董事会	英金24万	393.1	年息5厘				
42	1932年1月	粤汉铁路湘鄂段购料借款	铁道部	中英庚款董事会	英金11万	180.2	年息5厘				
43	1932年1月	粤汉铁路株韶段购料借款	铁道部	中英庚款董事会	英金3万	49.1	年息5厘				
44	1932年1月	粤汉铁路广韶段购料借款	铁道部	中英庚款董事会	英金2万	32.8	年息5厘				
45	1932年12月	添购国际电台借款	交通部	中英庚款董事会	英金5万	81.9	年息5厘				
46	1933年2月	增借首都轮渡料款	铁道部	中英庚款董事会	英金1.6万	26.2	年息5厘				
47	1933年3月6日	铁道部巴黎电机厂购料期票欠款	铁道部	法国巴黎工业电机厂	法金5 000万	850	年息8厘	5年以上	购料	以正太铁路余利担保，并由铁道部、巴黎电机厂同意的银行团保付	第1—4批均招数付清。分批与1935年6月5日为筑陇海路咸宝段购买钢桥、车辆等。材料总价英金45.54万镑，年利6.5厘。自确定之日起40天内先付10%，付款的50天内再付10%，其余80%分14期，自1936年4月1日—1939年7月1日每季度付一次。后改为1939年7月1日前仅付60%，其余40%自1939年10月—1942年1月分期清偿。1938年7月后停付余下的4期

(续表)

	时间	名称	借债人	债权人	总额	折合法币(万元)	利息	期限	用途	担保	还款方式
48	1933年5月	美国棉麦借款	财政部	美国金融复兴公司	美金2 000万	6 660	年息5厘	11年		以统税为第一担保,海关收入水灾附加税为第二担保	实际先后用款,购棉998万元,粉、麦710万元,共美金1 708.63万元,各至第5年偿清。最终于1944年底本息全部偿清
49	1933年5月	招商局改进航业借款	交通部	中英庚款董事会	英金36万	589.7					
50	1933年	粤汉铁路广韶段购料垫款	铁道部	中英庚款董事会	英金10万	163.8	年息5厘				
51	1933年7月	完成粤汉铁路借款	铁道部	中英庚款董事会	英金150万	2 457	年息5厘				
52	1933年7月	粤汉铁路庚款借款	铁道部	中英庚款董事会	英金470万	7 698.6					
53	1933年8月	招商局购置海轮借款	交通部	中英庚款董事会	英金16.9万	276.8					
54	1933年8月	购办有线电话材料借款	交通部	中英庚款董事会	英金2万	32.8	年息5厘				
55	1933年11月	无线报话机材料借款	交通部	中英庚款董事会	英金4.8万	78.6	年息5厘				
56	1933年12月	导淮施工续借款	导淮委员会		银元217万	217	年息5厘				
57	1933年12月	浙赣路杭州玉山段购料借款	铁道部	中英庚款董事会	英金14万	229.3					

（续表）

	时间	名称	借债人	债权人	总额	折合法币（万元）	利息	期限	用途	担保	还款方式
58	1934年2月	沪杭甬铁路购车垫款	铁道部	中英庚款董事会	英金3万	49.1	年息5厘				
59	1934年10月22日	浙赣路玉山南昌铁路材料款	铁道部	德国奥托华尔夫公司	银元800万	800	年利7厘	4年半	购料	铁道部第一期铁路建设公债，财政部铁道部发行的玉萍铁路公债	规定至1938年底本息偿清。每年6月底及12月底结算一次。合同成立后，先共计价值296.44万元的材料。1938年尚未偿清，至1 941.5未偿清，停付
60	1934年3月	招商局借款	交通部	中英庚款董事会	银元40万	40	年息5厘				
61	1934年4月	扩充首都电厂线路续借款	建设委员会	中英庚款董事会	英金40万	655.2	年息5厘				
62	1934年6月	中英庚款借款		英国	英金150万	2 457	年息6厘				
63	1934年7月	导淮及修建邵伯闸借款	导淮委员会	中英庚款董事会	银元325万	325					
64	1935年1月	导淮借款	导淮委员会	沙逊洋行	英金32.8万	537.3	年息6厘				
65	1935年1月18日	交通部无线电台机件价款	交通部	英商马可尼无线电公司	英金1.75镑	28.7		3年	订购短波无线电发报机(SWB-8)7架		英金17 496镑分36期付款，第一期于合同签订后拨付，1月1期，每期付英金486镑。截止1935年6月底，已付7架短波无线电发报机机价6期，英金2 916镑
66	1935年5月28日6月17日	交通部无线电台机件价款	交通部	英商马可尼无线电公司	3 600 镑 310 镑	6.4			上述7架中3架改为报话双用设备、加装机件		自1935年6月18日分31期还清，1月1期，每期110镑，加装电话调幅器等设备机价除已付500镑外，付1期英金110镑

(续表)

	时间	名称	借债人	债权人	总额	折合法币(万元)	利息	期限	用途	担保	还款方式
67	1935年2月25日	扩充首都话局南局机价借款	交通部	中国自动电话公司(美)	美金14.2万	47.3	年息6厘	8年	首都话局新设南局扩充机件等设备和材料		先付35 500元,余款及利息分96期付款,1月1期,每期1 399.56元,自合同签订后9个月起付。停付于1938年6月第32期
68	1935年4月6日	交通部无线电报话机价款	交通部	英商马可尼无线电公司	英金0.6万	9.8		9个月	购买短波无线电报话收信机14架		签订合同时先付1 500镑,其余4 500镑自5月每月付500镑
69	1935年6月1日	扩充首都话局北局机价借款	交通部	中国自动电话公司(美)	美金5.3万	17.6	年息6厘	3年	首都话局新设北局扩充500号机件等设备和材料		合同签订是交付美金13 250元,余款和利息分60期付清。每期美金768.48元。自合同签订后9个月起付。至1938年7月第29期停付
70	1935年9月28日	浙赣路枕木借款	铁道部	英商怡和洋行	关金32.1万	42.7			建筑玉山至南昌段铁路	由第一期铁路建设公债及玉萍公债内各提出75万元为担保	
71	1935年	财政部东方汇理银行借款	财政部	法国东方汇理银行	规元430万两	589.1					
72	1935年	陇海铁路陕安段工程借款	铁道部	比利时铁路公司	比金1 676万	167.6					
73	1935年	陇海路荷公司寻常账	铁道部	荷兰建筑海口公司	荷金49万	84.8					
74	1935年	陇海路荷公司垫付款	铁道部	荷兰建筑海口公司	荷金132.48万	229.2					

（续表）

	时间	名称	借债人	债权人	总额	折合法币（万元）	利息	期限	用途	担保	还款方式
75	1935年	陇海路比公司垫款	铁道部	比利时铁路公司	比金 7 283.7 万	728.4					
76	1935年	陇海路比公司金榜垫款	铁道部	比利时铁路公司	英金 1.8 万	29.5					
77	1935年	汴洛铁路比公司寻常账	铁道部	比利时铁路公司	比金 389.2 万	38.9					
78	1935年	完成陇海路西宝段借款	铁道部	法国巴黎工业公司	国币 1 000 万	1 000					
79	1936年4月25日	浙赣路南萍段借款	铁道部	德国奥脱华尔夫公司	国币 1 000 万	1 000	年息 7 厘	6年	为修筑浙赣路南萍段提供所需材料	以第二期铁路建设公债应收本息以及玉南段银团质押借垫款项合同履行后第一期铁路建设公债与玉萍公债本息余额为基金	预定至 1941 年 6 月底本本息还清。1937 年停付
80	1936年3月15日	防空学校高射炮指挥仪价款	军事委员会	德商礼和洋行	英金 2.75 万	45		2年半	订购高射炮指挥仪 2 副	中央银行担保	分 10 期在国库项下拨付，定于 1938 年 9 月 15 日偿清。共 27 510 镑 16 先令 5 便士，其中利息 605 镑 5 先令
81	1936年4月8月	中德易货信用借款	军事委员会	德意志国家汇兑银行	美金 4 000 万	13 320	年息 5 厘	1年3个月以上	取得德方货物信用借款（工业品）	以农、矿原料随时抵偿	全额拨付，没有折扣。截止 1937 年 9 月中方运出矿产原料、农产品共计国币 4 190 余万元。中方向德方采购，以交通、军政及经济三部为最多

(续表)

	时间	名称	借债人	债权人	总额	折合法币(万元)	利息	期限	用途	担保	还款方式
82	1936年6月15日	沪杭甬路金镑借款	铁道部	英国	英金110万	1 801.8	年息6厘	25年	为修筑上海至杭州段及宁波至曹娥江边百官段,闸口至百官段。钱塘江桥和南星桥的建设	以沪杭甬路营业进款全部及钱塘江桥进款70%作抵押,不足则有政府另拨他款给付	前5年支付利息,每半年1次,第6年开始还本,于20年分20期还清。1938年铁路沦陷,停止付款
83	1936年5月	中美白银协定美元外汇	财政部	美国联邦储备银行	美金2 000万	6 660					
84	1936年6月	平汉铁路道楚段借款	铁道部	中福煤矿公司	国币60万	60					
85	1936年8月25日	宝成铁路借款	铁道部	比利时铁路电车公司	比金45 000万	4 500	年息6厘	4年	修筑宝鸡至成都段,所需材料借款	以宝成铁路收入为第一担保,以陇海、汴洛收入除去两路借款抵押之余数为担保	自接受材料日起,分84个月偿还
86	1936年9月3日	广九铁路机车价款	铁道部	捷克斯可达公司	英金30 975镑	50.8	年息6厘	60个月	广九铁路旧有机车不敷调配,订购新机车3辆	广东省银行担保	每月付港币1万元,第1年不计利息,第2年起按欠付额照年息6厘计算,60个月还清。1938年10月停付
87	1936年11月26日	浙赣路道轨垫款	铁道部	捷克维阔惠次公司	关金233.1万	310	年息6厘	7年	依照玉南、南萍两段钢轨标准更换浙赣路杭州—玉山段。用于订购钢轨,属材料借款	铁道部担保	共15张期票,共计关金2 865 883.4元,购料于1937年陆续抵达,3月起付第一期票款。又于1937年底、1938年6月付第二、三两期款,后因战事停发

（续表）

	时间	名称	借债人	债权人	总额	折合法币（万元）	利息	期限	用途	担保	还款方式
88	1936年11日	平汉路江桥借款	铁道部	德国西门子公司	国币1 000万	1 000	年息6厘				
89	1936年11月	黄河大桥料款	铁道部	德国	国币1 000万	1 000	年息6厘				
90	1936年12月4日	京赣铁路借款	铁道部	中英庚款董事会 汇丰银行 怡和洋行	英金90万	1 474.2	年息5厘	10年以上	为建筑京赣铁路宣城至贵溪段		合同订立不久，抗战爆发，运输艰难，材料被日本扣留，工程不能继续。于1938年6月续订合同，将原购材料设备转用于湘桂路衡桂段使用。自1938年12月底开始拨还，半年一次，10年偿清
91	1936年11月28日	湘黔铁路借款	铁道部	德国	国币3 000万	3 000	年息6厘	10年又1月	兴建湘黔铁路株贵段购料借款	湘黔路盈余，平汉路盈余	自1936年12月至1946年12月分10年零1月偿付
92	1936年12月16日	成渝铁路借款	铁道部	法国	国币3 450万	3 450	年息7厘	15年	为兴建成都至重庆段铁路		截止1939年1月供料及借款共美金59万元、法金2 900万法郎。1949年停止。共还本金美元4.28万，法金91.47万
93	1936年11月28日	平汉铁路料款借款	铁道部	德国奥托华尔夫公司和四门子厂	国币1 000万	1 000	年息6厘	12年又7个月	整理平汉铁路	该路盈余	购料自1936年12月至1942年底分期订购，每批价款先付10%，货到后再付45%。其余45%连同利息发给期票，于满6年时照付。货价以关金计算。1938年后停
94	1936年12月22日	浙赣铁路上海西门子洋行话机借款	铁道部	德国和四门子洋行	美金2.67万元	8.9	年息6厘	5年	订购载波式话机		订约时付定金10%，2 663元，交货时再付1 200元，余款分5年偿付，每半年付1次。停付时尚欠2 280元

(续表)

	时间	名称	借债人	债权人	总额	折合法币(万元)	利息	期限	用途	担保	还款方式
95	1937年1月	浙赣铁路转撤器借款	铁道部	德国奥开公司	关金10.1万	13.4	年息6厘		增加军事设备及兴筑军运车道等添购转撤器	铁道部担保	半年付1次。订约后因抗战爆发未曾拨付
96	1937年1月	杭玉段调换重轨借款	铁道部	捷克钢铁公司	国币600万	600	年息6厘				
97	1937年4月12日	交通部调幅器等料款	交通部	英商马可尼公司	英金1.2万	19.7		2年	订购SWB-8调幅器等机具		自4月起付第一期,每月付500镑,共24期偿清。至第四期时停付
98	1937年4月8日	广东港河工程借款	铁道部	荷兰治港公司	美金200万	666	年息6厘	共40期	广东省黄埔开港		付至第五期便无力偿还,后因太平洋战事,停止
99	1937年4月	粤汉铁路购车借款	铁道部	美国进出口银行	美金146.6万	488	年息6厘				
100	1937年	完成粤汉铁路及补充设备借款	铁道部	中英庚款董事会	国币150万英金26万	575.9					
101	1937年6月1日	京沪铁路改善设备借款	铁道部	中英银公司	英金80万	1 310.4			为谋发展京沪铁路业务,拟增购机车车辆,改革车站、仓库设备以及上海、苏州间铺筑双轨		

（续表）

	时间	名称	借债人	债权人	总额	折合法币（万元）	利息	期限	用途	担保	还款方式
102	1937年6月	交通部电子管期票款	交通部	美商亚尔西爱胜利公司	美金 37.8 万	125.9		7年	订购电子管		除3项价款全数付清外，其余1项美金9万元按照合同规定分3年付清。自1938年9月—1941年8月每月付2 500元。截止1941年9月尚欠4期，共计美金1万元，商定自1943年1月起分10期，每月1期，1 000元付清。终于1944年1月22日结案
103	1937年	株洲机车厂借款	铁道部	中英银公司英商万泰公司	英金3万英金12万	245.7					
104	1937年	铁路车辆材料借款	铁道部	德国克虏伯厂等	英金 38.48 万	630.3	年息6厘				
105	1937年	浙赣路枕木借款	铁道部	怡和洋行	国币 90.97 万	91					
106	1937年7月	广梅铁路借款	铁道部	英国	英金 300 万	4 914	年息5厘				

注：1936年每单位各国货币折合美元的比率是：1英镑＝4.97美元，1法郎＝0.06美元，1日元＝0.29美元，1马克＝0.40美元，1比法郎＝0.034美元，1荷兰弗洛令＝0.64美元，1银圆及法币＝0.3美元，1港币＝0.3美元，1毫洋＝0.24美元。1933年3月1日，南京国民政府财政部发布《废两改元令》，特规定上海市面通用银两与银本位币1元或旧有1元银币之合原定重量成色者，以规元7钱1分5厘合银币1元为一定的换算率。表中规元换算成元按照此规定换算，即0.715两规元＝1元。经计算，每单位各国货币折合国币数：1美元＝3.33元，1英镑＝16.55元，1日元＝0.97元，1法郎＝0.2元，1马克＝1.33元，1港元＝1元，1毫洋＝0.8元，1荷兰弗洛令＝2.13元，1比法郎＝0.11元。

关金是"海关金单位"的简称，为国民党统治时期中国海关收税的计算单位。原来海关收税为银两，1929年世界银价大落，影响关税收入。政府于1930年1月决定征收金币，以值0.601 866克纯金为单位作标准计算，称"海关金单位"，合美元0.40元。表中关金按照此兑换率兑换成美元后，再按照1936年美元兑换法币的兑换率最终换算成以元为单位的法币，即1关金＝0.4美元＝1.33元。

资料来源：中国第二历史档案馆：《民国史档案资料汇编，财政经济——内外债》，江苏古籍出版社2010年6月版；李增寿主编，财政科学研究所，中国第二历史档案馆编：《民国史档案资料丛书——民国外债档案史料》，档案出版社1990年1月版；吴承明：《帝国主义在旧中国的投资》，人民出版社1958年版。

附表 2　1927—1937 年南京国民政府举借内债一览表

单位:万元

	时间	名称	债务人	发行额	利息	折扣	最后还清日期	担保	用途	备注
1	1923—1928	整理平汉路借款	铁道部	737.2	13—16 月息			金城、盐业、中南等银行	用于重修黄河大桥	
2	1927 年 5 月 1 日	江海关二五附税库券	财政部	3 000	7 厘月息	十足发行	1929 年 12 月 32 个月	江海关二五附税	临时军费	发行时,预扣利息两个月,自 1927 年 7 月起,1 月付息 1 次,分期 30 个月
3	1927 年 1 月	续发江海关二五附税库券	财政部	2 400	8 厘月息	九八发行,后改为 4 000	1933 年 4 月 5 年 7 个月	江海关二五附税	军需政费,归还借款	1 000 万抵旧债,250 万由江浙两省财政各机构、富商、金融界各认募 250 万,其他省和海外劝募 400 万。发行时,预付利息 3 个月,自 1928 年 1 月—1929 年 12 月每 1 月付息 1 次。自 1930 年 1 月按月平均付还本银 1/4 及利息,直至还清
4	1928 年 4 月 21 日	十七年卷烟税国库券	财政部	1 600	8 厘月息	九八发行	1930 年 11 月 2 年 7 个月	以财政部应收卷烟统税全数为担保	预算不足	自 1928 年 4 月起 1 月付息 1 次,并用平均法每月付还本银 1/32
5	1928 年 5 月	十七年军需公债	财政部	600	8 厘周息	九八发行	1938 年 12 月 10 年 8 个月	以全国印花税处收入为担保	补充军需不足	预扣利息至 1928 年 6 月每年付息 2 次,6 月和 12 月。自 1929 年起,每 6 个月抽签偿还债额 1/20,至第 10 年为止,全部偿清
6	1928 年 6 月	十七年军需公债第二期	财政部	400	8 厘周息	九八发行	1938 年 12 月 10 年 8 个月	以全国印花税处收入为担保	补充军需不足	同上
7	1928 年 7 月	津海关二五附税国库券	财政部	900	9.6 月息		1931 年 3 月	以津海关二五附税预算不足及筹付临时需	预算不足	
8	1928 年 7—12 月	民国十七年善后短期公债	财政部	4 000	8 厘周息	实发 3 800 第 1 个月九二折;第 2 个月九三折;第 3 个月九四折	1933 年 6 月	以财政部煤油特税收入全部为还本付息基金	完成统一全国需用	自发行之日起,每 6 个月抽签还本一次,平均抽还 1/10。由天津、北平中国银行、交通银行及其他指定的券募机关经理

（续表）

	时 间	名 称	债务人	发行额	利 息	折 扣	最后还清日期	担 保	用 途	备 注
9	1928年10月6日	民国十七年金融短期公债	财政部	3 000	8厘周息	九二发行	1935年9月	关税余款	建设金融事业。拨付中央、中国、交通三银行股本之用	每年付息2次，第1至3年每次还3.5%，第4至6年每次还10%，第7年共还19%，至1935年9月还清
10	1928年11月	民国十七年金融长期公债	财政部	4 500	2厘半周息		1953年9月	关税余款	整理汉口中央钞，还中交借款	每年付息2次，第1至5年只付利息，第6至25年每次还本112.5万元
11	1929年1月	民国十八年赈灾公债	财政部	100	8厘周息	九八发行	1938年12月	关税	赈灾	自1929年6月起用抽签法分10年偿还，每年抽签2次，每次还1/20
12	1929年2月	民国十八年裁兵公债	财政部	5 000	8厘年息	九八发行	1939年1月	关税	裁兵费，抵补编遣期预算	自1929年7月起用抽签法分10年偿还，每年抽签2次，每次还1/20
13	1929年3月	民国十八年卷烟税国库券	财政部	2 400	8厘月息		1932年1月 34个月	以财政部应收卷烟统税全数为担保	预算不敷	4月以前利息预扣，自1929年4月至1930年3月，每月还本2%，自1930年4月至11月，每月还本2.5%，自1930年12月至1933年1月，每月还本4%，按月付息一次
14	1929年4月	疏浚河北省海河工程短期公债	财政部	400	8厘月息		1939年4月20日	以津海关值百抽五税收项下附征百分之八之收入作抵，至足敷全部偿清为止	海河工程费用，买土地费	于发行时预付第一期利息，于每年4月20日及10月20日还本付息，每次还1/20
15	1929年6月	民国十八年关税库券	财政部	4 000	7厘月息	九八发行	1934年7月 62个月	由关税增加收入项下指拨	整理税款，抵补期内不敷	自1929年6月起，每月共还本息80万元
16	1929年9月	民国十八年编遣库券	财政部	7 000	7厘月息	九八发行	1937年12月 100个月	在关税增加收入项下指拨	编遣费，军需不敷	自1929年9月起，每月偿还本金1%，并付利息一次

(续表)

	时间	名称	债务人	发行额	利息	折扣	最后还清日期	担保	用途	备注
17	1929年11月	铁道部收回广东粤汉铁路公债	财政部	2 000	2厘周息			广东粤汉铁路余利	为收换广东粤汉铁路民有股票,发行公债,官股不在此例	自发行之日起至第5年,只付利息,第6年,每年还本100万,直至还清
18	1930—1933年	浙赣路杭江段借款	铁道部	580	10厘月息			上海、杭州中国银团		
19	1930年1月1日	民国十九年电气事业长期公债	财政部	150	6厘年息		1944年12月31日15年	以首都及戚墅堰两电厂现有地基房屋机器,及两厂营业盈余为担保	为收办戚墅堰电厂事业	第1年只付利息,自1931年6月起,每年6月30日还本4.5万元,12月31日还本6万,自1943年6月起,每年6月30日、12月31日各还本一次,每次还本6万,直至1944年12月31日偿清
20	1930年1月1日	民国十九年电气事业短期公债	财政部	250	8厘年息		1937年12月31日8年	以首都及戚墅堰两电厂现有地基房屋机器,及两厂营业盈余为担保	为收办戚墅堰电厂事业	第1年只付利息,自1931年6月起,每年6月30日、12月31日各还本17.5万,自1937年6月起,每次还本20万。至1937年12月31日全数还清
21	1930年1月20日	民国十九年关税公债	财政部	2 000	8厘年息	九八发行	1939年12月10年	关税收入	换回湖北整理金融公债	自1930年6月起,每年还2次,每次1/20
22	1930年3月17日	民国十九年交通部电政公债	交通部	1 000	8厘年息	九八发行	10年	以交通部国际电报费收入全部为还本付息基金,如有不敷,由部以其他电政进款拨足	为整理及扩充电报电话无线电	每6个月付息一次。自1931年起至1940年止,每年还本100万

（续表）

	时间	名称	债务人	发行额	利息	折扣	最后还清日期	担保	用途	备注
23	1930年3月31日	民国十九年卷烟税库券	财政部	2 400	8厘年息	十足发行，前3个月内九八实收	1933年3月36个月	以财政部所收卷烟统税除拨付民国十七年所发卷烟税库券及十八年续发卷烟库券基金本息外之余款为担保	充国库周转之用	自1930年4月至1932年1月，每月还本2%，自1932年2月至1933年3月，每月还本4%，并按月付息1次
24	1930年10月16日	民国十九年关税短期库券	财政部	8 000	8厘月息	九八发行	1935年5月58个月	由财政部制定关税增加收入项下指拨	调剂金融财政之用	自1930年8月，每月还本付息。第1月至第6月还本1%，第7月至第18月每月还本1.2%，第19月至第57月每月还本2%，第58月还本1.6%
25	1930年10月31日	民国十九年善后短期库券	财政部	5 000	8厘月息	九八发行	1936年4月66个月	由财政部指定在关税增加收入项下，如数照拨	充善后之用	自1930年11月起每月还本付息，第1月至第16月，每月还本1%，第7月至第16月每月还本1.2%，第16月至第50月还本1.6%，第51月至第64月每月还本1.8%，第65、66月还本1.2%
26	1930年12月31日	民国二十年卷烟税库券	财政部	6 000	7厘月息	九八发行	1937年6月78个月	指定以财政部所收卷烟统税，除拨付民国十八、十九年卷烟税库券基金外，按照本库券所列还本付息数目	办理善后，周转国库	自1931年1月起，第1年每月还本1%，第2年每月还本1.1%，第3年每月还本1.2%，第4年每月还本1.3%，第5年每月还本1.4%，第6年每月还本1.5%，第7年第1月至第5月每月还本1.6%，第6月还本2%，1937年6月还清
27	1931年3月11日	民国二十年江浙丝业公债	财政部	800	8厘年息		1938年1月7年6个月	江浙两省黄白丝出口时每担征收特税国币30元为偿还本息基金，按月交本公债基金保管委员会，专款存储，届期照付，至本息清偿为止	为救济并改良丝业。公债2/4为奖励生丝出口、救济丝业之用；1/4为改良丝厂机器；1/4为改良蚕桑之用	自发行之日起，每6个月发行一次。第1年抽还本金10%，第2年、第3年的上半年均按每年抽还本金12%，第3年下半年至第7年上半年，按14%，第7年下半年至第8年上半年，按16%

(续表)

	时间	名称	债务人	发行额	利息	折扣	最后还清日期	担保	用途	备注
28	1931年4月1日	民国二十年关税短期库券	财政部	8 000	8厘月息	九八发行	1939年7月100个月	由财政部指定在关税增加收人项下如数照拨	周转国库	自1931年4月起每月还本付息1次,平均分100个月还清
29	1931年6月6日	民国二十年统税短期库券	财政部	8 000	8厘月息	九八发行	1937年11月78个月	以财政部统税署征收卷烟税余款及棉纱、麦粉等税为应付本息基金,按照本库券所列还本付息数目	补助国库	自1931年6月起,第1年每月还本1%,第2年每月还本1.1%,第3年每月还本1.2%,第4年每月还本1.3%,第5年每月还本1.4%,第6年每月还本1.5%,第7年第1月至第5月每月还本1.6%,第6月还本2%,1937年11月还清
30	1931年7月25日	民国二十年四川善后公债	财政部	2 000	8厘年息	九八发行	1941年7月	由财政部于四川省内中央税收项下之印花烟酒水中,按月拨付30万为还本付息基金	四川善后	自发行之日起,每6个月还本1次,每次还本1/20。第1次还本为1932年1月
31	1931年8月1日	民国二十年盐税短期库券	财政部	8 000	8厘月息	九八发行	1938年2月	以国库征收之盐税为基金	补助国库	自1931年8月起,第1年每月还本1%,第2年每月还本1.1%,第3年每月还本1.2%,第4年每月还本1.3%,第5年每月还本1.4%,第6年每月还本1.5%,第7年第1月至第5月每月还本1.6%,第6月还本2%,1938年2月还清
32	1931年9月12日	民国二十年赈灾公债	财政部	8 000	8厘年息	九八发行	1941年8月十年	由财政部于国税项下指定基金拨充	救济各省灾民,购买赈粮	自公债发行之日起,于第6个月用抽签法分10年还本,每年抽签2次,每次抽还1/20,至第10年为止

（续表）

	时间	名称	债务人	发行额	利息	折扣	最后还清日期	担保	用途	备注
33	1931年10月16日	民国二十年金融短期公债	财政部	8 000	8厘周息	九八发行实发3 000	1939年4月15日7年半	由财政部指定在庚子赔款德国部分项下照拨	调剂金融	自发行之日起，每年抽签2次，第1年每次抽还1%，第2年每次抽还2%，第3年每次抽还4%，第4年抽还6%，第5至7年抽还11%，第8年最末一次抽还8%，至1939年4月15日偿清
34	1932年	浙赣路玉萍段工程借款	铁道部	800				上海中国银团	以玉萍段建设公债1 200万元作抵	
35	1932年4月	江浙丝业公债	财政部	800	6厘年息	实发600			救济丝业	
36	1932年1月	民国二十一年江浙丝业短期公债	财政部	300	6厘年息行		1936.9	指定于财政部拨付江浙两省裁厘协款项下	专充救济江苏、浙江两省丝茧业之用	于1932年12月31日为第一次还本之期，后每3个月还本1次，平均每次还本1/16，每年还本1/4
37	1933年—1936年	江南铁路公债	财政部、铁道部	300				上海中国银团	以公司财产600万元作抵	
38	1933年3月7日	民国二十年爱国库券	财政部	2 000	5厘月息	九八发行	1936年11月	由财政部在卷烟税款项下	巩固国防	自1933年3月起，每月还本付息1次，至1936年11月付清
39	1933年9月26日	民国二十二年续发电气事业公债	财政部	600	6厘年息		1948年6月30日15年	指定以首都及戚墅堰两电厂现有地基房屋机器，及两厂营业盈余为担保	为扩充首都及戚墅堰两电厂，建设淮南电厂事业	自1933年7月1日发行，第1年只付利息，自1934年12月31日起，每年6月30日、12月31日各还本1次，前12次每次还本国币18万，后16次还本国币24万
40	1933年10月23日	民国二十二年关税库券	财政部	10 000	5厘月息	九八发行	1946年3月12年半	由关税增加收入项下指拨	周转国库	于1933年10月31日按月偿还，自第1—40个月，每月还本0.5%，第41—74个月，还0.6%，自第75—103个月，还0.7%，第104—128个月，还0.8%，第129—149个月，还0.9%，第150还0.4%，至1946年3月

(续表)

	时间	名称	债务人	发行额	利息	折扣	最后还清日期	担保	用途	备注
41	1933年11月1日	民国二十二年华北救灾短期公债	财政部	400	6厘年息	九八发行	1938年7月	以展期续征之长芦盐税项下	救济华北灾区。一类办理赈济事项;一类补助农村事项	自1933年11月起,每3个月的末日还本一次,连同利息。前14次每次还本20万,后5次每次还本24万,1938年7月偿清
42	1934年	玉萍铁路建设公债	财政部、铁道部	1 200	6厘年息				中央拨付江西地方盐税附捐项下每年193万元	
43	1934年	第一期铁路建设公债	铁道部	1 200	6厘年息				用于玉萍铁路建设,以国有铁路盈余作抵	
44	1934年1月13日	民国二十三年关税库券	财政部	10 000	5厘月息	九八发行改为5 000	1940年12月七年	关税增加收入项下担保	偿还银行积欠,安定金融	自发行之日起,每月还本1次,共还84次。自第1次至第84次每次还本2%,至1940年12月还清
45	1934年1月	民国二十三年财政部与意庚款借款银团借款合同	财政部	4 400	8厘月息		1948年	以意庚款退款为担保	弥补每月缓急之需,并赖中央银行以资调剂	自1月起,至1949年12月,每月还美金12.5万,1941年每月美金9万,1942—1948年,每月美金8万
46	1934年5月1日	民国二十三年第一期铁路建设公债	财政部	1 200	6厘年息	九八发行	1942年12月31日8年	以铁道部直辖国有铁路余利担保	兴筑新路,整顿旧路。第一期专充玉萍铁路之用	自1935年6月30日起,分8年16次还完
47	1934年6月	民国二十三年玉萍铁路公债	财政部会同铁道部	1 200	6厘年息	九八发行	1943年5月	以中央拨付交江西地方盐附捐项下每年193万元还本付息基金	修筑江西省玉山至萍乡铁路	自1935年11月底开始还本,每年还本1次,自第1次至第8次每次抽还5%,自第9次至第12次每次抽还7%,自第13次至第16次每次抽还8%

（续表）

	时间	名称	债务人	发行额	利息	折扣	最后还清日期	担保	用途	备注
48	1934年6月	民国二十三年六厘英金庚款公债	财政部会同铁道部	2 483	6厘年息	九六发行	1947年1月1日	以铁道部借得英国退还庚子赔款为基金	为完成粤汉铁路补充建筑基金	自发行之日起至1935年11月为第一次还本之期，以后每6个月还本一次，分25期，至1947年1月1日
49	1934年6月30日	民国二十三年关税公债	财政部	10 000	6厘年息	九八发行	1945年6月30日10年	以换回之民国二十三年关税库券票面5 000万元原有基金移充，不足由新增关税收入担保	弥补民国二十三年预算收支不敷	每年3、6、9、12月各还本1次。第1年还总额4%，第2、3年各还6%，第4年还8%，第5—8年还12%，第9、10月各还14%
50	1935年	陇海路西段工程款	铁道部	486				中国、交通、中南、金城和盐业等银行	实收450万元	
51	1935年	沪杭甬铁路借款	铁道部	940	6厘年息			中国建设银公司	沪杭甬铁路金榜借款中由中国建设银公司所贷的一半	
52	1935年	苏嘉铁路建筑费	铁道部	50				浙江兴业银行	以第三期建设公债77万元作抵	
53	1935年1月	民国二十四年俄退庚款凭证	财政部	12 000	6厘月息		1945年12月	俄退庚退回部分担保	为本部结欠中央银行借款款项	自1935年1月至1945年12月，分132个月还清，每月还本付息1次
54	1935年2月	民国二十四年统税凭证	财政部	12 000	6厘月息		1946年1月11年	应解国库之统税为基金	周转国库	
55	1935年4月	民国二十四年金融公债	财政部	10 000	6厘年息		1945年3月31日10年	新增关税收入担保	为充实银行资金，拨还垫款，巩固金融，便利救济工商业	前4年每年3月31日还本1次，后6年每年3月31日、9月30日各还本1次。自第1年至4年每年偿还1%，第5、6年，还14%，第7、8年还16%，第9、10年还18%

(续表)

	时间	名称	债务人	发行额	利息	折扣	最后还清日期	担保	用途	备注
56	1935年7月1日	民国二十四年四川善后公债	财政部	7 000	6厘年息		1944年6月9年	以中央征收四川盐税所拨给补助金第一年每月47万元第二年起每月93万元担保	为督促四川剿匪,办理善后建设事业及整理债务	自发行之日起,最初半年只付息,以后每半年还本1次,第1次还总额2%,第2—5次各还5%,第6—11次各还6%,第12—17各还7%,至1944年6月还清
57	1935年8月1日	民国二十四年整理四川金融库券	财政部	3 000	5厘年息	九八发行	1940年11月30日64个月	以中央所收四川部分统税、印花、烟酒税月拨55万元担保	整理四川金融,便利剿匪进行	自发行日起,每月末日偿还本息总数55万
58	1935年10月1日	民国二十四年电政公债	财政部	1 000	6厘年息	九八发行	1943年3月31日7年半	以交通部国际报费项下除已指拨中英庚款懂事会各项借款本息及邮政储金汇业局代理收付合同每月透支之款按月结账找款外之余款为基金	为整理及扩张电报、电话及无线	第1—3年每年共还总额12%,第4—7年每年共还14%,第8年的6个月共还8%,至1943年3月31日
59	1935年11月	民国二十四年水灾工赈公债	财政部	2 000	6厘年息	九八发行	1947年10月31日12年	以国库担负息金以新增关税还本	为救济水灾,办理工赈	自发行之日起,前5年只付利息,第6年起分7年还本,每年4月、10月末各还本1次。第1—12次各还总额7%,第13、14次各还8%。
60	1936年2月1日	第二期铁路建设公债	铁道部	2 700	6年息	九八发行	1946年6月30日10年6个月		用于玉萍铁路南萍段建设,以国有铁路盈余作抵	自发行之日起,依还本付息表规定数额抽签还本。共21次还完

（续表）

	时 间	名 称	债务人	发行额	利 息	折 扣	最后还清日期	担 保	用 途	备 注
61	1936 年	第三期铁路建设公债	铁道部	12 000	6 年息				用于湘黔川桂等铁路建设，以新建铁路盈余和国有铁路应还其他债务后的余利为抵	
62	1936 年	浙赣路南萍段工程借款	财政部	1 200			铁道部	中国银团	以第二期建设公债 2 700 万元作抵	
63	1936 年	京赣路国内银团借款	财政部	1 400			铁道部	交通、农民、金城、四行储蓄会、大陆、中南、盐业、浙江兴业银行等	以京赣路建设公债 1 200 万元作抵	
64	1936 年 1 月 12 日	民国二十五年短期国库凭证	财政部	10 000	6 厘月息	九八发行	1961 年 1 月		弥补国库	分 25 年每年 4 期还款，3、6、9、12 月底。每期各还本金 2 500 万
65	1936 年 2 月 16 日	民国二十五年统一公债	财政部	146 000	6 厘年息			仍照旧有债券原案规定在关税项下除拨付赔款外债外所余之税款担保	换发旧发有确实担保之债券 33 种，剩余 129 百万补国库	
66	1936 年 2 月	第二期铁路建设公债	财政部	2 700	6 厘年息			铁道部直辖国有铁路余利为担保	铁道部为实现兴筑新路，整理旧路计划，专为玉萍铁路南萍段之用	

（续表）

	时间	名称	债务人	发行额	利息	折扣	最后还清日期	担保	用途	备注
67	1936年3月	民国二十五年复兴公债	财政部	34 000	6厘年息	九八发行	1960年2月24年	关余项下除拨付赔款外债及十七年金融长期公债统一公债外所余税款为担保	完成法币政策，健全金融组织，扶助生产建设，平衡国库收支及拨存平准债市基金	前5年每次抽还总额5‰，第6、7年每次抽还总额8‰，第8、9年每次抽还总额9‰，第10—12年每次抽还总额18‰，第13—15年每次抽还总额24‰，第16—18年每次抽还总额30‰，第19—21年每次抽还总额36‰，第22—24年每次抽还总额39‰
68	1936年3月 1937年3月 1938年3月	第三期铁路建设公债	财政部	12 000	6厘年息	九八发行 实发8 000	1958年2月	以本公债第一条所定展长兴筑各路之营利担保不足以国有其他铁路余利担保	为筹集资金，兴筑湘、黔、川、桂等干路，及补助平绥、正太、龙海、胶济等路，展长旧路线	分20次还本，1年1次，每次偿还5%，200万，各自每次发行之日起，扣足1年，开始还本
69	1936年4月	民国二十五年四川善后公债	财政部	1 500	6厘年息		1951年3月15年	中央征收四川盐税月拨4万元烟酒税月拨5万元担保	完成四川剿匪工作，加理善后建设事业	自发行之日起每半年抽签还本1次，第1—10次各还总额2%，第11—16次各还3%，第17—24次各还4%，第25—30次各还5%
70	1936年1月	民国二十五年整理广东金融公债	财政部	12 000	6厘年息		1966年3月	以粤区统税收入担保	整理广东金融	
71	1937年	粤汉路株洲机厂建筑费	铁道部	75				四明银行		
72	1937年	湘黔铁路借款	铁道部	2 600	8厘月息			上海中国银团	以第三期建设公债中的2 072万元、津浦路德国债票未赎130万镑作抵	

（续表）

	时间	名称	债务人	发行额	利息	折扣	最后还清日期	担保	用途	备注
73	1937 年 1 月 1 日	民国二十六京赣铁路建设公债	财政部、铁道部	1 400	6 厘年息	九八发行	1945 年 12 月 31 日 10 年	以铁道部借用英庚款用以完成粤汉铁路之借款及京赣路营业开始后营利为担保	为展筑自宣城至贵溪铁路	每年 6 月 30 日、12 月 31 日各还本付息 1 次
74	1937 年 4 月 1 日	民国二十六年辟浚广东省港河工程公债	财政部	666	6 厘年息	九八发行	1953 年 3 月 31 日 16 年	以粤海关附征 5%进口税为担保	为广东黄埔辟港及疏浚珠江浚河工程	每年 3 月 31 日、9 月 30 日各抽签还本 1 次
75	1937 年 5 月	民国二十六年粤省铁路建设公债	财政部	4 469	年息 6 厘	九八发行	1957 年 4 月 30 日 30 年	利息以财政部在粤区增收盐税担保不足由财政补拨本金以铁道部广梅铁路营业收入不足由铁道部拨补	专充建设广州至梅县铁路经费，如有余款时，拨作建设海南铁路之用	前 5 年只付利息，第 6 年起每年抽签还本 1 次，分 25 次

注：各资料对内债的梳理不尽相同，主要集中在利息上，但是对内债数量和金额大致一样。表中数据主要来自《民国史档案资料汇编，财政》，按照公债发行条例中数据汇总。1937 年 10 月孙科出任财政部长时发行关税二・五附加税国库券 2 400 万元，此项库券在张公权先生年谱初稿中有所提及，但是并未在其他材料中得到应证，并且此书未有更细致的内容，仅提到发行了此项库券。对于库券的发行方式、如何偿还、具体用途等都没有说明。由于无法明确此笔库券，本人并未将此笔库券列入。

资料来源：中国第二历史档案馆：《民国史档案资料汇编，财政经济——内外债》，江苏古籍出版社 2010 年 6 月版；财政部财政年鉴编纂处编：《财政年鉴》（下册），商务印书馆 1935 年版，第十一篇第二章；贾德怀：《民国财政简史》（上册），商务印书馆 1946 年版，第八款第一节；杨格：《中国财政经济情况　一九二七至一九三七年》，中国社会科学出版 1981 年版，第 507—512 页。

附表 3　1927—1937 年南京国民政府经济建设公债的情况

单位:万元

年份		1927	1928	1929	1930	1931	1932	1933	1934	1935	1936	1937	合计
借款数额	外债总额	851.5	2 591.9	753.7	1 532.7	4 151.3	2 149.5	19 279.8	4 326.3	3 557.3	38 680.7	9 680.3	87 555.0
	内债总额	6 137.2	15 000.0	20 900.0	25 380.0	42 800.0	1 900.0	13 300.0	31 683.0	48 476.0	235 500.0	9 210.0	450 286.2
	债务总额	6 988.7	17 591.9	21 653.7	26 912.7	46 951.3	4 049.5	32 579.8	36 009.3	52 033.3	274 180.7	18 890.3	537 841.2
	经济建设外债总额	852.0	2 591.9	753.7	1 444.5	4 143.8	1 599.5	19 279.8	4 326.3	2 968.2	18 655.7	9 680.3	66 295.2
	经济建设内债总额	0.0	8 237.2	2 400.0	3 980.0	8 800.0	1 900.0	900.0	21 683.0	27 476.0	63 300.0	9 210.0	147 886.2
	经济建设公债总额	852.0	10 829.1	3 153.7	5 424.5	12 943.8	3 499.5	20 179.8	26 009.3	30 444.2	81 955.7	18 890.3	214 181.4
	经济建设内债/内债	0.0%	54.9%	11.5%	15.7%	20.6%	100.0%	6.8%	68.4%	56.7%	26.9%	100.0%	32.8%
	经济建设外债/外债	100.0%	100.0%	100.0%	94.2%	99.8%	74.4%	100.0%	100.0%	83.4%	48.2%	100.0%	75.7%
	经济建设债务/借款总额	12.2%	61.6%	14.6%	20.2%	27.6%	86.4%	61.9%	72.2%	58.5%	29.9%	100.0%	39.8%
借款次数	外债次数	5	8	3	4	14	11	12	6	15	16	12	106
	内债次数	3	7	7	9	7	3	5	8	10	11	5	75
	债务借款次数	8	15	10	14	21	14	17	14	25	27	17	182
	经济建设外债次数	3	8	3	3	13	9	12	6	14	13	12	96
	经济建设内债次数	1	2	2	5	2	3	2	7	7	6	5	42
	经济建设借款次数	3	10	5	8	15	12	14	13	21	19	17	137
	经济建设内债/内债	0.0%	28.6%	28.6%	50.0%	28.6%	100.0%	40.0%	87.5%	70.0%	54.5%	100.0%	53.9%
	经济建设外债/外债	60.0%	100.0%	100.0%	75.0%	92.9%	81.8%	100.0%	100.0%	93.3%	81.3%	100.0%	90.6%
	经济建设借款次数/借款总次数	37.5%	66.7%	50.0%	57.1%	71.4%	85.7%	82.4%	92.9%	84.0%	70.4%	100.0%	75.3%

资料来源:根据附表 1、附表 2 统计所得。

参 考 文 献

一、档案、史料汇编

1. 档案

[1] (台湾)“中研院近史所”档案馆馆藏:交通部档案、朱家骅档案、财政部档案、导淮委员会档案。

[2] 台湾“国史馆”馆藏:铁道部档案、财政部档案。

[3] 上海市档案馆馆藏:上海银行公会档案。

[4] 上海市档案馆馆藏:上海钱业公会档案。

[5] 中国第二历史档案馆馆藏:南京政府工商部档案、实业部档案、经济部档案。

2. 史料汇编

[6] 神州编译社编译部:《中国国债指掌》,上海:神州编译社 1914 年版。

[7] 财政部内国公债局:《内国公债类编》,北京:京华印刷局 1917 年版。

[8] 全国经济会议秘书处:《全国经济会议专刊》,上海商务印书馆 1928 年版。

[9] 陶孟和、汤象龙、梁方仲:《中国近代经济史研究集刊》(第一至二卷),北京社会调查所 1932 年。

[10] 中国银行总司库:《内国公债汇览》,北京:银行周报社,民国时期。

[11] 陶孟和、汤象龙、梁方仲:《中国近代经济史研究集刊》(第三卷以后),南京国立中央研究院社会科学研究所,1935 年。

[12] 交通部交通史编纂委员会:《交通史路政编》(第一册),南京:交通部交通史编纂委员会、铁道部交通史编纂委员会,1935 年。

[13] 国民政府秘书处编辑:《中华民国政府公报分类汇编 · 国债》,台北:台文出版社 1940 年版。

[14] 国民政府财政部公债司:《十年来之公债》,重庆:中央信托局印制

处,1943 年。

[15] 中国人民银行上海市分行:《上海钱庄史料》,上海人民出版社 1960 年版。

[16] 全国财政会议秘书处编:《全国财政会议汇编》,沈云龙:《近代中国史料丛刊》第二十九辑,文海出版社 1966 年版。

[17] 上海市档案馆:《一九二七年的上海商业联合会》,上海人民出版社 1983 年版。

[18] 中国人民银行上海市分行金融研究所:《金城银行史料》,上海人民出版社 1983 年版。

[19] 千家驹:《旧中国公债史资料》,中华书局 1984 年版。

[20] 中国人民银行总参事室编:《中华民国货币史资料》(第 1 辑),上海人民出版社 1986 年版。

[21] 文史资料工作委员会:《旧上海的金融界》,《上海文史资料选辑第 60 辑》,上海人民出版社 1988 年版。

[22] 中国人民银行上海市分行金融研究所:《上海商业储蓄银行史料》,上海人民出版社 1990 年版。

[23] 中国第二历史档案馆编:《中华民国史档案资料汇编》,江苏古籍出版社 1991 年版。

[24] 中国银行总行、中国第二历史档案馆:《中国银行行史资料汇编》(1912—1949)上编,档案出版社 1991 年版。

[25] 中国人民银行总行参事室:《中华民国货币史资料》第二辑(1924—1949),上海人民出版社 1991 年版。

[26] 上海市档案馆:《旧上海的证券交易所》,上海古籍出版社 1992 年版。

[27] 中国第二历史档案馆:《中华民国史档案资料汇编》,江苏古籍出版社 1994 年版。

[28] 中国银行史编辑委员会:《中国银行行史(1912—1949)》,中国金融出版社 1995 年版。

[29] 财政部财政科学研究所、中国第二历史档案馆:《国民政府财政金融税收档案资料史料(1927—1937)》,中国财政经济出版社 1997 年版。

[30] 中国人民银行山西省分行,《山西票号史料》编写组:《山西票号史

料》,山西经济出版社 1990 年版。

[31] 大陆银行总管理处调查室:《内国公债调查录》,1922 年。

[32] 上海商业储蓄银行研究科:《内国公债要览》,[G],1929 年。

[33] 上海交通银行总管理处券务部:《内国公债库券汇编》,[G],1929 年。

[34] 财政部公债司:《财政部债券章则汇编》,1920 年。

[35] 中国联合准备银行调查室:《中国内外债详编》,中国联合准备银行刊行,1940 年。

[36] 南开大学经济研究所:《1913 年至 1952 年南开指数资料汇编》,经济研究所统计出版社 1958 年版。

[37] 上海社会科学院经济研究所:《上海解放前后物价资料汇编》,上海人民出版社 1958 年版。

[38] 章有义:《中国近代农业史资料》,三联书店 1994 年版。

[39] 沈云龙:《近代中国史料丛刊续编》(第九辑),台湾:文海出版社 1996 年版。

[40] 中国经济情报社:《中国经济年报》,上海生活书店 1936 年版。

[41] 周开庆:《近代中国经济汇编之一——经济问题资料汇编》,台湾:华文书局印行 1952 年版。

二、文集、报刊、回忆录

1. 文集

[1] 左宗棠:《筹借华洋商款以济要需》,《左文襄公全集》(卷一五三),清光绪年间。

[2] 刘铭传:《夏陈津通铁路以图自强折》,刘壮肃公奏议(卷二),北京:京华印书局,晚清。

[3] 张之洞:《致总署》[C],《张文襄公全集》(卷十七),北京:北平文华斋,民国十七年。

[4] 盛宣怀:《愚斋存稿初刊》(卷二一),民国年间。

[5] 梁启超:《论直隶湖北安徽之地方公债》,《饮冰室文集》(卷二十一),北京:中华书局 1932 年版。

[6] 梁启超:《外资输入问题》,《饮冰室文集》(卷一六),北京:中华书局 1932 年版。

[7] 梁启超:《中国国债史》,《饮冰室文集》(卷二五),北京:中华书局1932年版。

[8] 陈炳章:《五十年来中国之公债》,中国通商银行:《五十年来之中国经济》,上海:六联印刷股份有限公司1947年版。

[9] 齐思和:《同治朝》(卷九五),《筹办夷务始末》,北京:中华书局1964年版。

[10] 夏东元:《盛世危言·国债》,《郑观应集》,上海人民出版社1982年版。

[11] 千家驹:《旧中国发行公债史的研究(代序)》,《旧中国公债史资料》,中华书局1984年版。

[12] 邬志陶:《民元来我国之公债政策》,朱斯煌:《民国经济史》(上册),台北:文海出版社1985年版。

[13] 汤象龙:《中国近代财政经济史论文选》,西南财经大学出版社1987年版。

[14] 马寅初:《弊病太多了——评黄金证券的发行》,《马寅初经济论文选集》(增订本),北京大学出版社1900年版。

[15] 张謇:《实业录大生崇明分厂十年事述》,《张季子九录》(影印本卷五),上海书店1991年版。

[16] 李鸿章:《李鸿章全集》(影印版共9册),海南出版社1997年版。

[17] 马寅初:《利用外资方式中与华洋合资问题》,《马寅初全集》(第7卷),浙江人民出版社1999年版。

[18] 马寅初:《马寅初经济论文选集》(上册),北京大学出版社1981年版。

[19] 赵兴胜:《抗战时期国民政府国内公债政策研究》,张宪文:《民国研究》(第3辑),南京大学出版社1996年版。

[20] 李鸿章:《筹议海防折》,李鸿章:《李文忠公全集》(卷二十四),上海商务印书馆1921年版。

[21] 汤象龙:《中国近代财政经济史论文选》,西南财经大学出版社1987年版。

2. 报刊

[22]《申报》

[23]《晨报》

[24]《湘报》

[25]《大公报》

[26]《国风报》

[27]《民立报》

[28]《政府公报》

[29]《东方杂志》

[30]《银行周报》

[31]《银行杂志》

[32]《钱业月报》

[33]《中行月刊》

[34]《国闻周报》

[35]《字林西报》

[36]《人民日报》

[37]《北华捷报》

[38]《中央周报》

[39]《经济学季刊》

[40]《中国经济评论》

[41]《中外经济周刊》

[42]《中央银行月报》

[43]《密勒氏评论报》

[44]《高斯致马慕瑞》

[45]《中国银行通信录》

[46]《南开社会经济季刊》

[47]《南京临时政府公报》

[48]《中山文化教育馆季刊》

3. 回忆录

[49] 黄绍竑:《五十回忆》(上、下册),浙江:云风出版社(浙江云和)1945年版。

[50] 杨永泰:《杨永泰先生言论集》,台湾:文海出版社,《近代中国史资料丛刊》(第98辑)。

[51] 吴鼎昌:《花溪闲笔正续集》,台湾:文海出版社,《近代中国史料丛刊》(第73辑)。

[52] 张治中:《张治中回忆录》,北京:新华书店1987年版。

[53] 马寅初:《马寅初选集》,除汤华、朱正直编选,天津人民出版社1988年版。

[54] 孔祥熙:《孔庸之先生讲演集》(上、下册),台湾:文海出版社1972年版。

[55] 陈伯庄:《册年存稿》,台湾:文海出版社,《近代中国史料丛刊》(三编第30辑),1985年版。

[56] 刘景山:《刘景山先生访问纪录》,中央研究院近代史研究所,1987年。

三、专著

1. 国内

[1] 潘宏毅:《民国内债之概述史及其现状》,京报印刷所1915年版。

[2] 贾士毅:《民国财政史》,商务印书馆1917年版。

[3] 胡文柄:《内国公债》,土山湾工艺局,1920年版。

[4] 晏才杰:《公债论》,新华学社1922年版。

[5] 徐沧水:《中华民国公债法规》,银行周报社1922年版。

[6] 刘大钧:《上海工业化的研究》,商务印书馆1930年版。

[7] 贾士毅:《民国续财政史》,商务印书馆1932年版。

[8] 王宗培:《中国之内国公债》,长城书局1933年版。

[9] 千家驹:《中国的内债》,北平社会调查所印制1933年版。

[10] 徐寄、虞晟:《近上海金融史》,上海书店1933年版。

[11] 马寅初:《中国经济改造》(下册),商务印书馆1935年版。

[12] 吴承禧:《中国的银行》,商务印书馆1935年版。

[13] 朱偰:《中国财政问题》,商务印书馆1936年版。

[14] 杨汝梅:《国民政府财政概况论》,南京中正书局1936年版。

[15] 白寿彝:《中国交通史》,河南人民出版社1937年版。

[16] 沈百先等:《中华水利史》,台湾商务印书馆1939年版。

[17] 国民政府财政部公债司:《十年来之公债》,中央信托局印制处

1943年版。

[18] 张嘉璈:《中国铁道建设》,上海商务印书馆1946年版。

[19] 邬志陶:《民元来我国之公债政策》,朱斯煌:《民国经济史》,江苏:银行学会印制1948年版。

[20] 朱斯煌:《民国经济史》,《近代中国史资料丛刊》,银行周报银行学会1948年版。

[21] 张郁兰:《中国银行业发展史》,上海人民出版社1957年版。

[22] 范晔:《后汉书》(顺帝记),中华书局出版社1965年版。

[23] 姚崧龄:《中国银行二十四年发展史》(第11部分),台湾:传记文学社印行1976年版。

[24] 汪一驹:《中国知识分子和西方》,枫城出版社1978年版。

[25] 周玉津:《财政学原理》(下),台湾大学中国图书公司1979年版。

[26] 中央财政金融学院财政教研室:《中国财政简史》,中国财政经济出版社1980年版。

[27] 简笙簧:《粤汉铁路全线通车与抗战的关系》,商务印书馆1980年版。

[28] 广东省社会科学院历史研究室:《孙中山全集》,中华书局1981年版。

[29] 马寅初:《马寅初经济论文选集》(上册),北京大学出版社,1981年版。

[30] 孙毓棠:《抗戈集》,中华书局出版社1981年版。

[31] 周伯棣:《中国财政史》,上海人民出版社1981年版。

[32] 姚崧龄:《张公权先生年谱初稿》,台北传记文学出版社1982年版。

[33] 杨荫溥:《民国财政史》,中国财政经济出版社1985年版。

[34] 盛慕杰、于滔:《中国近代金融史》,中国金融出版社1985年版。

[35] 张嘉璈:《中国通货膨胀史(1937—1949)》,文史资料出版社1986年版。

[36] 金士宣、徐文述:《中国铁路发展史》(1876—1949),中国铁道出版社1986年版。

[37] 洪葭管、张继凤:《近代上海金融市场》,上海人民出版社1989年版。

[38] 中国人民银行总行金融研究所:《近代中国的金融市场》,中国金融出版社 1989 年版。

[39] 黄逸峰、姜铎、唐传泗、徐鼎新:《旧中国民族资产阶级》,江苏古籍出版社 1990 年版。

[40] 杜恂诚:《民族资本主义与旧中国政府(1840—1937 年)》,上海社会科学出版社 1991 年版。

[41] 徐鼎新、钱小明:《上海总商会史》,上海社会科学院出版社 1991 年版。

[42] 黄天化:《中国财政史纲》,上海财经大学出版社 1991 年版。

[43] 陈湛匀、三好慎一郎:《财政赤字、通货膨胀与宏观经济监控研究》,上海社会科学院出版社 1991 年版。

[44] 盛超明:《简明中国近代财政史》,电子工业出版 1991 年版。

[45] 许涤新、吴承明:《中国资本主义发展史》(第三卷),人民出版社 1993 年版。

[46] 洪葭管:《中国金融史》,西南财经大学出版社 1993 年版。

[47] 陈达:《我国抗日战争时期市镇工人生活》,中国劳动出版社 1993 年版。

[48] 许毅:《清代外债史论》,北京:中国财政经济出版社 1996 年版。

[49] 徐矛、顾关林、姜天鹰:《中国十银行家》,上海人民出版社 1997 年版。

[50] 吴景平:《宋子文评传》,福建人民出版社 1998 年版。

[51] 吴景平:《宋子文思想研究》,福建人民出版社 1998 年版。

[52] 吴景平:《宋子文政治生涯编年》,福建人民出版社 1998 年版。

[53] 姚会元:《江浙金融财团研究》,中国财政经济出版社 1998 年版。

[54] 朱英、石柏林:《近代中国经济政策演变史稿》,湖北人民出版社 1998 年版。

[55] 刘慧宁:《中国中央银行研究》(1928—1949),中国经济出版社 1999 年版。

[56] 刘克祥、陈争平:《中国近代经济史简编》,浙江人民出版社 1999 年版。

[57] 汪敬虞:《中国近代经济史 1895—1927》(中册),人民出版社 2000

年版。

[58] 马寅初:财政学与中国财政——理论与现实,商务印书馆 2001 年版。

[59] 潘国旗:《国民政府 1927—1949 年的国内公债研究》,经济科学出版社 2003 年版。

[60] 姜良芹:《南京国民政府内债问题研究(1927—1937)——以内债政策及运作绩效为中心》,南京大学出版社 2003 年版。

[61] 刘克祥、吴太昌:《中国近代经济史 1927—1937》,人民出版社 2010 年版。

2. 国外

[62] [英]约翰・斯图亚特・穆勒:《政治经济学原理及其若干对社会哲学的应用》,世界书局出版社 1936 年版。

[63] [英]亚当・斯密:《国民财富的性质和原因的研究》(下卷),商务印书馆 1979 年版。

[64] [英]大卫・李嘉图:《公债论》,见彼罗・斯拉法、寿勉成译:《李嘉图著作和通信集》(第 4 卷),商务印书馆 1980 年版。

[65] [英]约翰・梅纳德・凯恩斯:《就业、利息和货币通论》,商务印书馆 1999 年版。

[66] [美]阿瑟・恩・杨格、陈泽宪等译:《中国财政经济情况　一九二七至一九三七年》,中国社会科学出版社 1981 年版。

[67] [美]阿瑟・恩・杨格、刘镇泉译:《中央银行经济研究处丛刊——中国经济建设之路》,商务印书馆 1947 年版。

[68] [美]帕克斯・M.小科布尔:《1927—1937 上海资本家与国民政府》,中国社会科学出版社 1988 年版。

[69] [美]约翰・肯尼思・加尔布雷斯、陶远华、苏世军译:《权力的分析》,河北人民出版社 1988 年版。

[70] [美]詹姆斯・麦吉尔・布坎南、赵锡军等译:《公共财政》,中国财政经济出版社 1991 年版。

[71] [美]易劳逸、陈谦平、陈红民等译:《流产的革命:1927—1937 年国民党统治下的中国》,中国青年出版社 1992 年版。

[72] [美]詹姆斯・M.布坎南、唐寿宁译:《民主过程中的财政》,上海三联书店 1992 年版。

[73] [美]费正清、费维恺编:《剑桥中华民国史 1912—1949》(上、下册),中国社会科学出版社 1993 年版。

[74] [美]阿尔文・H.汉森、李风圣等译:《货币理论与财政政策》,山西经济出版社 1992 年版。

[75] [美]詹姆斯・麦吉尔・布坎南:《自由、市场与国家》,北京经济学院出版社 1998 年版。

[76] [美]唐帕尔伯格:《通货膨胀的历史与分析》,中国发展出版社 1998 年版。

[77] [美]迈克尔・麦金尼斯主编:《多中心体制与地方公共经济》,上海三联书店 2000 年版。

[78] [美]保罗・萨缪尔森、威廉・诺德豪斯:《经济学》(第十七版),人民邮电出版社 2004 年版。

[79] [美]詹姆斯・麦吉尔・布坎南:《自由、市场与国家》,北京经济学院出版社 1998 年版。

[80] [美]詹姆斯・麦吉尔・布坎南、赵锡军等译:《公共财政》,中国财政经济出版社 1991 年版。

[81] [美]柯博文、马俊亚译:《走向"最后关头"》,社会科学文献出版社 2004 年版。

[82] [日]岩井茂树、付勇译:《中国近代财政史研究》,社会科学文献出版社 2011 年版。

[83] [日]家近亮子、王士花译:《蒋介石与南京国民政府》,社会科学文献出版社 2005 年版。

[84] [日]久保亨、王小嘉译:《走向自立之路:两次世界大战之间中国的关税通货政策和经济发展》,中国社会科学出版社 2004 年版。

[85] [法]白吉尔、张富强,续世芬译:《中国资产阶级的黄金时代》(1927—1937),上海人民出版社 1994 年版。

[86] [法]让・巴蒂斯特・萨伊:《政治经济学概论》,商务印书馆 1982 年版。

[87] [加]陈志让:《军绅政权——近代中国的军阀时期》,中国人民大学出版社 1991 年版。

[88] Elizabeth J.Remick: Building Local States: China during the Re-

publican and Post-Mao Eras[M], Harvard Uarvard University Press, 2004.

[89] Joseph W.Esherick and Mary Backus Rankin ed., Chinese Local Elites and Patters of Dominance[M], University of California Press, 1990.

[90] T.W.Overlach: Foreign Financial Control in China[M], New York: Macmillan, 1919.

[91] Oates. W.Fiscal Decentralization[M]. Harcourt, Barce and Jovanovich, 1972.

[92] Musgrave. R.A The Thoery of Public Finance[M]. McGraw-Hill, New York, 1959.

[93] William F.Sharpe, The Capital Asset Pricing Model: A "Multi-Beta" Interpretation, Financial Decision Making Under Uncertainty,(Haim Levy and Marshall Sarnat, Editors)[M]. Academic Press (New York), 1977.

[94] Brennan, G.Buchannan J. The Power to Tax: Analytical Foundations of a Fiscal Consitution[M]. Cambridge: Cambridge U. Press, 1980.

[95] Persson, Torsten, and Guido Tabellini. Political Economics[M]. Cambridge: MIT Press, 2000.

[96] Ronald Fisher. State and Local Public Finance[M]. Scott: Foresman and Company, 1988.

[97] Richard A Musgrave; Public Finance in Theory and Practic[M]. Oxford: Basil Blackwell Ltd., 1985.

四、期刊文献

1. 中文文献

[1] 胡学愚:《中国现时之经济》,《东方杂志》,1916 年第 6 期,第 33—39 页。

[2] 徐锐:《略论抗战前南京国民政府的外债问题》,《民国档案》,1933 年第 3 期,第 80—88 页。

[3] 余英杰:《我国内债之观察》,《东方杂志》,1934 年第 30(14)期,第 77—85 页。

[4] 丁洪范:《中国的现代银行、政府财政与工业》,《南开社会经济季刊》,1935 年第 8 期,第 596 页。

[5] 尹伯端:《从公债的作用形态说到中国的公债政策》,《东方杂志》,1935 年,第 32(19)期,第 23—32 页。

[6] 郑允恭:《银元腾贵与中国》,《东方杂志》,1935 年第 7 期,第 51 页。

[7] 顾翊群:《白银》,《中国季刊》,1935 年第 9 期,第 88 页。

[8] 难宾:《财政部发行统一公债及复兴公债》,《东方杂志》,1936 年第 3 期,第 33—39 页。

[9] 徐农:《中国国民经济的全貌》,《新中华》,1936 年第 5 期,第 2 页。

[10] 郑森禹:《整理公债与当前的恐慌姿态》,《东方杂志》,1936 年第 33(11)期,第 57—67 页。

[11]杨荫溥:《新公债政策之检讨》,《经济常识》,1936 年第 5 期,第 1—26 页。

[12] 千家驹:《旧中国发行公债史的研究》,《历史研究》,1955 年第 2 期,第 34—46 页。

[13] 谢菊曾:《1936 年上海白银风潮概述》,《历史研究》,1965 年第 2 期,第 44—49 页。

[14] 尹承国:《修筑浙赣铁路始末》,《江西社会科学》,1983 年第 4 期,第 134—140 页。

[15] 张祖国:《略论中国近代国内公债的特点》,《经济问题探索》,1985 年第 2 期,第 58—63 页。

[16] 吴景平:《英国与 1935 年的中国币值改革》,《历史研究》,1988 年第 6 期,第 34—38 页。

[17] 手同起:《评 1927—1937 年国民党政府的内债政策》,《天津师人学报》,1990 年第 3 期,第 58—59 页。

[18] 叶世昌:《经济学译名源流考》,《复旦大学学报》(社科版),1990 年第 5 期,第 79—81 页。

[19] 王同起:《评 1927—1937 年国民党政府的内债》,《天津师范大学学报》(哲学社会科学版),1990 年第 3 期,第 33—39 页。

[20] 金普森、王国华:《南京国民政府 1927—1937 年之内债》,《中国社会经济史研究》,1991 年第 4 期,第 67—69 页。

[21] 宗玉梅:《1927—1937年南京国民政府的经济建设述评》,《民国档案》,1992年第1期,第47—49页。

[22] 邓宜红:《试析1935年以前中国银行对待政府内债态度之演变》,《民国档案》,1993年第1期,第37—42页。

[23] 金普森、王国华:《南京国民政府1933—1937年之内债》,《中国社会经济史研究》,1993年第2期,第81—88页。

[24] 朱英:《晚清的"昭信股票"》,《近代史研究》,1993年第6期,第63—69页。

[25] 傅志明:《南京国民政府前期的经济改革》,《贵州社会科学》,1994年第1期,第33—37页。

[26] 吴景平:《关于近代中国外债史研究对象的若干思考》,《历史研究》,1997年第4期,第53—73页。

[27] 李娜:《白银危机与中国币制改革》,《华东师范大学》,1998年第6期,第44—48页。

[28] 颜翠芳:《1935年币制改革的作用和影响》,《安徽教育学院学报》(哲学社会科学版),1999年第4(2)期,第54—58页。

[29] 周育民:《一二八事变与上海金融市场》,《档案与史学》,1999年第1期,第35—38页。

[30] 崔鹏飞:《清政府发行"昭信股票"始末》,《金融教学与研究》,1999年第5期,第45—51页。

[31] 宓汝成:《庚款"退款"及其管理和利用》,《近代史研究》,1999年第6期,第41—49页。

[32] 仇华飞:《南京政府与整理中美债务》,《中国经济史研究》,2000年第2期,第66—78页。

[33] 张连红:《南京国民政府法币政策的实施与各省地方政府的反应》,《民国档案》,2000年第2期,第27—29页。

[34] 吴景平:《江苏兼上海财政委员会述论》,《近代史研究》,2000年第1期,第21—25页。

[35] 宋时娟:《江海关二五附税国库券基金保管委员会始末》,《档案与史学》,2000年第3期,第31—36页。

[36] 吴景平:《近代中国内债史研究对象刍议——以国民政府1927年

至1937年为例》,《中国社会科学》,2001年第5期,第175—187。

[37] 姜良芹:《南京国民政府1932年内债整理案述论》,《中国经济史研究》,2002年第4期,第52—63页。

[38] 刘慧宇:《中央银行与国民政府货币现代化改革》,《民国档案》,2002年第2期,第25—29页。

[39] 潘国琪:《近代中国国内公债史研究》,《浙江大学学报》(人文社会科学版),2003年第9(5)期,第114—121页。

[40] 朱荫贵:《抗战前钱庄业的衰落与南京国民政府》,《中国经济史研究》,2003年第1期,第58—70页。

[41] 姜良芹、全先成:《国民政府战前十年时期公债适度规模分析》,《人文杂志》,2004年第4期,第150—154页。

[42] 王能应:《南京国民政府时期的货币制度改革》,《湖北行政学院学报》,2004年第3期,第41—44页。

[43] 吴景平:《上海钱业公会与南京国民政府成立前后的若干内债——对已刊未刊档案史料的比照阅读》,《近代史研究》,2004年第6期,第43—47页。

[44] 郑会欣:《战前中国建设银公司的投资经营活动》,《中国经济史研究》,2004年第1期,第35—42页。

[45] 潘国旗:《近代中国国内公债简论》,《贵州师范大学学报》(社会科学版),2005年第2期,第18—24页。

[46] 郑成林:《上海银行公会与近代中国币制改革述评》,《史学月刊》,2005年第2期,第66—69页。

[47] 朱荫贵:《1918—1937年的中国证券市场》,《复旦学报》(社会科学版),2006年第2期,第59—63页。

[48] 徐锋华:《近二十年来法币改革研究综述》,《民国档案》,2007年第3期,第36—39页。

[49] 吴景平、龚辉:《1930年代初中国海关金单位制度的建立述论》,《史学月刊》,2007年第10期,第55—59页。

[50] 潘国旗:《北洋政府时期国内公债总额及其作用评析》,《近代史研究》,2007年第1期,第69—74页。

[51] 朱荫贵:《试论近代中国证券市场的特点》,《经济研究》,2008年第

3 期,第 77—80 页。

[52] 孙建华:《抗战前十年公债结构的变迁、原因及影响》,《经济研究》,2009 年第 20 期,第 52—53 页。

[53] 蒋立场:《1932—1935 年的上海银行业与南京国民政府内债》,《史学月刊》,2011 年第 5 期,第 87—92 页。

2. 报刊文章

[54] 子明:《极堪注意之公债剧变观》,《银行周报》,1927 年 9 月 6 日(11)。

[55] 秦润卿:《论旧债有整理之必要》,《钱业月报》,1927 年 8 月 2 日(7)。

[56] 子明:《民国十七年内债还本之经过》,《银行周报》,1929 年 1 月 1 日(13)。

[57] 子明:《易纨士保管期内内债基金收支实况》,《银行周报》,1929 年 1 月 15 日(13)。

[58] 狄爱德、受白译:《中国内外债之鸟瞰》,《银行周报》,1929 年 3 月 5 日(13)。

[59] 子明:《国库证券之性质》,《银行周报》,1930 年 5 月 13 日(13)。

[60] 子明:《公债基金近况与整六、整七还本问题》,《银行周报》,1930 年 5 月 20 日(14)。

[61] 蔼庐:《对于金融财政之希望》,《银行周报》,1931 年 1 月 20 日(15)。

[62] 子明:《民国十九年度之内债》,《银行周报》,1931 年 1 月 27 日(15)。

[63] 费保彦:《十八年整理内外债款计划》,《银行周报》,1931 年 1 月 27 日(15)。

[64] 子明:《公债暴落之危机》,《银行周报》,1931 年 10 月 13 日(15)。

[65] 孙群:《救济公债跌价办法》,《银行周报》,1931 年 10 月 13 日(15)。

[66] 朱斯煌:《救济公债与中央银行》,《银行周报》,1931 年 10 月 22 日(15)。

[67] 蔼庐:《内债有确实维持之必要》,《银行周报》,1931 年 12 月 29 日(15)。

[68] 谢菊曾:《十九年内外公债之还本付息观》,《钱业月报》,1931 年 1 月 15 日(11)。

[69] 谢菊曾:《读十八年度财政报告》,《钱业月报》,1931 年 2 月 15 日(11)。

[70] 仲芳:《国债之认识》,《钱业月报》,1931 年 8 月 15 日(11)。

[71] 厥贞:《国难当前,国人对于国家债券之认识》:《钱业月报》,1931 年 11 月 15 日(11)。

[72] 宁仓:《求内国公债稳定之方法》,《钱业月报》,1931 年 11 月 15 日(11)。

[73] 谢菊曾:《造成极度恐慌之证券市场》,《钱业月报》,1931 年 12 月 15 日(11)。

[74]《南京所发之八千万赈灾公债》,《中央导报》,1931 年 9 月 9 日(2)。

[75] 姚森:《内债整理办法的分析》,《独立评论》,1932 年 5 月 29 日(2)。

[76] 金国宝:《国难声中之上海金融问题》,《银行周报》,1932 年 1 月 26 日(16)。

[77] 蔼庐:《公债还本付息办法变更之后》,《银行周报》,1932 年 4 月 5 日(16)。

[78] 罗从豫:《二十一年份现负有确实担保内外债之总结算》,《中行月刊》,1933 年 1 月(6)。

[79] 余英桀:《二十一年份之内国债券》,《中行月刊》,1933 年 1 月(6)。

[80] 任静吾:《十年内战中蒋党政府的公债与经济垄断》,《人民日报》,1953 年 9 月 19 日(8)。

[81] 肖灼基:《四大家族的公债投机活动》,《人民日报》,1953 年 9 月 13 日(4)。

3. 英文文献

[82] Tibeout, C.A Pure Thoery of Clubs[J]. American Economic Review, 1956,(64).

[83] G. J. Stigler. The Tenable Range of Functions of Local Government[J]. Joint Economic Committee, 1957, 16—213.

[84] Prasenjit Duara. State Involution: A study of local finance in north China, 1912—1935[J]. Comparative Studies in Society and History. Vol.29, No.1.

[85] Oates, W.E. On local finance and the Tiebout model[J]. American Economic Review 1981,(71):93—98.

[86] Wilson. J.D. Tax competition with interregional differences in factor endowments[J]. Regional Science and Urban Economics 21, 1991: 423—451.

[87] Qian, Y. and B.R. Weingast. China's Transition to Market-Preserving Federalism[J]. Chinese Style. Journal of Policy Reform, 1996, 1 (2):149—186.147.

[88] Qian, Barry Weingast. China's Transition to Markets: Market-

Preserving Federalism, Chinese Style[J]. Journal of Policy Reform, 1996, 1(2), 149—185.

[89] Inman. M and Rubmfeld. D.Rethinking Federalism[J]. Journal of Economic Perspective, 1997,(4).

[90] Ma, Jun, China's Economic Reform in the 1990s[J]. Asian Economic Journal 1997, Vol.11 No.4.443.

[91]Qian, Gérard Roland.Federalism and the Soft Budget Constraint [J]. American Economic Review, December 1998, 88(5), 1143—1162.

[92] Zhang T, Zou H.F.Fiscal decentralization, public spending, and economic growth in china[J]. Journal of Public Rconomics, 1998, 67(2): 221—240.

[93] Lin, Justin Yifu, Zhou Li. Competition, Policy Burdens, and state-owned Enterprise Reform[J]. American Economic Review. 1998, 88 (2), 422—427.

[94] Qian, Roland. G.Federalism and the Soft Budget Constraint[J]. American Economic Review, 1998, (88).

[95] Oates, Wallace. E. An Essay on Federalism[J]. Journal of Economic Literature, 1999,(9):1120—1149.

[96] Oates. Wallace. E. An Essay on Federalism[J]. Journal of Economic Literature, 1999(Sept):1120—1149.

[97] Eichenberger, Reiner and Frey Bruno. Democratic Governance for a Globalized World[J]. Kyklos, Blackwell Publishing, vol. 2002, 55 (2), 265—268.

[98] Raymond Fisman, Roberta Gatti. Decentralization and Corruption: evidence across countries[J]. Journal of Public Economics, 2002, 8(3): 325—345.

图书在版编目(CIP)数据

民国时期经济建设公债研究:1927～1937/孙迪著.
—上海:上海社会科学院出版社,2015
ISBN 978-7-5520-0937-8

Ⅰ.①民… Ⅱ.①孙… Ⅲ.①国债-金融史-中国-民国 Ⅳ.①F832.96

中国版本图书馆 CIP 数据核字(2015)第 148812 号

民国时期经济建设公债研究(1927—1937)

著　　者:孙　迪
责任编辑:杨　国
封面设计:黄婧昉
出版发行:上海社会科学院出版社
上海淮海中路 622 弄 7 号　电话 63875741　邮编 200020
http://www.sassp.org.cn　E-mail:sassp@sass.org.cn
照　　排:南京理工出版信息技术有限公司
印　　刷:上海颛辉印刷厂
开　　本:710×1010 毫米　1/16 开
印　　张:17.25
插　　页:1
字　　数:273 千字
版　　次:2015 年 8 月第 1 版　　2015 年 8 月第 1 次印刷

ISBN 978-7-5520-0937-8/F·307　　定价:58.00 元